〈犠牲者〉のポリティクス

済州4・3／沖縄／台湾2・28　歴史清算をめぐる苦悩

高 誠晩 著

口絵1 済州4・3事件以後の権威主義体制下を生きてきた生存者らは,「沈黙の壁」の中に閉じ込められているかのように表象されてきた。しかし,彼/彼女たちを単なる「声なき者」や「語りえぬ者」とみなすことができるだろうか(1995年4月3日済州市「塔洞(タプトン)」で姜定孝撮影)。

口絵2 高赫辰作「ハル(一日)」(1997年)は,「討伐隊」と「武装隊」との間の対立に巻き込まれた住民の実相を昼夜の変化を通じて隠喩的に描き出す。差し迫った生存の危機を克服するための方便という観点は,従来の「暴力の残酷さ」や「民衆の受難」にとどまらない別の解釈の可能性を示唆する。

口絵3　1000人あまりの大学生が参加した「4・3自主抗争継承および救国先烈追慕祭」は，1990年代における「真相究明運動」の重要な契機となった。当時，彼らが掲げた「4・3の精神を継承し，祖国統一を実現せよ」といったスローガンは，2000年以降における「過去清算」の制度化とともに姿を消した（1989年4月3日「済州大学」で金基三撮影）。

口絵4　学内での集会を終えて市中心部での街頭行進のために学外へ向かう学生ら。しかし，正門周辺はすでに警察によって封鎖されており，組織的なデモはそれ以上広がらなかった。

口絵5 「4・3特別法死守！守旧集団妄動粉砕！汎道民大会！」のハイライトは，同法の廃止案を発議した与党議員の顔写真と名前を遺族らが果物箱に貼って積み上げ，竹で殴るパフォーマンスであった（2009年4月3日済州市「觀德亭（クァンドクジョン）」で撮影）。

口絵6 「在郷軍人会」の会員らは，済州4・3委員会における「犠牲者」の審議・決定に反発し，「4・3暴徒位牌の火刑式」を強行した。「済州4・3平和公園」を「暴徒公園」，公園内の「犠牲者」の位牌を「不良位牌」と呼び，即刻撤去するよう迫った（2014年3月20日済州4・3平和公園で撮影）。

口絵7 「済州飛行場には理由もなく権力に虐殺された無名の愛国者たちの魂が静かに眠っている」(金奉鉉 1978：286)。その言葉どおり，済州国際空港で60年ぶりに姿を現した数百体あまりの遺骸。手首が針金で縛られて銃殺されたと考えられる。民間人を対象にした1949年の「軍法会議」で，対象者1659人のうち，345人に死刑が言い渡された。当時の米軍の報告書には，「済州道の共産主義者と同調者たちに対する裁判の結果（…）1949年10月2日午前9時，済州警察署に監禁されていた249人の武装隊員が，大統領の裁可により，済州飛行場の海辺で処刑された」と記録されている（済州4・3委員会 2003：459より再引用）(2007年12月7日撮影)。第4章図4-5〜6参照。

口絵8　取り除かれた元「武装隊」の位牌。2000年に制定・公布された済州4・3特別法にもとづく「過去清算」は,「南労党済州道党の核心幹部や武装隊の首魁級等」を排除した「犠牲者」のみを公式化の対象とする。こうした「過去清算」の排他的な線引きは,記念空間において告知はされないものの,公然と名前が撤去されたり省略されたりすることによってモニュメントの随所で「空白」として立ち現れる(2016年9月23日済州4・3平和公園で撮影)。第2章第3節参照。

口絵9　I-3 夫婦の忌祭祀。「暴徒の妻」という理由で警察官に射殺された妻の忌祭祀も夫が殺害された日に合わせて行われる（2013年6月15日八尾市で撮影）。第3章図3-7～8参照。

口絵10　元「武装隊」の家族墓で行われる祭祀。先祖一人ずつに白飯と汁物を用意し、計26人分が一度に供えられる。殺害された日が異なるため、儀式はすべての魂が家族墓に収められた11月にまとめて行われる（2015年11月29日済州市で撮影）。

口絵11　沖縄戦で亡くなった地元出身の戦死者約2000人の名が刻まれている「慰霊之塔」。戦時中に孤児となったU－4は，長い間，この塔はもとより「援護法」の存在すら知らなかった（2011年8月12日沖縄市で撮影）。第5章第5節参照。

口絵12　戦争で身内を亡くしたうえ，靖国神社に無断で「英霊」として合祀され，精神的苦痛とともに追悼の自由を侵害されたなどとして，県内の遺族5人は，合祀取消訴訟を提起したが，すべて棄却された（2010年10月26日「那覇地方裁判所」で撮影）。第5章第5節参照。

口絵13 台湾2・28事件で身内を亡くした遺族らは，2014年から毎年，散乱していた被害者の遺骨が納骨されたといわれる「萬善公」という廟を訪れ，沖縄から持参した酒や線香，餅などを供えて慰霊の儀式を行う（2016年2月28日撮影）。第6章参照。

口絵14 「2・28国家紀念館」にある「受難者の壁」には台湾当局から認定された「受難者」の顔写真をはじめ氏名，本籍，職業などが掲示されている。2016年2月に「本省人」以外で初めて「受難者」と認定されたYについての掲示（左下）も同年5月に追加された（2016年8月15日撮影）。第6章第4節参照。

若い知性が拓く未来

　今西錦司が『生物の世界』を著して，すべての生物に社会があると宣言したのは，39歳のことでした。以来，ヒト以外の生物に社会などあるはずがないという欧米の古い世界観に見られた批判を乗り越えて，今西の生物観は，動物の行動や生態，特に霊長類の研究において，日本が世界をリードする礎になりました。

　若手研究者のポスト問題等，様々な課題を抱えつつも，大学院重点化によって多くの優秀な人材を学界に迎えたことで，学術研究は新しい活況を呈しています。これまで資料として注目されなかった非言語の事柄を扱うことで斬新な歴史的視点を拓く研究，あるいは語学的才能を駆使し多言語の資料を比較することで既存の社会観を覆そうとするものなど，これまでの研究には見られなかった溌剌とした視点や方法が，若い人々によってもたらされています。

　京都大学では，常にフロンティアに挑戦してきた百有余年の歴史の上に立ち，こうした若手研究者の優れた業績を世に出すための支援制度を設けています。プリミエ・コレクションの各巻は，いずれもこの制度のもとに刊行されるモノグラフです。「プリミエ」とは，初演を意味するフランス語「première」に由来した「初めて主役を演じる」を意味する英語ですが，本コレクションのタイトルには，初々しい若い知性のデビュー作という意味が込められています。

　地球規模の大きさ，あるいは生命史・人類史の長さを考慮して解決すべき問題に私たちが直面する今日，若き日の今西錦司が，それまでの自然科学と人文科学の強固な垣根を越えたように，本コレクションでデビューした研究が，我が国のみならず，国際的な学界において新しい学問の形を拓くことを願ってやみません。

第26代　京都大学総長　山極壽一

目　次

はじめに「犠牲者」の創出と研究者の責務 …………………… 1

序章「移行期正義」と「大量死」の意味づけ ……………… 9
　1「移行期正義」論を越えて　11
　2「死者の犠牲者化」をめぐる議論　15
　3 本書の対象と方法　17
　　3.1 過去克服のダイナミズム　17
　　3.2 済州・沖縄・台湾における紛争以後　22
　　　3.2.1 国家暴力と民間人の「大量死」　22
　　　3.2.2「犠牲」と「非犠牲」の境界線上で　23
　　　3.2.3 調査の概要　24
　　3.3 本書の構成　26

第1部　済州4・3事件

第1章 死者から「犠牲者」へ ………………………………… 33
　1 民主主義体制への移行と「過去清算」　35
　2 済州4・3事件とその後　37
　3「過去清算」の法制化に向けて　40
　　3.1 済州4・3委員会の構成と機能　40
　　3.2「正しい犠牲者」をめぐる葛藤と合意　44
　4 誰が「犠牲者」なのか──「犠牲者」の審議・決定プロセス　48
　5「死者の犠牲者化」がもたらすもの　55
　　5.1「犠牲者」の選別と再構成　55
　　5.2「犠牲者」でもなく加害者でもなく　56
　　5.3「真相究明」と「名誉回復」との不一致　59
　　5.4 錯綜する関係性　63
　6「過去清算」が生み出す「未清算の過去」　65

第 2 章　記念施設をめぐる記憶のポリティクス ……………… 67
　1　「過去清算」の空間化　69
　2　記念施設「済州 4・3 平和公園」　71
　　　2.1　位牌奉安所，刻銘碑，行方不明者の標石　73
　　　2.2　済州 4・3 平和記念館，遺骸奉安館　76
　3　慰霊・追悼の領域から　77
　　　3.1　抹消される死者の記憶　77
　　　3.2　除外される「武装隊」　78
　　　3.3　モニュメントの間の不一致　81
　　　3.4　名前と遺骸とのダブルスタンダード　82
　　　3.5　「過去清算」が宣伝される場　84
　4　再現・表象の領域から　86
　　　4.1　展示と刻銘のずれ　86
　　　4.2　展示をめぐって競合する記憶　87
　5　記憶闘争の場　95

第 3 章　公的領域における「大量死」の意味づけ ……………… 97
　1　媒介としての申立て　99
　2　書き直される済州 4・3 事件以後　100
　3　虐殺の事実を「申告」する　102
　　　3.1　事件以後の「申告書」　102
　　　3.2　「良民虐殺真相糾明申告書」と「犠牲者申告書」　104
　4　再構成される死者の体験　110
　　　4.1　「虐殺者」を記す　111
　　　4.2　怒りの記憶　112
　5　捻じ曲げられる記述　113
　　　5.1　反共社会を生き抜く工夫　113
　　　　　5.1.1　受難史を浮き彫りする　116
　　　　　5.1.2　「レッド」と距離を置く　117
　　　5.2　空白として残された抗争の史実　118
　6　戦略としての二律背反性　127
　7　行間を読み解く　130

第 4 章 家系記録から読み直す虐殺以後 ………………… 133

1 国家権力に抗する民衆の経験知　135
2 家族・親族集団の記録資料　135
3 民間人の死の多重性と死後処理の複雑さ　138
　3.1 「不当で悲痛な死」　138
　3.2 異常で不穏な死　140
4 家系記録に書かれた虐殺の記憶　142
　4.1 除籍謄本，族譜，墓碑　142
　4.2 B 家の事例　147
　4.3 D 家の事例　148
5 ローカルな場における死の意味づけ　151
　5.1 虚偽の作法　151
　5.2 事実を銘記する　155
6 経験知の生成と実践　161

第 2 部　沖縄戦と台湾 2・28 事件

第 5 章 沖縄戦の「戦後処理」と「戦死者の戦没者化」………… 167

1 戦場体験を記述することの困難さ　169
2 「一般住民」に対する援護法の拡大適用　170
3 「運命共同体的な関係」への転換　175
4 強いられる戦場体験の書き換え　177
5 戦死の意味づけをめぐる工夫　179
　5.1 戦死者から「戦没者」へ　179
　5.2 翻弄される戦死の意味づけ　181
　5.3 国民国家イデオロギーと対峙する場の構築　184
6 「戦没者化」をめぐるせめぎあい　187

第 6 章 台湾 2・28 事件を書き残す営み ……………………… 191

1 行方不明以後の家系記録　193
2 台湾 2・28 事件と「過去清算」　195
3 国境をまたいだ南西諸島出身者の移動　197
　3.1 沖縄と台湾をつなぐ生活圏　197

  3.2 台湾2・28事件に遭遇する 200
   3.2.1 Yの事例 200
   3.2.2 MとZの事例 201
 4 負の連鎖を乗り越えて 203
 5 家系記録に書き残された台湾2・28事件 209
  5.1 除籍謄本，位牌，厨子甕 209
  5.2「2・28」という記号 210
   5.2.1「非琉球人」の死後処理 210
   5.2.2「台湾暴動事件」から「2月28日」へ 212
 6 継承される行方不明の記憶 217

終章　過去克服への取り組みとローカル・リアリティ …………… 219
 1 再編される死者間の構図 221
 2 せめぎあう国家のナラティブと民衆の経験知 224

あとがき 229
初出一覧 233
引用文献 235
索引 247
欧文要旨 251
ハングル要旨 257

[本書に登場する主要な地名]

済州市
済州島
西帰浦市

佐世保市
鹿児島市

東シナ海

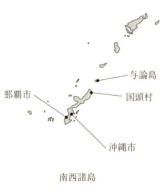
与論島
那覇市
国頭村
沖縄市
南西諸島

台北市
基隆市
与那国島
石垣島
台湾
花蓮市
高雄市

太平洋

はじめに――「犠牲者」の創出と研究者の責務

　朝鮮半島の最南端に位置する済州島では，1948年に韓国政府が樹立されるのに前後して，3万人に近い地元住民が公権力によって殺傷されるという事件が発生した。済州4・3事件[1]と呼ばれるこの出来事から半世紀を経て韓国政府が確定した『済州4・3事件真相調査報告書[2]』には，この事件が次のように定義されている。

> 1947年3月1日の警察の発砲事件を基点にして，警察・西北青年会による弾圧に対する抵抗と単選・単政（南朝鮮のみの単独選挙とそれによる単独政府：筆者注）への反対を唱えて，1948年4月3日に南朝鮮労働党済州道党の武装隊が武装蜂起して以来，1954年9月21日に漢拏山（ハルラサン）の立ち入り禁止地域が全面開放されるまでに，済州道で発生した武装隊と討伐隊の間の武力衝突と討伐隊の鎮圧過程で，幾多の住民たちが犠牲となった事件である（済州4・3事件真相究明および犠牲者名誉回復委員会 2003：536）。

　済州島で生まれ育った筆者が，この悲惨な歴史にはじめて出遭ったのは21世紀を目前にした1999年4月3日，済州市内にある運動場で執り行われた「第51周年済州4・3事件犠牲者慰霊祭」においてであった。島をかた

---

1) 「事件」という名称は，2000年1月12日に「済州4・3事件真相究明および犠牲者名誉回復に関する特別法」（法律第6117号）が制定・公布されて以後に初めて公式化された法律上の用語である。ただ，それ以外にも「抗争」や「蜂起」，「暴動」，「事態」，「反乱」，「民衆受難」，「良民虐殺」など，韓国社会の政治・社会的状況や認識主体の歴史的観点などによって様々に表現されてきた。その過程で，多様な論理を背景としてそれぞれの正しい呼び方，すなわち「正名」であることを主張したり，論争や葛藤を繰り返したり，時には戦略的に合意したりする，「正名論争」が繰り広げられてきた。本書においては，韓国社会において，現段階で暫定的に合意されている「事件」という用語を用いる。

2) 自国民の集団的な死に関して政府がまとめた初めての調査報告書という意義を持つ（鄭滉基 2013：54）。2014年に英語と日本語で翻訳出版された。

どった楕円形の仮設の祭壇の上に,事件にまつわる死者たちの名前が黒文字で書かれた紙位牌がびっしりと貼り付けられ,慰霊祭を主催した済州道地方政府の役人や遺族たちがその周りを取り囲むように座っていた。初・中・高等学校はもとより大学の正規課程[3]においてもこの事件について学ぶ機会がなかった筆者は,追悼儀式を執り行うシンバン(神房)[4]の口から発せられる恐怖に苛まれた死者の声と,それを聞く高齢の遺族たちが息を殺したまま涙を拭く姿に大きな衝撃を覚えた。死者と生者の悲しみや苦しみを慰める巫俗儀礼の現場で,半世紀前に彼／彼女たちが経験した暴力とそれまでの抑えつけられてきた忍苦の重さを実感することになったのである。

当時は「死んだ者は語らず,生きている者は死んだ者よりさらに語らなかった[5]」といわれた軍事独裁政権による圧政が終焉し,民主主義政権の誕生とともに,「水面下」で歪曲,あるいは隠蔽されてきた史実が初めて法的・制度的に議論され始める時期であった。それはまた,事件の遺族第一世代[6]といった生存者が,身内の死者についてその立場を代弁し始めた時期でもあった。韓国社会における民主化の進展と「負の過去」の克服を目指す民衆側からの要求は法制化を求める声となり,その結果,2000年1月には,国会で「済州4・3事件真相究明および犠牲者名誉回復に関する特別法」(以下,済州4・3特別法)が制定・公布されるに至った。それをもとに,国務総理直属の政府機構として,「済州4・3事件真相究明および犠牲者名誉回復委員会」(以下,済州4・3委員会)が組織され,この事件の「過去清算」の実現に向けた法的・制度的基盤が設けられることになった。

---

3) 済州4・3事件が大学の正規科目において初めて教えられたのは,2008年度前期,済州大学がeラーニング講座として開設した「済州4・3の理解」においてであった。2016年度後期には韓国全国の大学で967人が受講した。
4) 韓国のシャーマンを意味する済州語である。
5) 詩人の李サンハ(ペンネーム)の寄稿文「4・3トラウマ」(『京郷新聞』2013年4月6日付)より抜粋。
6) 本書における遺族第一世代とは,近親の死者と生前に共同生活をした経験をもち,辛うじて紛争を免れて,身内が殺害された後にその死後処理を担われた人びとを指す。遺族第一世代は,事件の体験者(生存者)であると同時に,誰かの遺族でもあるといった重層的な存在であり,筆者の調査においては,その大半が女性,あるいは乳幼児期に事件を経験した人びとである。なお本書では,一家が全滅したために家族・親族成員による死後処理ができなかった場合などは,考察の対象から除外している。

はじめに　3

　筆者がこの事件について関心を寄せ，本格的に調査に取り組みはじめたのは 2003 年 4 月のことであった。筆者より一世代上の活動家や研究者に教えを乞い，遺族第一世代への聞き取り調査から虐殺現場および遺骸の埋葬地に関する調査，生存者の身体的・精神的後遺障害に関する調査にいたるまで現場での多様な経験を通して，済州 4・3 事件を間接的に感じ取ることができた。

　これら調査の経験とともに筆者は，当時，調査の過程で知り合った遺族第一世代が済州 4・3 委員会に近親者の人命被害の解決を求めるための「犠牲者申告書」作成の支援活動に奔走した。公的領域において「誰が正しい犠牲者なのか」を審議・決定する法・制度的プロセスは，原則として申請主義にもとづいている。「犠牲者」としての公式「認定」または「不認定」という行政行為は，あくまで事件当時に人命被害を受けた当事者あるいはその遺族が，所定の手続きに従って済州 4・3 委員会にその内容を申立てることを前提としているのである。そのため，申請者は自ら「犠牲者申告書」というフォーマット化された行政文書に沿って事件とかかわる 50 年あまり前の経験を（再）構成し，身内の死者と自身の被害状況について公的に承認を受ける手続きを踏まなければならない。

　そこで筆者は，自身の事件体験を文字化することが困難な申請者の口述を書き起こしたり，証明資料として求められる戸籍／除籍謄本や後遺障害診断書などの発給を受けるために，申請者とともに役所や病院に行ったりもした。またその過程で，「犠牲者」の審議・議決が無事通過できるよう，「犠牲者申告書」の様式に合わせて彼らの「経験の記憶」を代書し，その内容の編集や校閲作業を支援し，時には積極的に関与したりもした。そんなとき，申請者たちは，制度側から公認されるような，「犠牲者」の望ましい「像（イメージ）」やストーリーをある程度予想していた。「犠牲者申告書」の作成にあたって，記述する内容を取捨選択しながら，記憶を文字化して過去を現在化するプロセスを何度となく繰り返したのもそのためであろう。

　そうした過程では，添付資料として求められる戸籍／除籍謄本の記録と，「犠牲者申告書」に記載する名前や続柄，死亡あるいは行方不明の場所や日時などを一致させる作業も行われる。済州 4・3 事件との関連が証明できる

いかなる証拠もない場合は,「犠牲者申告書」に記載される死者と生者（申告者）の経験の信憑性が審査する側から問われ,1件の「申告書」につき3人の保証人が求められる[7]。記載する内容を保証できる人びとを訪ね,彼／彼女たちの同意を求める過程では,半世紀をへてもなお事件から続く,家族・親族同士,村落民同士の屈折した人間関係を目撃することもあった。最初から意図していたわけではないが,筆者はこのようにして,遺族第一世代の「事件以後」を知らず知らずのうちに参与観察したわけである。

2002年3月,済州4・3委員会の内部で「犠牲者の審議・決定基準」が設けられ,委員会に提出された「犠牲者申告書」が本格的に審議され始めた。そして翌年からは,申告者個々人に可否の結果が通知されていった。こうした結果通知を通じて,遺族たちははじめて「過去清算」の法・制度による「犠牲」であるものと「犠牲」でないものを区分する線引きを目のあたりにする。そうした場の一つは,韓国政府が2003年から造成している記念施設「済州4・3平和公園」である。その平和公園で,2007年4月3日に執り行われた政府主催の「第59周年済州4・3事件犠牲者慰霊祭」の場で,筆者は「犠牲者」一人ひとりの名前が刻まれた1万4000基あまりの位牌の前で号泣する70代の女性と偶然出会った。その後,数日をかけて彼女から聞くことができた話によれば,「去年までそこにあった父親の位牌が突然なくなった」というのだ。「多分父親が当時,山で活動した経歴があったからだろう[8]」とも説明された。

済州4・3委員会は,「犠牲者の審議・決定基準」の一項目に,事件当時,韓国政府による討伐作戦に対抗した「武装隊[9]」のリーダーらを「大韓民国のアイデンティティを毀損した」との理由から「犠牲者」から除外する規定を設けている。「山で活動した」というのは,「武装隊」の戦略的拠点であった山岳地帯に入って米軍政と韓国政府による武力統治に反抗した,という意味であったのである。「過去清算」が標榜する肯定的な未来志向の「国民和

---

7) 済州4・3特別法施行令第8条によれば,保証人は「事件当時,済州道に居住していた者で,申請日現在65歳以上の住民」という条件が満たされなければならない。当初3人の保証人が求められたが,2007年に同施行令が改正され,2人に緩和された。
8) ここで「山」とは,標高1950メートルの韓国最高峰として,済州島の中央にある「漢拏山」をはじめ周辺の山岳地帯を意味する。

合」(済州4・3特別法第1条) や「和解と共生[10]」の理念とは裏腹に, 思想や国家観を異にした死者たち, 反共産主義国家の支配的イデオロギーに相反する元「武装隊」を制度の領域から排除し, 依然として政治的・社会的にタブーの対象と決めつける「過去清算」のもつ負の側面があることは, 筆者にとって大きな衝撃であった。「大韓民国史」に編入しその位置づけを見直すことによって, 社会正義を実現し,「負の過去」を乗り越えようとする過去克服への公式的な取り組みが, 実際は一人ひとりの死者を細かく選別して「犠牲者」と「犠牲者でないもの」に二分するところから始まっているのを目の当たりにしたからである。

上述した通り, こうした「過去清算」の法政策の建て前と現実との乖離は, 済州4・3平和公園を見れば一目瞭然である。年を追って巨大な記念物が築造されるにつれ, 追悼儀礼や歌, シンボル, イベント, 教育プログラムなどが新たに創りだされている。こうした装置を通して「和解と共生, 和合」というスローガンが時代精神として組織的に伝播される。一方,「朝鮮半島の統一政府を渇望し, 自治共同体の実現を志向」した抗争の主役たちの姿は記念空間において徐々に抹消されている。きれいに整備されつつある公園内のさまざまな施設を通じて事件を間接的に体験できる機会は,「過去清算」の法制化以前に比べてはるかに増えたが, その一方でこの事件の歴史的一側面である「抵抗」,「自治」,「統一」といった歴史的意義は喪失されているのである。

---

9) 済州道議会 (2000) や済州4・3委員会 (2003) など韓国の公的機関が確定した『報告書』には,「軍」や「警察」,「西北青年団 (会)」,「大同青年団」,「特攻隊」,「自警団」,「応援隊」,「民保団」などと呼ばれる集団を「討伐隊」とし,「暴徒」や「遊撃隊」,「山の人」,「山部隊」,「自衛隊」,「ゲリラ」,「人民軍」,「共匪」,「怪漢」などと呼ばれる集団を「武装隊」としている。本書においても, 従来の公式報告書での用例にしたがい,「討伐隊」と「武装隊」という用語を用いる。しかし, それぞれの用語の持つ限界は考慮すべきである。こうした用語は, それぞれの性格の精密な究明を前提にしなかったがゆえに, 依然として多くの論争の余地を孕んでいる (済州道議会4・3特別委員会 2000:58)。確かに,「討伐隊」という用語は済州島民による蜂起や抵抗運動の正当性を看過するものであり, 討伐行為そのものの「不法性」や「残酷性」,「非人道性」を問わない問題がある。一方,「討伐隊」に比べて格段に劣る武装をしていた「武装隊」は, その名称から「抗争」や「抵抗」の歴史性を読み取ることは難しい。

10) 原語では「相生」となる。

「過去清算」の草創期（今もそうだが）における済州社会は，「和解と共生，和合」を標榜しながらも，関連政策の安定的かつ持続的な推進や中央政府からの予算確保といった当面の目的があったため，「過去清算」の法制化を勝ち取った運動グループや研究者，遺族会などの諸アクター（「4・3陣営」）でさえ元「武装隊」が「犠牲者」から排除されることについては，強力に反対するばかりではいられなかった。公的領域から「武装隊」を排除させることは，「過去清算」という大業を達成するためのある種の「やむを得ない生贄」と考えられていたのである。

改めていうまでもないが，筆者は，済州4・3事件を経験していない。それどころか，その後の長期間の抑圧的な軍事政権体制下で展開された，いわゆる民衆レベルの「真相究明運動」も直接経験していない。さらにいえば，この事件にまつわる直系親族さえおらず，厳密な意味での「当事者」とも言えないだろう。しかし，はからずも「和解と共生，和合」といったスローガンの下に国家暴力の被害者たちが作為的に選別され，「犠牲者」と「犠牲者でないもの」が創り出されていく過程を直接目にすることとなった。また殺害された近親者を，韓国政府公認の「犠牲者」に編入させるために，50年あまり前の体験を何度も再構成する遺族たちの苦悩もともに経験することとなった。

こうした彼／彼女たちの行為を，例えば，済州4・3特別法の名称にある通り「真相究明」や「名誉回復」を達成するための取り組みの一環として，あるいは経済的な困難をわずかでも改善し，生活の安定を得るための苦肉の策として評価することも可能であろう。しかし，最初の申請から複数回にわたる事実確認および審査までといった複雑かつ困難なプロセスに参入する過程における遺族たちの工夫を，単に法政策に順応する受動的行為として捉えたり，経済的窮乏を克服するための行為としてのみ評価することは適切ではない。そこには，申請主義による解釈といった上からの視線だけでは看取できない，あるいは法や制度における合理性にも還元できない，ローカルな場における当面の目的に沿う死の意味づけという側面が存在しているように思われる。

詳しくは次章以降で述べるが，遺族第一世代は，それぞれ韓国国会と地方

議会（済州道議会），そして韓国政府（済州4・3委員会）に対して，すでに1960年と1990年代，2000年以降現在にいたるまで3度にわたり被害申告を行ってきたばかりでなく，死亡届をはじめ，族譜や墓碑などに近親者の死あるいは行方不明について記録することを通じて，主流の歴史観とは必ずしも一致しない死の意味をそれぞれのかたちで付与してきたからである。

　なぜ遺族第一世代は「犠牲者申告書」に近親者が「何の理由もなく被害を受けた」と記述してきたのか。遺族たちが「申告書」を作成する際に，法・制度が規定する「犠牲者像」に合致するように工夫を凝らす理由は何であろうか。近親者の死を意味づけてきた媒体として，彼／彼女たちが記してきた「申告書」や（死亡届による）除籍謄本，族譜，墓碑文などの資料もまた，その真偽判断を問う実証主義的方向性とは別に，韓国社会における済州4・3事件の歴史的評価や，長い間死者と生者を意味づけてきた社会認識との関係において読み解かなければならないであろう。

　これらのいわばフォーマット化された文書資料に書き入れることができない死者と生者の経験を，私たちはどのように言語化することができるのであろうか。規範化された枠をめぐって試みられる記憶の取捨選択という行為のありようをどのようなものとして解釈することができるのであろうか。不安と動揺の只中で翻弄されながらも，活路を見出すために考案された人びとの工夫をどのように理解することができるのであろうか。

　これらの問いは，かつて申請者たちをサポートし，そのプロセスに深く関与した筆者が，そのような自己の行為をあらためて省みるという意味をおびた探究の課題であり，事件を体験こそしていないが，事件から生き残った彼／彼女たちと同じ時代を生きることができる最後の世代である筆者に与えられた，研究者としての責務であるのかもしれない。

　しかしこうした課題は，紛争後の済州島のみに限ったものではないであろう。20世紀中葉，東アジアの辺境的位置にあった他の島嶼地域においても，植民地体制から冷戦体制への転換期において，「太平洋戦争」や大量虐殺といった諸紛争に巻き込まれる中で，おびただしい人命の損失と人権蹂躙，共同体の分裂が強いられた未曾有の劇的かつ破局的変化が経験されていたからである。20世紀半ばの東アジアにおける新たな地域秩序の流動がはじまっ

た直接的な結果として，各国民国家の周縁部に置かれた島嶼社会が，国際戦や民族紛争などの直接の舞台となり，大量殺戮や組織的人権侵害の犠牲になったのである。そして，そうした「負の過去」をいかにとらえ，奪われた権利や侵害された正義をいかにして回復し，破壊された社会にどのようにして癒しと和解をもたらすのかという問題も，済州島と同様に各紛争後社会が直面する当面の課題となっている。

　本書では，済州4・3事件に主軸をおきながら，それとの異同を通してより幅広い論点を射程に入れるべく，沖縄戦と台湾2・28事件の事例を取り上げ，議論を深化させようとする。済州島と類似した20世紀中葉以降の同時代史を生きてきた沖縄と台湾という参照軸を加えることで，過酷な大規模暴力と「負の過去」を乗り越えるための取り組みの経験から与えられた今日的な課題を，フィールドワークによって掘り起こし考察していきたい。

序章——「移行期正義」と「大量死」の意味づけ

1998年4月3日, 済州市「総合競技場」で行われた「第50周年済州4・3事件犠牲者汎道民慰霊祭」(金基三撮影)。済州島をかたどった楕円形の仮設祭壇の真ん中に太極旗(半旗)が掲げられ, 周りには事件にまつわる死者たちの名前が書かれた紙位牌が出身地別にびっしりと貼られている。

1 「移行期正義」論を越えて

　20世紀は空前の規模の紛争と和解の時代として人類史に位置づけられるだろう。国家主導の組織的で大規模な殺戮や人権侵害によって社会は引き裂かれ，人びとの生は踏みにじられ，不信と憎悪が連鎖的に膨脹していった。強烈な迫害・弾圧を行った抑圧的な政治体制が崩壊した後，前体制時代の不正義と無差別殺傷，人権侵害を裁き，人権回復と社会全般に生じた亀裂の修復をめざし，真実究明と和解実現の方策を追求することは，現代における紛争後社会の差し迫った課題となっている。こうした事態を解消することはいかにして可能であろうか。

　この問いに対する一つの応答として，近年注目を浴びている概念に，「移行期正義」（transitional justice）がある。「移行期正義」とは，独裁から民主化へ，あるいは紛争から平和な社会へ移行するにあたって，過去の不正義をただし，真実を明らかにし，正義を実現し，人権侵害を二度と繰り返さない社会をめざすこと，あるいはそのプロセスをいう。「負の過去」を克服するための取り組みとして「移行期正義」の発想および実践は，世界の多くの紛争後社会において援用され（Hayner 2001 = 2006, 阿部 2007, Stan 2008, Olsen, Payne and Reiter eds. 2010, 杉山 2011 など），負の遺産を克服・清算するための方途の一つとして高く評価されており，人文社会科学の諸領域においてもきわめて重要かつ実践的な意味を持つものとして受け入れられつつある[1]。

　しかし，「移行期正義」の定義や概念，モデル，実践方向などは各議論領域ごとに違い，一様ではない。そこにはさまざまな矛盾や難点を孕んでいるからである（阿部 2012：23）。一方，望月（2012：21-22）は，こうした「移行期正義」の概念の不確実性に着目し，「多様な解釈が可能であったことからこそ，援用されてきた（…）移行期に正義を追及するという行為や事実そのもの，あるいはプロセス自体に意義が見いだされていた」と指摘する。以

---

[1]「移行期正義」のメカニズムの一つである真実和解委員会（TRC）は，紛争後社会における不正義を支えてきた沈黙や否認，忘却の文化を変革する役割を果たしてきたと評価される（安秉　2005：29, Rangelov and Theros 2009：357-358 など）。

下,従来の「移行期正義」論における応用的・実践的意義と限界について検討を試みてみよう。

第一に,「移行期正義」と国民国家イデオロギーとの関係性についてである。新生民主政権にとって「移行期正義」の目標や実行プロセスは必然的に次の二つのジレンマに直面する。そのひとつは,「〈負の過去〉と客観的に向き合うことを通して,いかに隠蔽・歪曲されてきた真相を究明し正義を回復するか」であり,もうひとつは「葛藤当事者間の和解と共生を通して,いかに国内政治の安定と国民統合／和合を図るか」ということである。先行研究においては,多くの紛争後社会が「移行期正義」の実現のために努力してきたにもかかわらず,「真実追求 vs 和解実現」という図式に集約される「移行期正義」の相矛盾する志向性によって,そのようなジレンマを克服するのに失敗したと報告されている。

実際,政治的な「移行期」において試みられる様々な清算実践には,「社会的タブーの克服」という歴史的意義があるにもかかわらず,現実には,多様なかたちの妥協や折衷,合意が図られた。例えば,フランコ死後,真実調査委員会の構成や責任者の処罰,被害者に対する補償などが,政治的・経済的・軍事的エリートによって妨げられた1970〜80年代のスペイン社会における「沈黙協定」や「忘却協定」がそれだ(金ウォンジュン 2005：257)。旧体制の軍部政権下で発生した失踪と,死ぬまでには至らなかった逮捕や不法監禁などを除外することに合意したウルグアイ(1985年)やアルゼンチン(1983年),チリ(1990年)の過去清算,そして1995年,南アフリカの真実和解委員会において,「平和のために過去の殺人者が自由に歩き回ることを許容するしかなかった」と表現された政治的妥協(Rigby 2001：125-137)もまた同様である。

これは,「移行期正義」の実現に向けた取り組みが試みられる環境,すなわち「真実追求 vs 和解実現」の競合構造が,紛争以後の国民国家という時空間に限定されており,その法制化や社会的共感もやはり国民国家内部の政治的／社会的な利害関係の中で複合的に形成されるということを示唆する。「正義なき和解」(Mamdani 1996)や「政治的妥協」(Phakathi & Merwe 2008)といった評価からも分かるように,国民国家イデオロギーを乗り越えることが

できなかったがゆえに，結局，「負の過去」と正面から向き合う機会を逃がしてしまうことになったのである。

　第二に，「移行期正義」論における「断絶」論的欠陥についてである。人類学者のヒントンによれば，「法の支配」や「人権」，「民主主義」などをキーワードとする「移行期正義」の発想は，すべての人間文化が相対的に未開の状態から進歩と合理性に特徴づけられる文明状態へと進化するという段階論（stage theory）を前提としているという（Hinton 2010：6-7）。なぜなら，「移行期正義」を用いた分析が，紛争後社会を「移行期」の前と後で断絶させて捉える傾向があり，「移行期」前の問題（不正義）を解決し「移行期」後に発展するという段階的な移行論モデルをベースにしているからである。

　ヒントンも指摘した通り，「移行期正義」論は，「移行期」を画期として，「移行期」前の暴力的コンフリクト期と，その後の正義回復期を明確に区分する。すなわち「移行期」前後におけるある種の断絶を前提とするのである。「移行期正義」の論者たちは，そうした分節を真実追求と和解実現，国民統合・和合を達成するための方便として，また社会変革のためのターニングポイントとして正当化する。法・制度をめぐる議論においては，確かにある時期を区切りとして対策を立て事案を分析していく必要がある。しかし，紛争から逃れ，その後を生き抜いてきた人びとにとっても，同様に画期が訪れたといえるのだろうか。

　第三に，「移行期正義」の発想と実践のなかでは，見落されがちな人びとの経験がある。上述した通り，「移行期正義」論は，「移行期」を区切りにして，それ「以前」の人権侵害期と「以後」の正義実現期を明確に断絶させて捉えてきた。それゆえ，この「断絶」論的視点に従うなら，「移行期」前には，人びとは抑圧的な権威主義体制のもとで暴力と人権侵害に対する沈黙と屈従をやむなくされ，「移行期」後になってはじめて積極的に真相究明や名誉回復を目指す行動をとるようになったという被害者像を安易に構築してしまいがちである。このように，「移行期正義」論においては，暴力の被害者側を受動的な存在として過小評価する傾向があり，そこでは彼／彼女たちの能動的な主体性や自己決定が等閑視されてしまう。こうした見失われかねない人びとの経験は，「負の過去」を乗り越えるための取り組みとして，本書

が主な検討対象としている「過去清算」や「戦後処理」が標榜する理念と諸政策のなかにおいても，はっきりと確認することができる。しかし，実際の紛争後を生き抜いてきた人びとは，国家権力による組織的な人権侵害や不正義についてただ強制的に沈黙させられてきたのだろうか。

　「移行期正義」の産物として事後的に創り出される「犠牲者像」は，紛争期の苛烈を極めた暴力から辛うじて生き残り，さらにその後も抑圧的な権威主義体制下を生き抜いてきた人びとの姿を，単純で画一的な群像として措定するものである。確かに，そこでは，過去の出来事についての私的記憶と社会的記憶を平板に区分してしまったため，個人の記憶・口承と国家レベルの政治批判という二つの領域が切断され，両者が密接に絡み合いながら相互に影響を及ぼしているという視点が欠落している。それゆえに，紛争の生存者や遺族が強制的に沈黙させられてきた受動的存在ではなく，生と死の経験を刻み，記憶を継承してきた能動的主体であることを解明することは，従来の「移行期正義」論における「断絶」論的欠陥を乗り越える方法として，必要不可欠な営為であるといえよう。

　以上のことから，「移行期正義」論のもたらす歴史の切断を回避するとともに，紛争後社会を生き抜く人びとを単なる微力な存在としてではなく，創意工夫を凝らす主体的存在として捉えたうえで，彼／彼女たちのリアリティを解明する試みが求められるであろう。その方策の一つとしてマクロな文脈における「移行期正義」のメカニズムと，遺族第一世代のローカルな知の実践との摩擦や葛藤，交渉や折衷，あるいは融合といったせめぎあいの複雑な事象を射程に入れたいくつかの先行研究をあげることができる。

　例えば松田（2011）は，普遍主義的正義観念にもとづいた「法の支配」による正義回復から逃れる多様な思考への可能性として「被害を物語る不規則な語りのもつ力」や「現場のコミュニティの解決に向けた潜在力」を評価することの重要性を指摘する。細谷（2013）もまた「国際人権レジームと平和構築のプロセス」と「個々の社会やローカルな現場の歴史的，文化的コンテクスト」との間の重層性を捉えつつ，「暗黙の了解」のような「移行期正義」のアジェンダとは一見相容れないように見える現場のリアリティを視野に入れる必要があると論じる。

それに対し本書では，これら先行研究の視点を引き継ぎながらも，紛争期において身内を亡くした親族・家族集団という行為主体に注目したい。具体的には，旧体制下において人びとが沈黙を強制される一方で，ローカルな知の応用と実践を通して，紛争後を生き抜いてきたことを実証的に示すことを試みる。「移行期正義」論に対する批判を踏まえ，その限界に対する解決策としては，次の三つの側面について議論する。それは，まず紛争後社会を「移行期」前後の連続的プロセスとして捉えたうえで，時代の変遷や民主化の進展に立脚した政治的言説の次元だけではなく，より直接的な暴力の被害者個々人の思いや信念を基点とし，紛争後を生き抜いてきた遺族第一世代の振る舞いに焦点を当てて考察することである。それらを複合的に検討することによって，紛争後社会における「段階的発展」や「歴史の進歩」を前提とする，単線的移行論モデルに立脚する「移行期正義」論のもつ限界を乗り越えることができるのではないかと考える。

2 「死者の犠牲者化」をめぐる議論

おびただしい数の人命殺傷と人権侵害をもたらした紛争（とくに，国家暴力）においては，平時には想像もつかない理不尽で大量の死が発生する。その中でもとくに，民間人（非戦闘員）の「大量死」は，時代によってその社会的意味が変遷していくという点において，紛争後社会の政治・社会状況と密接に関連する。それゆえ「大量死」とは，紛争後社会において政治化・再政治化される死ともいえる。本書が注目する20世紀半ばの東アジアの島嶼地域における民間人の「大量死」もまさに，自然死や各社会における伝統的な死の観念とは相容れない「異常死」であり，各地域が属している国民国家の正統性を脅かしうる「不穏な死」といった政治性を帯びている。それゆえ，戦闘員のそれと比べて死の意味化の過程とその論理は微妙かつ複雑である（Kwon 2006：126）。

紛争によって引き起こされた「大量死」は，しばしば「正しい死」あるいは「尊い死」と，その対極にある「不純な死」，「タブー視される死」，さら

にはこうした是非の価値判断を一見放棄したかのように見える「不運な死」「無意味な死」といったイメージに分けられてきた。こうした「大量死」の意味づけをめぐる線引きを成立させていく論理を検討するにあたっては，社会学者の澤井（2005：89）による「死の共同性」という概念が参考になる。

> いかなる内容のものであれ，なにかひとつの死生観を望ましいものとして定立し，それを共有する人びとが共に死へと向かっていくという「死の共同性」を形成することは，同時に，その共同性へと人びとを同化させようとする圧力と，そこに回収できないものを異常，異端のものとして排除する力を生み出す。

「死の共同性」を構築するある種の「力」が「同化」を強制することで，死の「望ましさ」や「正しさ」にまつわる線引き（境界）を創りだすという澤井の論旨は，確かに紛争後社会の政治的「移行期」において試みられる「大量死」の位置づけ・意味づけ（「死者の犠牲者化」）と，それに付随する死の選別と再構成（犠牲と非犠牲）を理解するのに役立つであろう[2]。さらにこのことは，紛争後社会を生きる今日の我々にとって，「正しい犠牲」という「死の共同性」の社会的な意義が，どのように形成されどのように変容していくのかを明らかにする作業につながっていくであろう。

20世紀半ば以降の東アジア島嶼部において，とくに政治的な「移行期」にあった各地域においても，「負の過去」の克服に向けた法的・制度的な取り組みとして「大量死」への対処が試みられてきた。そうした公的領域における死の公定化および公式化は，「負の過去」を乗り越えるための方策という側面をもつ一方で，ナショナル・アイデンティティの確立や国民融和・統合のための国民国家イデオロギーの有用な道具という側面も有する。それゆえ，国民国家がかつての公権力の乱用を正当化し，国民共同体を維持・強化するために「大量死」の意味を独占的・教条的に回収して，死者・「犠牲者」を「利用」してきたと，人文社会科学の諸領域からも厳しく批判されて

---

[2] 本書では，「正しい犠牲者」の選別と再構成のプロセスを通じて創りだされる新たな死者群を「犠牲者」，それらを含む包括的な死者群を「死者」として明確に区分する。

きた（副田 2001：308-309，川村 2003，表仁柱 2005：284 など）。
　これらの研究動向のなかでも国家による民間人の「大量死」の意味づけをめぐる問題は，「戦後処理」とナショナリズムという課題に取り組む高橋と石原の議論が示唆的である。両者は，ともに戦闘員の死者と非戦闘員の死者の双方を統合する「死の共同性」が国民国家イデオロギーによって形成されると主張する。しかし，国との雇用関係または類似の関係がなかった民間人の死を「無念の死」「無辜の死」さらに「殉国の死」と美化する政治については，それぞれ相異なる立場にたつ。民間人の「犠牲者化」に対して，石原（2011：36）が「国家による〈大衆操作〉」の成果であると捉えたのに対して，高橋（2005：57）は「国民の側からの〈尊い犠牲〉」という逆のベクトルを提示する。この点に限れば，両者は一見して相反する方向性を提示しているように捉えられる。
　しかしながら，両者の立場は，じつは同じ前提を共有しているといえる。なぜなら国家による権力行使であれ国民からの要請であれ，民間人の「大量死」を国民国家の領域内で一律に意味付与する点では，両者ともに共通しているからである。近親者を亡くした遺族第一世代が彼／彼女たちの生活世界，あるいは死後処理や儀礼空間のなかで行う意味化の営みを考慮していないという点においても同様であるといえよう。すなわち，これらの研究視角においては，紛争後における遺族第一世代が抱える多種多様な状況とローカルな場における彼／彼女たちの清算実践が等閑視されているのである。この点については，すでに澤井が「死の共同性」から逃れる思考への可能性として「死の自己決定」（澤井 2005：89-90）を指摘しており，本書もこうした視点に着目する。

3　本書の対象と方法

3.1　過去克服のダイナミズム

　以上の議論を踏まえたうえで，本書の目的を次の二点にまとめることがで

きる。因みに，これらの目的は「負の過去」の克服のための政策的取り組みとしての「犠牲者」創出のメカニズム，および紛争後社会における遺族第一世代の能動的諸実践に関連したものである。それは，政治的「移行期」における紛争後社会がめざす「大量死」の意味づけという事象を，一方では救済措置や真相究明，そして和解と共生の実現のための過去克服への取り組みとして，また他方では遺族第一世代が創造・蓄積し，発揮してきた経験知の生成と実践からアプローチすることによって達成されると考えられる。具体的な検討対象としては，済州4・3事件における「過去清算」と「犠牲者化」を比較し相対化することによって，20世紀後半の東アジアの紛争後社会における「負の過去」の克服と清算をめぐるダイナミズムを描き出すために，第二次大戦における沖縄戦と，植民地支配解放後の台湾で起こった国民党による大規模な虐殺事件，いわゆる台湾2・28事件の事例を取り上げる。

　第一の目的は，紛争後社会における「負の過去」を乗り越えるための方策としての公的な「犠牲者」創出のメカニズムを解明することである。後述するが，公的領域における「大量死」の公定化および公式化の取り組みとして「犠牲者」が創りだされる事象は，済州4・3事件だけでなく，沖縄戦の「戦後処理」や台湾2・28事件の「過去清算」の事例においても見いだすことができる。各国・地域の「移行期」において新たに出現する死者群としての「犠牲者」は，かつての紛争を表象し死者たちを代弁するものとして，過去との回路を媒介する主要な役割も担わされる。

　また，こうした死の公定化および公式化においては，しばしば「紛争における死者」と「紛争後に創り出される犠牲者」の同一化や差別化が生じることも指摘できる。体験世代の減少や高齢化が進む中，記憶の風化も加速していく今日の状況で，体験世代との共有体験がない世代が，今後「犠牲者」という新たな死者群の「抽象的な集合体の死」（川村 2003：17）をどのように受け止めるべきかといった議論も歴史認識上の問題として登場する。そこで，かつての紛争がもたらしたおびただしい死者と向き合おうとするとき，各々の次元で位置づけ・意味づけられ，慰霊・追悼される死者，あるいは「犠牲者」とはいったい誰なのかについて考えを巡らすことが求められるのは不可避の事柄である。公式の「犠牲者」像がすでに遺族第一世代の私的領

域まで浸透し，彼／彼女たちの体験の記憶が，法・制度の論理によって言説化された社会的集合記憶と衝突・葛藤を生じさせることによって，再編成されてしまう場合も少なくないからである。一方，「負の過去」を克服するための法制度との緊張関係の中で，対抗記憶（counter memory）の組織化といったオルタナティブな試みもまた行われてきた。

本書では，「過去清算」や「戦後処理」の産物として，公的領域において創り出される「犠牲者」がもたらすであろう新たな歴史認識上の諸問題を乗り越える方策を探る。そのため，国家暴力による民間人の死者をめぐって新たに線引きを定める公的システムが，いかなる法・制度的根拠のもとに，いかに作動し，どのようなプロセスをへて「犠牲者」を創り出してきたのか，という点を重点的に分析する。これにより，各紛争後社会における「負の過去」を克服するための取り組みと「犠牲者化」政策が孕んでいる国民国家イデオロギー，そしてそこから起因する歴史認識をめぐる問題を明らかにする。

それに加えて本書では，「死者の犠牲者化」に対する批判的観点を継承しながらも，単なるナショナリズム批判にとどまらない方向性について検討を試みる。そのため，かつての大量死を（国家や民族のためという）「公」と（親族や家族の論理を重視する）「私」という二項対立図式で捉えるのではなく，紛争後を生きる遺族第一世代の実感にもとづいて，そのあいだを行き交う彼／彼女たちの「双方向的な実践[3]」を解き明かしていく。すなわち，本書の第二の目的は，殺害された近親者を「犠牲者」という公的な範疇に編入させるために，「申請」に踏み出す遺族第一世代の工夫と実践を明らかにすることにある。

「移行期」の公的領域における「犠牲者化」は，いずれも申請主義にもとづいている。一家が全滅した場合はおくとしても，近親者の死が公認を受け，公式化されることを望む遺族第一世代は，彼／彼女たちの属する社会の

---

3) 遺族第一世代の実践を分析するにあたって，北村（2009：349）による「双方向的な権力作用」という概念が多くの示唆を与える。北村によれば，「〈公〉と〈私〉のあいだには，思いもよらない密通や結託，ときに交渉の場面が認められるのであって，単純な二項対立図式では，国家と国民，ナショナリズムと家族，民俗と宗教などのあいだを行き交う双方向的な権力作用を見逃してしまうことになるだろう」。

法・制度と諸規定，そして主流の歴史観を意識しながら，できるだけそこに抵触しないように，死についての意味づけとともに自身と近親者の体験を再定位しなければならない場合が少なくない。修復や救済措置としての法・制度の成立と施行は，各国・地域において異なるかたちで行われてきたが，申請主義という構造的な制約の中で，近親者の死を公定化し「犠牲者」という公的な立ち位置に立たせるための生者たちの工夫は，各紛争後社会で共通的に現れる事象である。これとともに，撤回や却下，不服申立て，さらに行政訴訟といった申請主義の内外で行われる制度側との葛藤も同様に確認される。

申請主義のもつ特徴について，社会学者の鄭根埴（2007：23-24）は次のように述べる。

> 事件が発生したことは明確であるが，申告者がいないため，まるで事件がなかったかのように処理されることが少なくない。とくに，国家暴力によって（民間人が：筆者注）死亡した事件では，当事者自身がそもそも存在せず，その遺族たちが申告の主体にならざるを得ないが，遺族がいない場合，申告が行われない可能性が高い。（…）申請主義においてはしばしば，その立証責任が申告者に転嫁されるという危険性も伴う。国家暴力や国家犯罪は，その特性上，証拠を残さず，特定の措置と被害との間の因果関係を不透明にさせる。被害者は存在するのに，加害者を立証することが困難な場合がほとんどである。この場合，立証責任は被害者にあるのではなく，国家にあると見るのが妥当であろう。

被害申請という行為は，ある意味で，ナショナリズムを扇動する国民国家の統治プロパガンダに加担するものと評価されるかもしれない。しかしそれは他方で，紛争以後における生活の復元と直結する行為であり，一方的に強制されたものではない。むしろ受容のなかに主体性を発揮する能動的実践であると考えられる。こうした立場から，従来の過去克服のための公的な取り組みについての議論の中であまり扱われてこなかった，「申請する者」という観点，すなわち紛争後を生き抜いてきた遺族第一世代の工夫と知恵が解明

できると考える。このように，各々の紛争後社会の事例を相互に比較参照し一致や不一致を見いだすことを通して，国家の正当性に回収させようとする強制力と秩序に，時に順応し，時に抵抗しながら，「転倒されない生活者の便宜，必要，それに有用性」（松田 2009：172）によって近親者の死を再定位しようとする遺族第一世代の振る舞いを解明し，紛争後社会を生きる彼／彼女たちのローカルな知と実践の潜在的可能性を掘り起こすことができると考える。

　「移行期」に際して公的領域に参入し，死者の新たな居場所を確保しようとする取り組みの一方で，それとは別に，家族・親族集団においても，殺害された構成員の死後処理や弔いの場面で死の意味づけが行われてきた。これは，先祖崇拝の思想と父系血統主義を重視する文化圏において，構成員の喪失による系譜の断絶という極度の危機に直面した家族・親族集団が，自ら生き残り方を模索するための工夫とも密接な関わりがある。「公」と「私」の各領域で，あるいは，その間を行き交いながら駆使される死の意味づけと体験の再構築は，紛争後における遺族第一世代の生き延び方と絡み合っている日常の問題であり，彼／彼女たちが抑圧的な政治体制下を生き抜いてきた戦略であるのかもしれない。そのような点において，遺族第一世代の目線から紛争後社会と過去克服に向けた法・制度を再考する試みは，段階的な移行論モデルに立脚した「移行期正義」論のもつ限界を乗り越えるための方向性を提示するものであるといえよう。これは単に，「移行期正義」論への対抗という，学問的なパラダイムへの挑戦という問題にとどまらず，紛争後社会を生きる私たちが向き合うべき実践性を伴う課題となると考える。

　以上のように本書は，植民地支配，「太平洋戦争」，東西冷戦構造の出現という東アジア社会に激動をもたらした，20世紀中葉における諸紛争と国家暴力による大量殺戮という暴力現象に，政策の論理と民衆の視点の双方からの考察を試みるものである。そのための具体的な事例として，20世紀中葉東アジアの体制転換期における諸紛争と民間人の大量死に焦点を当てて検討する。

3.2 済州・沖縄・台湾における紛争以後

3.2.1 国家暴力と民間人の「大量死」

　本書では，まず「負の歴史」を克服するための法的・制度的取り組みの産物として国家公認の死者グループである「犠牲者」が創りだされるメカニズムを捉える。そのうえで，死者・「犠牲者」の表象と死の意味づけの問題を，国民国家イデオロギーや遺族第一世代の工夫との関係性に着目して考察する。

　具体的には，20世紀中葉，東アジアの島嶼地域において発生した紛争の事例として，済州4・3事件と沖縄戦，台湾2・28事件に焦点を当てる。各国・地域においては，紛争後，関係修復の流れのなかで，それぞれ「済州4・3特別法」（韓国）と「戦傷病者戦没者遺族等援護法」（日本），「2・28事件処理および賠償条例[4]」（台湾）が適用され，様々な修復策や救済措置が取られてきた。各紛争の性格や歴史的意義，さらに過去克服の法・制度を一律に比較することはできないものの，いずれもが，各々の公的領域における「大量死」の位置づけ・意味づけを試みてきたものであることは，間違いない。こうした「犠牲者化」は，紛争と大量殺戮の歴史の上に成立した国家が自らの正統性を事後的に主張し，国民共同体を維持・強化するために死の意味を独占的・教条的に回収して，死者・「犠牲者」を「利用」してきたと厳しく批判されてきた。

　詳しくは次章以降論じるが，2000年に制定された済州4・3特別法第2条では「犠牲者」を「済州4・3事件により死亡したり，行方不明になった者，後遺障害が残っている者または受刑者として（…）済州4・3事件の犠牲者と決定された者」と定義している。ここで，「犠牲者と決定される」ということは，事件によって身体的な不利益を被った本人あるいはその遺族が済州4・3委員会に被害事実を申告すれば，同委員会が審議を通じて「犠牲者」として「認定」あるいは「不認定」と「決定」する一連の行政行為を意味する。第2部で述べるように，沖縄戦の「戦後処理」や台湾2・28事件の

4）1995年4月に制定された法律の名称は「2・28事件処理および補償条例」であったが，2007年3月に行われた法律改正に伴い，「賠償」に改称された。

「過去清算」においても，各国政府は，申請主義システムに立脚しそれぞれの「規定」や「要綱」に従った個別的な審査をへて，申立てられた死者たちを「犠牲者」の範疇に編入させるかどうかという法的・制度的な権限を行使してきた。

3.2.2 「犠牲」と「非犠牲」の境界線上で

　各国・地域で繰り広げられている，そしてそれによる「犠牲者化」は，いずれも「負の歴史」の克服を目指す公的な取り組みであり，真実究明や救済措置（金銭的補償），社会再建・修復策の一環として，国内法をベースとした社会制度を通して「大量死」の位置づけ・意味づけを試みてきた。しかしながら，いずれの「犠牲者化」にも「犠牲」と「非犠牲」を分ける排他的な線引きが存在する。本書は，そのような境界線上の微妙な位置にあるケース，すなわち境界領域の死者とその遺族たちを主な対象として議論を展開する。

　従来の研究では，こうした激動の歴史のなかで置きざりにされてきた人びとの存在が等閑視され，またしばしば法・制度が生じさせる「不可避な被差別マイノリティ」として位置づけられてきた。詳しくは後述するが，彼／彼女たちは「移行期」が到来したとしても依然として不安定な地位におかれていたがゆえに，「過去清算」や「戦後処理」の法・制度が「正しい犠牲者」として「公認」する主流の被害者集団とは異なる実践を模索せざるを得ない。殺害された近親者を「犠牲者」という公的領域に確実に編入させるために，「申請」に踏み出す遺族第一世代は，当該法・制度を意識しながら，そこに符合するように自身と死者の体験を立証しなければならないのである。

　例えば，済州４・３事件の場合は，朝鮮半島の分断を固定化する米軍政と新生韓国政府の圧政に対抗し武装蜂起を決行した結果，国家公権力から虐殺された「武装隊」と数多くの済州島民がそのケースに当てはまる。沖縄戦の「戦後処理」における援護法は，「国と雇用関係又は雇用類似の関係」にあった戦闘員の死者並びにその遺族のみを救済の対象とする法律であるため，「一般住民（非戦闘員）」身分の戦死者の遺族の場合は，実際の戦場体験が望ましい「戦没者」像に当てはまるかの可否が，公式文書（申立書）上の体験記述において重要視される。公的領域における望ましい「犠牲者像」との乖

離をいかに埋めるかという問題は，台湾2・28事件に巻き込まれ行方不明になった南西諸島出身者の遺族（日本国籍者）においても同様であろう。

　彼／彼女たちは，各々の政治的「移行期」においても依然として社会的に弱い立場におかれている。それゆえ，本書においても，インタビューや参与観察，資料提供に応じて下さった遺族第一世代に関するすべての情報は公開せず，匿名あるいは仮名の事例として記述する。しかしながら本書では，彼／彼女たちを単に境界に位置する周辺的存在や被差別マイノリティとして取り扱うことはしない。単なる社会的弱者という一側面を浮き彫りにすることよりは，ローカルな場における近親者の死の意味づけのための工夫や紛争後を生き抜くある種の経験知の可能性を探りたい。紛争に巻き込まれた近親者の死に思いを寄せながら，積極的な生の戦略を駆使する彼／彼女たちの清算実践には，従来の過去克服の政治学や「移行期正義」論が見逃してきた紛争後社会の実相を，別の角度から議論する可能性が内包されているからである。

3.2.3　調査の概要

　上記の目的を達成するための具体的な調査内容と方法は，次の四点にまとめられる。

　第一に，各国・地域における過去克服への取り組みとして繰り広げられる「犠牲者化」プロセスの検証である。また，こうしたマクロな視点からの政策分析とは別の次元において，申請を媒介として近親者の死を公的に意味づけようとする遺族第一世代の実践を視野に入れる。そのため，申請主義にもとづく体験の立証と記述にアプローチ可能な史料として，遺族第一世代が各々の公的機関に提出した「良民虐殺真相糾明申告書」や「犠牲者申告書」（済州4・3事件），「戦闘参加者についての申立書」（沖縄戦），「2・28事件受難者賠償金申請書」（台湾2・28事件）を分析の対象とする。補足資料として，公文書史資料（行政文書，裁判記録，統計資料）や地域史資料（町長作成名義の公文書，郷土誌），記念館や資料館における展示資料などを活用する。

　第二に，国家主導による側面とは別に，家族・親族集団のローカルなコンテキストの中で，紛争に巻き込まれ犠牲になった身内の死がいかに意味づけ

られてきたのかについて考察する。公的領域における陳情や請願とは別のレベルで，家族・親族集団の中で創られ共有，継承される私的記憶にアプローチ可能な史料として，(死亡届による)除籍謄本や族譜，墓碑，位牌，厨子甕(洗骨後の遺骨を納める骨壺)にあらわれた記録を分析する。その他，諸団体の名簿や個人記録(私信，家族写真など)も検討する。これらの史料を活用することによって分析の多面性・精密度がより高められると考える。

　上記の「申立書」や除籍謄本は，各国・地域における政府機関に保管されているため，筆者のような第三者には原則的に閲覧許可が与えられない。また，族譜や墓碑，位牌，厨子甕などは，その活用や所在地，公開の可否なども一様ではないため，一度に一括して収集することはきわめて困難である。それゆえ，本書(とくに，第3章～第6章)で分析の対象とする史資料のすべては，それらを直接記録した，あるいはそこに深くかかわった遺族第一世代から直接提供を受けるという方法をとらざるを得なかった。

　第三に，史実をめぐって葛藤する社会的言説と私的記憶が混在する局面において，遺族第一世代の「語りの再構築」や「記憶の変容」を読み解くために，上記媒体の記述経験を持っている人びとを主な対象として，複数回にわたるインタビューを実施した。さらに，経験の(再)構成についてより綿密に検討するための方策として，現地における公的機関(記念財団や資料館)や遺族会，市民団体などに加わり，内部から観察した。こうしたインタビュー調査は，史実に対する個人の私的記憶が社会的集合記憶とどのような脈絡のなかで形成あるいは変容されるのかという問題意識のもとで行った。ここでは，主に一人ひとりの体験記憶の変則的な(再)構成を吟味することを通して，体験者の語りと記憶が政治・社会的構造のなかで流通する言説やイデオロギーと折衷・接合するありようについて考察する。

　第四に，政治的「移行期」における過去克服のメカニズムとローカルな知とのせめぎあいの事象をより多面的かつ実証的に解明するための試みとして，法・制度の産物としての「犠牲者」が表象／再現される場であり，国家の枠組みの中で執り行われている公的な慰霊・追悼儀式の参与観察を行った。これとともに体験者グループによって考案・運用され，今日まで継承されている弔いの諸実践(忌祭祀，巫俗儀礼，慰霊の旅，墓祭など)も視野に入

れる。

　以上のように，フィールド調査を実施されてきたが，その具体的な内容については各章の冒頭で改めて触れる。

3.3 本書の構成

　以上述べてきた問題設定と議論が，本書において具体的にどのような形で展開されるのかを簡単に紹介しておきたい。

　まず，第1部では，済州4・3事件の事例を中心に議論を展開する。

　第1章では，第1部の背景となる済州4・3事件について概説した上で，40年あまりにわたる独裁政権の圧政から民主主義体制への移行期に，韓国政府が，事件の残した「負の遺産」を克服するために企図した「過去清算」について概説する。その中でもとくに，「過去清算」の産物としての「犠牲者」が創りだされるメカニズムと，それが露呈する歴史認識上の諸問題に焦点を当てて考察する。

　第2章では，「過去清算」の主たる成果として創りだされる「犠牲者」が，公的な記念施設（済州4・3平和公園）でいかに表象／再現されるのかを，モニュメントの刻銘と記念館における展示，政府主催の慰霊・追悼儀式を検討対象として考察する。刻銘情報や展示内容の修正および代替を「過去清算」の過渡期的な様相として取り上げ，それらを記念施設における記憶闘争の視点から多面的に分析する。

　第3章では，事件終了後から現在にいたるまで，遺族第一世代が近親者の人命被害を韓国の公的機関に提出した「申告書」を手がかりにして，彼／彼女たちが「過去清算」の法・制度の中で近親者の死や行方不明をいかに解釈し，位置づけ・意味づけてきたか，そしてこうした遺族第一世代による意味付与が，どのような記述上の工夫を通して模索されてきたかについて考察する。近親者が死や行方不明にいたった経緯から，それに対する申告者の解釈や評価まで，「申告書」に記述された諸記録についての分析を通して，「移行期正義」論における「断絶」論的欠陥を乗り越えることを試みる。

　第4章では，死者や行方不明者が属する家族・親族集団の家系記録を検討対象として，済州4・3事件による民間人の「大量死」が，遺族第一世代に

よってどのように意味づけられ，表現されてきたかを明らかにする。さらに，こうした遺族第一世代による意味付与の工夫と国家権力から押しつけられる死の意味形成との間で発生する摩擦や葛藤の分析を通して，第3章とは別の側面から，従来の「移行期正義」論を用いた分析では見落とされてきた，事件以後における社会像と人々のローカルな知の実践について解明する。

　第2部では，序章で示した問題提起を踏まえつつ，第1部での議論を整理し，より多角的な考察を試みるために，沖縄戦と台湾2・28事件の事例を中心に議論を展開する。

　第5章では，第3章における政府機関への申立てをめぐる議論をより深める試みとして，沖縄戦の「戦後処理」における援護法の拡大適用と「戦闘参加者についての申立書」を手がかりとして，「一般住民」の戦死者を「戦没者」として国家の枠組みに回収し意味づける過程を検証する。そのうえで，国家が主導するこうした圧倒的に強大な側面とは別の次元において，近親者の戦死が遺族第一世代のローカルな場のなかでいかに意味づけられてきたのか，また国家による死の意味化をいかに生活世界の論理で捉え返してきたのかを，彼／彼女たちの工夫と実践から考察する。

　第6章では，第4章における家族・親族集団の家系記録における遺族第一世代による死の意味づけをめぐる議論を，台湾2・28事件の事例について考察することを通してより深化することを試みる。そのため，当該事件に巻き込まれ行方不明になった南西諸島出身者の家系記録を検討対象として，遺族が，自分たちの社会的文化的な意味づけを通してどのように近親者が経験した暴力とその記憶を表現してきたかを，実証的に明らかにする。

　最後の終章では，各章において展開した議論を振り返り，総合的な議論を行う。

第1部 済州4・3事件

隠蔽・歪曲されてきた「タブーの歴史」を明らかにし，「和解と共生」を図るということの社会的意味は，諸アクター間の敵対関係や怨恨の感情，恐怖の記憶の領域にのみ限られたものではない。複雑に錯綜する利害関係に縛られてきた個人間だけではなく，地域―国家―国際関係といった様々なレベルにおいて，こうした営みは，紛争後社会における肯定的な未来を模索することにつながるからである。他方で，「タブーの歴史」の克服は，社会的正義の実現を牽引する一方で，国家が個人の記憶や心情を絡め取ることにより，当事者たちの混乱を招き，さらに従来の社会秩序を混乱させ不安定性を高める新たな葛藤のリスクも伴う。それゆえ，公的領域における紛争処理や過去の清算，正義回復，「和解と共生」への取り組みは，国家や行政のレベルはもちろん，地域や市民一人ひとりが向き合うべき課題として浮かび上がる。

　すなわち，公的領域における清算実践のもつ意義について考察しつつも，そこにある両義性を見失うと，より大きな問題，たとえば支配的な歴史観とその歴史観の中で押し潰され歪められる当事者個々人のリアリティを看過することになってしまう。そのような意味で，暴力の直接的な被害者が，どのように近親者と自身が経験した悲愴とその記憶を表現し，その過程で生起する国家権力との摩擦や葛藤を乗り越えるためにいかなる工夫を凝らしてきたかを視野に入れ検討することは，国家からの理不尽な暴力に対する人々の経験知の可能性を展望する点において有意義であり，そこから様々な知見を得ることもできるであろう。

　第一部では，済州4・3事件にかかわる個人的な経験による問題意識にもとづいて，民主化以降の韓国社会がめざしてきた「過去清算」への取り組みと，過酷な暴力を経験した遺族第一世代が創造・発揮してきた経験知の実践について，各々政策の論理と生活の視点の双方からアプローチする。そのため，「過去清算」の代表的な産物としての「犠牲者」について，その社会的意義を評価する一方，それを申請主義システムの最下位層から参入する遺族第一世代の観点から再検討する。そのうえで，「大量死」の意味づけをめぐる歴史認識問題や死者および「犠牲者」の表象，体験記述の改変といった論点を提示しつつ，国民国家イデオロギーと遺族第一世代の工夫・実践との関係性を考察する。

これにより，例えば「闇」から「光」へ，あるいは「沈黙」から「発言」への転換という段階的な移行論モデルに立脚した「過去清算」の論理的な欠陥を明らかにする。このことは，国家の暴力による被害者グループを，単なる「過去清算」の法・制度から多大な恩恵を受けている存在，すなわち「過去清算」における「受益者」として捉えるだけではなく，彼／彼女たちの主体的な実践をめぐるリアリティを解明するための試みでもある。

第1章 死者から「犠牲者」へ

2000年1月,与野党の合意で国会を通過した済州4・3特別法に金大中大統領が署名する様子。「済州道民の至難の努力と闘争の末に獲得した4・3特別法の制定は,半世紀もの間タブーの歴史であった済州4・3事件が,ついに国家による公式的な歴史となる一歩となった」(済州特別自治道 2009:391)。

1 民主主義体制への移行と「過去清算」

　本章では，済州4・3事件の歴史的背景および展開過程を概説した上で，事件が終了したのち長期間にわたる抑圧的な権威主義体制をへて民主主義体制への移行期にあった韓国社会が，「負の過去」を乗り越えるために取り組んできた「過去清算」を，「死者の犠牲者化」という側面から検討する。具体的には，「過去清算」の主な産物として2000年以降に出現した新しい死者群である「犠牲者」が創りだされるメカニズムと，「正しい犠牲者」をめぐって展開される葛藤や交渉を検討することを通して，「過去清算」が追求してきた方向性と展望，そしてこれまで蓄積されてきた成果について批判的に考察する。

　2000年以降本格化した済州4・3事件の「過去清算」は，「過去清算の模範的事例」（徐仲錫2007：15）あるいは「韓国国内はもとより全世界的にも前例を見ない成功的な真実究明および名誉回復の事例[1]」（金ホンジュン2011：25-26），さらに「真実究明や名誉回復だけではなく，和解と共生の側面においても世界的なモデルになりうるだろう[2]」（梁祚勲2015：537-538）と肯定的に評価されている[3]。確かに，済州4・3特別法の制定およびここ16年あまりの「過去清算」については，その歴史的意義を含む肯定的な評価や分析が大部分を占めている。

　しかしその一方で，「過去清算」の歴史的意義を十分に評価しつつも，そ

---

1) 金ホンジュンは，その根拠として，1) 包括的かつ歴史的な真実究明，2) 済州4・3委員会の持続的で影響力のある活動，3) 済州4・3平和財団の設立を通じた永久的な真実究明と名誉回復モデルの確保などをあげている。
2) 梁祚勲は，その根拠として，1) 済州4・3特別法による真実究明，2) 大統領のお詫び，3)「世界平和の島」宣言，4) 保守政権下で「4・3追悼日」が国家記念日に指定されたこと，5) 60年あまりの間に対立してきた「済州4・3犠牲者遺族会」と「大韓民国在郷警友会済州支会」の和解などをあげている。
3) 他にも，「過去清算の一つの範例としてのプロセスが実現した最初の事例」（文京洙2008：212）といった評価がある。藤永（2006：318）は，「過去清算」の土台となった済州4・3特別法の歴史的意義について，「国家の正統性に正面から挑戦した闘争の存在を歴史的事実として受け止めるとともに，反国家的〈暴動〉を鎮圧する名目であっても，無差別の虐殺や人権蹂躙は許されないという姿勢をこの特別法は示した」という。

の目標や方向性から価値判断の問題にいたるまで,多岐にわたる批判的な分析も行われている。代表的なものとして,次のような指摘がある[4]。

> 国家の公式謝罪―真相究明―責任者の処罰および被害賠償の方向に進まなければならない（…）名誉回復に焦点を絞るのではなく,責任所在の把握とその責任者の処罰を中心におくべきである（金淳泰 2003：94-107）。

> たとえそれが,虐殺の責任者を明らかにして処罰することまで目的としないとしても,最小限虐殺は虐殺で犯罪は犯罪という前提の上で真相調査が始められなければならなかった（李在承 2005：191）。

　これに対して本章では,「過去清算」をめぐる賛否両論の議論をそのまま踏襲したり,その法・制度の有効性や本質的な限界を改めて指摘したりするのではなく,むしろ「過去清算」の法・制度が今日どのような歴史認識上の問題を新たに生み出しているのかをめぐる議論に重点をおきたい。その中でもとくに,従来の4・3事件研究ではあまり議論の対象となってこなかった「犠牲者」を取り上げつつ,「犠牲者」が創りだされるプロセスと,それらを通じて予想される新たな問題に注目する。
　済州4・3事件の法律上の定義が「武力衝突と鎮圧過程において住民が犠牲になった事件」（済州4・3特別法第2条）とされていることからも分かるように,すでに1990年末における済州4・3特別法の立法過程において「過去清算」が究明すべき「真相」の範囲と内容は,ほぼ「住民の犠牲」のみに焦点があてられていた。虐殺の責任者に対する処罰や暴力の被害者に対する補償・賠償を論外とするという「名誉回復」策のガイドラインも「過去清算」に着手する以前の段階で決められていた。それゆえ,上記「過去清算」批判論が指摘している問題点は,済州4・3特別法にもとづく「過去清算」

---

4) 池萬元（2011）や李宣教（2012）,金東一（2016）など「暴動論」的観点に立脚し,「犠牲者」や『済州4・3事件真相調査報告書』（2003）,済州4・3平和公園のような「過去清算」の代表的な成果を否定する立場もある。

が本格化する前からすでにある程度予想できたといえよう。

　一方，事件の本質に対する解釈や性格規定とも直結する「誰が正しい犠牲者なのか」をめぐる問題は，葛藤する諸アクター間の「合意」に至らないまま，「過去清算」の実施主体である済州4・3委員会が構成され「犠牲者申告書」の受付が本格的に開始された後にも残り，論争はむしろ激化していった。その後，委員会内部で「集中的な討論と熱い論争をへて」（済州4・3委員会 2008：149），2002年3月，「犠牲者」を審議するための諸基準が辛うじて合意されたことによって問題解決の糸口が見いだされた。しかし，「犠牲者」の選別がほぼ完了している今日でも，「誰が正しい犠牲者なのか」をめぐる葛藤は依然として続いている【口絵5, 6を参照】。

2　済州4・3事件とその後

　アジア太平洋の多くの地域と同様に，朝鮮半島もまた1945年8月に日本による植民地支配からの解放を迎えたが，その直後より南半部には米軍が駐屯し，軍政が敷かれることになる。その中でも，1950年以前の朝鮮解放の過程で，済州島ほど政治対立による被害を被った場所はなかった（Cumings 1997＝2003）。急激な人口流入（帰還人口[5]）に伴う生活困窮の深刻化，コレラなど伝染病の蔓延，米国による占領軍政の失政と腐敗，さらには，分断の固定につながる南半部のみの単独政府樹立をめぐる左右対立の激化などもあいまって，済州島では民心が極度に不安定となっていった。

　そのような中にあって，1947年3月にはデモ行進する群衆への米軍政庁警察による発砲によって，12名の住民が死傷する事態が発生する（「3・1節発砲事件」）。そして，その処理をめぐって，軍政と結託した右翼勢力，それと対立する左翼勢力，両者の軋轢がさらに激化することになる[6]。こうし

---

[5]「1945年の8・15当時，済州島の人口は日本軍を除けば22万内外と推算される。それが1年後には28万名を超えるようになった。したがって，解放前後の人口変動率は30％線に肉迫し，とくに高等教育を受けた若者が大挙して帰還した。そうした人口の量的・質的膨張は，解放後の政治的緊張の一因となり，済州伝統社会に対して経済的・社会的に大きな影響を及ぼした」（済州4・3委員会 2003：68）。

て，左翼系列の南朝鮮労働党済州道委員会（以下，南労党済州道党）を中心とする「武装隊」は「（分断政府の樹立を問う）南朝鮮のみの単独選挙に反対」，「弾圧に対しては抗争だ」などのスローガンを掲げて，1948年4月3日早朝に武装蜂起を決行した[7]。

これに対して米軍政と新生韓国政府は「大量虐殺計画（program of mass slaughter[8]）」に沿った組織的な「焦土化作戦」を断行した。米軍政と樹立直後の韓国政府にとって済州島民による武装蜂起と対政府闘争は，朝鮮半島における分断体制への異議申立てに他ならず，単なる地域レベルの問題を超えて，新たに生まれた反共政権の正統性を脅かし，ひいては米国が構想していた東アジアの冷戦秩序を攪乱させかねない問題であった[9]。そのため，主に「陸地[10]」から派遣された政府軍と警察，右翼団体などの「討伐隊」によって強硬鎮圧作戦が決行され，その結果，島各地で非人道的な残虐行為が発生することとなった。「死の島」から脱出して日本に密航する人びとも多数いた[11]。結局，済州4・3事件は，3万名あまりという甚大な人命被害をもたらした末に，7年後の1954年9月になって一応の終結をみた。

一方，「武装隊」によって「住民」が殺害されたという事実もなくはな

6）「警察当局は終始一貫この問題を〈警察署襲撃事件〉と規定し，民心の収拾よりは強硬策に比重を置いた」（済州4・3委員会 2003：115）。これに対して，住民側は，ゼネスト（「3・10ゼネスト」）で対応した。警察による発砲に抗議するために，「官公署や民間企業など済州道全体の職場の95％以上が参加し，韓国では類を見ない民・官合同のゼネストであった。この事件はまさしく4・3事件を引き起こす導火線となった」（済州4・3委員会 2003：533）。

7）当時，米軍政が本国に打電した情報報告書によれば，「済州道は人口の70％が左翼団体に同調あるいは関連している左翼分子の拠点として知られている」（Hq. USAFIK, G-2 Weekly Summary, No. 79, March 20, 1947., 済州4・3委員会 2003：120 より再引用）。

8）1949年4月1日付駐韓米陸軍司令部の日々情報報告（Hq. USAFIK, G-2 Periodic Report, No.1097, April 1, 1949.）より抜粋。

9）『済州4・3事件真相調査報告書』（2003：534）によれば，「朝鮮半島南部に大韓民国が樹立され，北側にはもう一つの政権が建てられることによって，済州の事態は，単純な地域問題を超えて政権の正統性への挑戦と認識された」。

10）現在も，済州島民たちは一般に，朝鮮半島本土を「陸地」と呼ぶ。

11）これについての実証的研究としては，藤永・高正子・伊地知・鄭雅英・皇甫佳英・高村・村上・福本・高誠晩らによる「解放直後・在日済州島出身者の生活史調査」シリーズ（2000～2016，大阪産業大学論集．人文・社会科学編）や村上（2007），伊地知・村上（2008），在日済州人の生活史を記録する会（2012；2015），伊地知・高正子・藤永（2014）などが詳しい。

かった[12]。とくに，「討伐隊」への抵抗が長期化することによって「武装隊」が民家に侵入し，食糧や衣服，家畜などを略奪する事態も頻繁に発生した。圧倒的な物理力に基づく「討伐隊」の鎮圧作戦が長期間にわたって住民たちを圧迫する状況が続く中で，当初は「武装隊」の抵抗運動に対して友好的だった住民たちも，これ以上彼らを支持することができなくなった。

済州4・3委員会（2003：369-372）によれば，事件によって当時の島人口の1割が殺害され，そのうち10～30代が約7割，男性が約8割を占める[13]。虐殺が最も激化した1949年には，「15歳から49歳までの年齢層の人口が著しく減少した」（李昌基 1999：80）ため，「島の人口地図は完全に変えられてしまった」（Morris-Suzuki 2010：75）とされる。「焦土化作戦」の主なターゲットになった若い男性たちの集団的な死や行方不明は，済州島の人びとにとっては家系の存続を担うべき後継者の喪失に他ならなかった。だからこそ，生き残った母や妻，嫁，また子どもたちは，うわさであろうともあらゆる情報を頼りに，殺害された近親者の遺体が隠匿・廃棄された場所を探し出し，手厚く埋葬する必要があった。加えて，葬送儀礼や戸／除籍の処理，死霊結婚や養子縁組などを通した成員の補充・再構成にいたるまで，家族・親族集団消滅の危機を乗り越えるための様々な対処が模索された。

しかし，それは困難を極めた。この事件は，韓国社会において北朝鮮の指令による共産暴動，あるいは南労党中央党によって扇動された反乱や騒擾事態とみなされており，虐殺から生き残った人びとは「極端な反共イデオロギーの時代」（金鍾旻 1999：373）のなかで自ら生き延びる道を探りながら，殺害された近親者の死後処理をせざるを得なかったからである。イデオロギー的締め付けばかりか生存の危機にまでさらされながら，生き残った人びとは所与の親族概念を構成する知識を改編し，虐殺以後を生き抜くための工夫を駆使することを余儀なくされたのである。

7年7ヶ月にわたる事件期間の間，おびただしい人命の損失と人権蹂躙，

---

12) 2008年まで済州4・3委員会に受理された「犠牲者申告書」にもとづく統計によれば，「武装隊」による人命被害は全体の12.3％にあたる1673名であった（済州4・3委員会 2008：187）。
13)「事件による罹災民の数も8万～9万人に達したが，これは，済州島の人口の3分の1に該当する数字であった」（済州4・3委員会 2003：358）。

共同体破壊が発生したといわれる済州4・3事件は，韓国社会の民主化が進められた1980年代後半まで，とりわけ軍事独裁体制下においては，その議論自体が社会的にタブー視されざるを得なかった。しかし，そうした抑圧的な状況の中でも，済州島をはじめ，ソウルや東京，大阪など各地でこの事件の解決を要求する運動（真相究明運動）が活発に繰り広げられた。

済州4・3事件について韓国政府による公式的な取り組みが始まったのは，2000年1月，国会で与野党の合意により済州4・3特別法が制定・公布されてからのことである。そして，同法の理念を実現し，「過去清算」を総括的に推進する組織として，同年8月，政府内に済州4・3委員会が発足された。こうして，この事件に対する韓国政府の「過去清算」を本格化するための法的，制度的な体裁が整えられることとなった。

3 「過去清算」の法制化に向けて

3.1 済州4・3委員会の構成と機能

済州4・3委員会は，済州4・3特別法を根拠として「過去清算」の全てのプログラムを企画，執行する中核組織である。「事件の真相究明」と「犠牲者の名誉回復」に集約される「過去清算」の目的を達成するための最高議決機構として，国務総理が委員長をつとめる。同委員会は，済州4・3特別法施行令第3条により，総理を含む行政官僚8人（法務部長官，国防部長官，法制処長[14]，済州道知事など）と，総理が委嘱する民間人12人（遺族代表および4・3関連団体，関連専門家，軍・警代表など）のあわせて20人以内で構成されている。委員会の傘下機構として，済州道知事を委員長とする「済州4・3事件真相究明および犠牲者名誉回復実務委員会」（以下，4・3実務委員会）もあるが，これは上級機関である済州4・3委員会が議決した事項を実行するための組織である。実務委員会の構成も中央の4・3委員会と同様に，済

---

14) 政府の法制行政全般を総括・調整する「法制処」の長として，日本の「内閣法制局長官」に相当する。

州道知事を含む地方政府の行政官僚4人と，知事が委嘱する民間人11人という官民混合の構成となっている。

図1-1のように，済州4・3委員会と4・3実務委員会との関係は「指示・委任」—「処理・報告」と規定されている。「犠牲者」の審議・決定においても，4・3実務委員会と各々の諮問委員会で検討された「犠牲者申告書」などが最終的に済州4・3委員会に報告され，当該委員会の全体会議ですべての意思決定が行われ，またその結果が4・3実務委員会委員長を通じて各申告者に通知されることになる。

済州4・3委員会における「犠牲者」の審議は，最初の「犠牲者申告書」の受け付けから複数回の事実確認や審議・議決手続きを通して行われる。まず，申告者から提出された「犠牲者申告書」や添付資料としての「戸・除籍

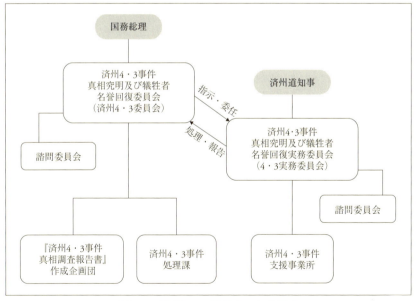

図1-1　済州4・3委員会の組織図[15]

---

15) 済州4・3委員会（2008：48）をもとに筆者が再構成。「『済州4・3事件真相調査報告書』作成企画団」は2003年12月末に活動を終了した。この図には入っていないが，「犠牲者」の審議や済州4・3平和公園の建立など従来済州4・3委員会が行ってきた「過去清算」プログラムが大詰めの段階に入り，記念や教育などの後続の事業は2008年11月に発足した「済州4・3平和財団」に移管されることになった。

謄本」「保証人陳述書」などの真偽を把握するために，4・3実務委員会から委任をうけた各自治体の公務員が，文書資料にもとづき個別に申告者本人と（申告者が指定する2〜3名の）保証人に対する面談調査を実施する。その結果をまとめて，「犠牲者および遺族申告事実調査結果書」と「面談調査書」を作成し，4・3実務委員会に報告する。4・3実務委員会はこうした1次調査についての補完調査と審議を実施し，そこから得た情報をもとに審議案件別に「済州4・3事件犠牲者の審議・決定要請書」を作成し，済州4・3委員会に進達する。

　済州4・3委員会には，「犠牲者」の審議業務をサポートする諮問委員会が設置されている[16]。そのうち，「済州4・3事件犠牲者審査小委員会（以下，犠牲者審査小委員会）」は，4・3実務委員会から進達される審議資料が済州4・3委員会の全体会議に上程される前に，「集中的に検討するための組織」（梁佐勳 2015：414）である。同委員会では，「死亡者」や「行方不明者」「受刑者」として提出された「申告書」が，そして「犠牲者医療および生活支援分科諮問委員会」では「後遺障害者」[17]として提出された「申告書」がそれぞれ検討される。こうした小委員会における事前審議をへて，最終的に，通常年一回開かれる済州4・3委員会の全体会議で一人ひとりの「犠牲者」認定の可否を問う審議が行われるが[18]，その場で「犠牲者」として認めるか否かが，多数決の原則に従って（済州4・3委員会 2008：150），合意・決定されることになる。

---

16) 済州4・3委員会の傘下組織の一つとして，行政業務を支援する「4・3事件処理課」がある。中央政府の「行政自治部」内の機構として，元の名称は「済州4・3事件処理支援団」であったが，2008年の保守政権への交代以後，名称変更とともにその権限と機能も大幅に縮小された。4・3実務委員会の傘下にも行政的サポートのため地方政府（済州道）内に「済州4・3事件支援事業所」が置かれたが，中央政府と同様に，組織の規模は縮小されている。さらに，済州4・3特別法上には明記されていないが，4・3実務委員会には「過去清算」の諸プロジェクトを遂行するために「済州4・3平和公園造成諮問委員会」や「済州4・3犠牲者遺骸発掘推進委員会」など別途諮問委員会が置かれている。

17) ただし，事件以後から済州4・3特別法が制定されるまでの間に死亡した負傷者の場合は，審議の対象にならない。

18) 「犠牲者」審議・決定の最後の段階である済州4・3委員会の全体会議は，2002年以降通常年一回開催されてきたが，2008年に保守政権に交代してからは，2016年現在まであわせて2回しか開かれていない。

第1章　死者から「犠牲者」へ　43

　済州4・3特別法第3条には，済州4・3委員会が，1）真相調査のための国内外関連資料の収集および分析に関する事項[19]，2）犠牲者および遺族に対する審議・決定に関する事項，3）犠牲者および遺族の名誉回復に関する事項などを審議し議決することができると規定されている[20]。その中でも最も重要なのが「誰が犠牲者なのか」を明確にすること，すなわち「犠牲者」を「審議」し「決定」することである。済州4・3委員会の白書『和解と相生』（2008）にはその重要性を次のように紹介している。

　　4・3特別法の手続きに従って申告した犠牲者および遺族に対して公平な審査を行うことで，彼らを4・3事件の「犠牲者」もしくは「遺族」と定めることは非常に重要な業務である。これは長年理念的な汚名をきせられてきた「犠牲者」や「遺族」の無念さを晴らすと同時に，まさに彼らの名誉を回復させる作業に直結するためである（済州4・3委員会 2008：130，「　」は筆者による）。

　このように，公的な歴史において長い間否認，捏造・歪曲，隠蔽されてきた大量虐殺の史実を捉え直し，人命被害を受けた者たちや，身体の一部が毀損された者たちに「犠牲者」という公的な身分を与える一連の国家プロジェ

19）済州4・3委員会における「真相究明」は，次の16項目を中心に進められてきた。1）50年あまりの真相究明の歴史，2）4・3事件の定義，3）4・3事件の背景と勃発原因，4）南労党の介入範囲と役割，5）「武装隊」の組織と活動，6）西青（西北青年会）の介入範囲と役割，7）死亡者数，8）加害者の統計区分，9）「武装隊」による被害，10）「討伐隊」による被害，11）集団被害を受けた村および物的被害，12）軍法会議の適法性，13）戒厳令の執行問題，14）集団的な殺傷の指揮体系，15）米軍の介入と役割，16）連座制による被害（済州4・3委員会 2003：54-55）。
20）これ以外にも済州4・3委員会は，『『済州4・3事件真相調査報告書』の作成及び史料館の造成に関する事項」をはじめ，「慰霊墓域の造成及び慰霊塔の建立に関する事項」，「済州4・3事件に関する政府の立場表明などに関する建議事項」，「この法で定められた家族関係登録部の作成に関する事項」，「集団虐殺地，密葬に対する調査及び遺骸の発掘・収集などに関する事項」，「犠牲者の医療支援金及び生活支援金の支給決定に関する事項」，「その他真相究明と名誉回復のため大統領令が決める事項」などに関する審議・決定権限がある。一方，4・3実務委員会は，「犠牲者と遺族の被害申告の受付に関する事項」をはじめ，「被害申告に対する調査に関する事項」，「医療支援金及び生活支援金の執行に関する事項」，「その他済州4・3委員会により委任された事項」を処理することができる権限が与えられている。

クトを通して，彼/彼女たちの失墜した名誉を回復することが初めて可能となった[21]。また，被害者個々人の立場では，近親の死者と自分たちに付された「アカ」「暴徒」という汚名を払拭する契機となった。そして「過去清算」を通じて，「負の歴史の克服」と「国民和合[22]」の二兎を追おうとした韓国政府にとっては，国民国家としての正統性と正当性（道徳的地位）を強固にする政治的効果を達成することができるようになった。

3.2 「正しい犠牲者」をめぐる葛藤と合意

　反共社会における済州4・3事件をめぐる歴史認識のなかで，公権力による民間人の死は，大韓民国の正統性を脅かす「不穏な死」と評価されてきた。2000年の済州4・3特別法制定まで，事件にまつわる唯一の「正しい死」は，武装蜂起を含む反政府活動を鎮圧するため派遣・動員された軍・警察・右翼団体などの「討伐隊」側の死であった。それ以外の死は「アカ」「暴徒」といった「敵対勢力」「反社会的勢力」の「正しくない死」であり，国家による援護や慰霊においても対象外とされた。

　しかし「過去清算」の法制化によって，「国家暴力が創りだした長期的な沈黙の世界が解体」（鄭根埴2016：224）されるとともに，「正しい死」についての再定義をめぐる激しい論争が繰り広げられることとなった。具体的には，島民による武装蜂起と抵抗運動に対する評価としての「暴動論[23]」と

---

21) 鄭根埴（2007：12）によれば，「国家暴力による犠牲者やその遺族にとって，民間人虐殺の真相究明は，ここ50年あまりの間，彼らに強いられた様々な政治的，心理的な抑圧からの解放，そして〈民主共和国〉の真の構成員としての社会的認定行為を意味する」。
22) 済州4・3特別法第1条には，「この法は済州4・3事件の真相を究明し，この事件に関連した〈犠牲者〉とその〈遺族〉の名誉を回復することによって人権伸張と民主発展及び国民和合に寄与することを目的とする」と規定している（〈 〉は筆者による）。この中で，「国民和合」に関する条項は，済州4・3特別法だけではなく，「5・18民主化運動関連者補償等に関する法律」（1990年8月）や「居昌事件等関係者の名誉回復に関する特別措置法」（1996年1月），「民主化運動関連者の名誉回復および補償等に関する法律」（2000年1月），「老斤里事件犠牲者審査および名誉回復に関する特別法」（2004年3月），「真実・和解のための過去事整理基本法」（2005年5月）など2000年前後に制定された「過去清算法」の第1条にほぼ共通して確認できるものである。「過去清算」関連の法律の条項に含まれた「国民統合に寄与する」という条項は，制度的な「過去清算」の目的が何であるのかを端的に物語っている（鄭鎬基2013：52）。

図1-2 「済州4・3特別法改悪阻止のための汎道民決起大会」(2000年4月22日済州市で撮影)。当初政府は，済州4・3委員会における委員構成について，「軍史専門家」と定員の過半数を占める公務員を委員に委嘱する案にもとづいて同法施行令を制定しようとした。しかし，「済州4・3犠牲者遺族会」をはじめ4・3関連団体からの強い反発に直面することになる。結局，施行令は「国務総理が委嘱する遺族代表および関連専門家など」と修正された。

「抗争論[24]」との間のせめぎあいが，結局それに対する折衷ないし妥協の線引きとして，「住民」身分のみが「アカ」「暴徒」の「不穏な死」という位置づけから救い出され，公的領域における真相究明と名誉回復の対象になったのである(「民間人虐殺論」の定着と拡散[25])。

しかし，「誰が正しい犠牲者なのか」をめぐる認識のギャップは，2000年

---

23) 済州島民による蜂起と対政府闘争が北朝鮮や南労党中央党の指令によるものであり，共産主義者に扇動された反乱，暴挙という立場である。金點坤(1973)や鄭錫均(1988)，趙南洙(1990)，文昌松(1995)，朴潤植(2012)などが詳しい。
24) 米軍政と新生韓国政府による専制政治と住民共同体を脅かす抑圧への反抗という立場であり，島民の抵抗性や自治性に焦点があてられる。金奉鉉・金民柱(1963)や李革波(1973a，1973b，1973c，1973d)，金奉鉉(1978)，李運方(1996)，梁正心(2008)などが詳しい。

図1-3 「済州4・3問題解決を促す遺族総決起大会」(2001年12月21日済州市「觀德亭」で撮影)。済州4・3委員会が発足されてから1年が過ぎたが,「過去清算」に対する政府の取り組みは一貫して消極的であった。代表的なのが,「犠牲者の審議・決定基準」と済州4・3平和公園の建設マスタープランが確定されなかった点であった。これに対し,遺族らは,済州4・3委員会を「開店休業状態」と規定し,政府と委員会の消極的な態度を糾弾する街頭デモを決行した。

以降における制度の領域においても決着しなかった。たとえば,済州道地方警察庁による『済州警察史(改訂版)』(2000) の歪曲記述をめぐる論争 (2000年) や「『済州4・3事件真相調査報告書』とこれに基づいた盧武鉉(ノムヒョン)大統領のお詫びが違憲」という憲法訴願[26],国防部(軍史編纂研究所)による『6.25戦争史』(2004) の歪曲記述をめぐる論争と合意などをその代表例としてあげることができる[27]。

済州4・3委員会をはじめ各委員会に参加している政府側と民間側委員,

---

25) 金成禮(1999:253)は,「暴動論」と「抗争論」がすべて暴力の行為者の立場から暴力の不可避性を認めており,暴力そのものに対する根本的な問いを提起していないという点で共通していると指摘する。

また民間側委員の内部における「暴動論」と「抗争論」それぞれの代弁者，そして委員会外部の支持者のなかで，この事件に対する歴史認識もまた，いずれも「国家権力の乱用による民間人虐殺」という見解には異論を唱えないものの，その「民間人虐殺」の直接的な原因となった島民たちの蜂起と抵抗に対しては，大きく暴動論的な見方と抗争論的な見方に分かれてきた。このことは，事件終結後から済州4・3特別法が制定されるまでの50年あまりの間の「暴動なのか，抗争なのか」という済州4・3事件の性格規定と歴史認識をめぐる対立や葛藤が，済州4・3委員会という公的領域の新しい枠組みの中でも再現される可能性を示唆する。そして，こうした歴史認識の違いによる葛藤は，実際「犠牲者」の公定化および公式化をめぐる議論を含めて済州4・3委員会が取り扱うすべての案件ごとに再燃せざるをえなかった。

結局，「過去清算」の方向性を決め，政策の優先順位を検討し，その具体的なプロセスを明確にすること，さらにすべての意思決定の権限まで，「過

---

26) 憲法訴願を提起したのは，呉○○（「建国遺族会済州遺族会」会長）や柳○○（「自由市民連帯」共同議長），李○○（牧師），尹○○（「安保と経済を生かす運動本部」代表），鄭○○（「大韓民国守護連合」代表）が共同代表となっている「済州4・3事件歪曲を直すための対策委員会」であった。これに対して，憲法裁判所は，原告の訴えを棄却した（憲法裁判所 2004）。さらに，この団体は 2008 年 1 月に「『済州4・3事件真相調査報告書』は偽って作成されたので直ちに廃棄」，「済州市奉蓋洞の 12 万坪に造成している暴徒公園も偽造報告書によるものなので工事を直ちに中断」，「『済州4・3事件真相調査報告書』を作成した専門委員など 16 人を直ちに辞任させよ」といった内容の陳情書を「大統領職引き継ぎ委員会」に提出した（○は筆者による）。

27) その他，民事訴訟では，李○○など 50 人による「『済州4・3事件真相調査報告書』の配布禁止仮処分」（2009 カハップ 1719）と，李○○など 50 人による「損害賠償請求等」（2009 ガダン 171562）などが提起された。行政訴訟としては，李○○など 12 人による「済州4・3犠牲者決定無効確認」（2009 グハップ 8922）と，李○○など 200 人による「犠牲者決定無効確認の訴」（2009 グハップ 14668）などが提起された。憲法訴願では，「国家正体性回復国民協議会」に所属する 115 団体の 146 人が 2009 年 3 月に「済州4・3特別法は違憲でありこの法によって権利が侵害」されたとし，「受刑者または武装遊撃隊の加担者が含まれている〈犠牲者〉の決定を取り消せ」という内容の憲法訴願（2009 憲マ 146）を提出した。また，李○○（李承晩大統領の養子）や蔡○○（9 連隊および 11 連隊の元小隊長），李○○（牧師）など 12 人が「済州4・3委員会が認定した犠牲者 1 万 3564 人の中 1540 人が南労党の幹部または暴徒，軍法会議で判決された受刑者であるので違憲」という内容の憲法訴願（2009 憲マ 147）などを憲法裁判所に提出した。訴状には「犠牲者」として認定された 1540 人の名簿も添付されていた。このように，「過去清算」期においても「暴動論」側による民事訴訟や行政訴訟，憲法訴願が続いたが，すべて原告敗訴により終結した（○は筆者による）。

去清算」全般の企画と運用が済州 4・3 委員会に託された状態で,法律の目的を実現するための各々の案件ごとに委員会内部の「合意」にもとづかざるをえない状況となったのである.

4 誰が「犠牲者」なのか
——「犠牲者」の審議・決定プロセス

　先述したとおり,「過去清算」を達成するための法的・制度的な解決策の最も基礎的な出発点となるのはまず,「誰が正しい犠牲者なのか」を明らかにすること,すなわち「犠牲者」を選別し,公式化することである.「済州 4・3 委員会にとって最も重要な事業」(済州 4・3 委員会 2008:130) として,「犠牲者」を特定化することを通して「名誉回復」の対象や究明すべき真相の輪郭が現われ,「過去清算」の範囲や内容,対象が具体化されるからである.

　しかし,済州 4・3 特別法第 2 条では「犠牲者」をただ「済州 4・3 事件により死亡したり,行方不明になった者,後遺障害が残っている者または受刑者として (…) 済州 4・3 事件の犠牲者と決定された者」としており,単に人命被害の類型を中心として大まかに分類するというものに留まっている.すなわち,済州 4・3 特別法は,「犠牲者」の法的な範囲を自ら明確に規定しておらず,「犠牲者」に該当するか否かの決定を済州 4・3 委員会の裁量に委ねているのである.その結果,「犠牲者」にあたるのかどうかの可否は,委員会の決定という具体的な行政行為によってはじめて明らかになった (憲法裁判所 2001:404).

　済州 4・3 特別法第 3 条においても,済州 4・3 委員会が「犠牲者」を審議・決定すると規定しているが,その審議・決定のための基準については当該法本文をはじめその施行令や細則のどこにも明示されていない.済州 4・3 特別法は「過去清算」の法的根拠に過ぎなかったのである.そのため,どのような原則にもとづいて「犠牲者」の審議を行うか,「犠牲者」の範囲やその範囲から除外される対象はどのように規定するのか,具体的な審議・決定方法はどうするのか,といった問題が提起されることになった (済州 4・3

委員会 2008：148-149)。

　それゆえ，済州 4・3 委員会の本格的な「過去清算」プログラムは，まず「犠牲者」を選別する基準を設けることから始められなければならなかった。つまり，「犠牲者」の審議・決定をめぐって「誰を正しい犠牲者と見なすのか」についての認識と解釈のギャップ，そしてその選別基準を合意する問題と関連して，済州 4・3 委員会をめぐって最初から熾烈な攻防の展開が予想されたのである[28]。

　この中でも最も大きな争点となったのは，1948 年 4 月 3 日の武装蜂起を主導し，その後の対政府ゲリラ戦を展開した元「武装隊」を「犠牲者」と見なすべきかに関してであった。これを社会的な争点として登場させたのは，元「討伐隊」とその遺族，そして「武装隊」によって被害を受けた人びとなどによって構成された「暴動論」側であった。彼らは，済州 4・3 委員会が構成されるや否や「委員会の犠牲者および遺族の審査・決定権などは司法部の権限を侵害する規定なので，4・3 特別法は違憲である」という要旨の法的判断を「憲法裁判所」に求めた[29]。これに対して憲法裁判所は 2001 年 9 月，次のような理由で，彼らの請求を棄却した。

　　「犠牲者」に該当するか否かは，済州 4・3 委員会の決定という具体的な

28）このような葛藤や対立は，委員会内外の「暴動論」と「抗争論」という二つの立場の間で今日にいたるまで続いている。
29）憲法訴願を提起した請求人の主要メンバーは，済州 4・3 事件当時，「討伐隊」の一員として鎮圧作戦に動員された軍人・警察官・右翼団体員などと「武装隊」から人命被害を受けた被害者本人および遺族らであった。具体的には，当時，西北青年会中央本部団長をつとめた文〇〇を含め，全国学生連盟委員長・李〇〇，国防警備隊 9 連隊所属・蔡〇〇，国内警備部情報局所属・金〇〇，国防警備隊第 9 連隊所属・林〇〇，国防警備隊第 9 連隊所属・白〇〇などの軍人出身，そして林〇〇（国防警備隊第 9 連隊長・朴〇〇の遺族）と鄭〇〇（「武装隊」による被害者）など遺族も含まれていた。彼らは済州 4・3 事件について一貫して「暴動論」的立場を堅持してきたが，済州 4・3 特別法が制定されて「過去清算」が本格化されたことにより，「済州 4・3 事件は，自由民主主義国家である大韓民国の建設の始発点であった 1948 年 5 月 10 日の制憲国会委員選挙を妨害するための，北朝鮮共産党および南労党の戦略戦術による済州島一円の共産武装反乱であり（…）この事件に関する法律条項が共産武装遊撃隊を警察や軍，良民と区別しないで同じく慰霊するように規定することで憲法に規定された自由民主的基本秩序及び平等権などを侵害した（…）済州 4・3 特別法によって私たちの名誉が毀損された」（李哲承外 14 人 2000）という要旨の憲法訴願を申立てた（〇は筆者による）。

執行行為を通じてはじめて明らかになることで，済州4・3特別法によって直接請求人たちの基本権の侵害は発生しない（憲法裁判所 2001：384）。

　しかしこれとともに，憲法裁判所は，「わが憲法は自由民主的基本秩序を基本理念としている」ということを前提にした上で，「犠牲者として見なすことができない」，次のいくつかの基準案を提示した。

　武装遊撃隊に加担した者の中で，首魁級の共産武装兵力指揮官または中間幹部として軍・警の鎮圧に主導的・積極的に対抗した者，冒険的挑発を直接的・間接的に指導または唆したことで済州4・3事件勃発に責任がある南労党済州道党の核心幹部，その他武装遊撃隊と協力して鎮圧軍・警および同人たちの家族，制憲選挙の関係者などを殺害した者，警察などの家屋と警察官署など公共施設に対する放火を積極的に主導した者などは決して，現在のわれわれの憲法秩序によって保護することはできず，したがってこの法での犠牲者の範囲からは除外されなければならないであろう（憲法裁判所 2001：403）。

　済州4・3委員会が構成されると「誰が正しい犠牲者なのか」をめぐって，委員会の内外で事件についての認識，見解が両極に分かれ，それぞれの主張を掲げて諸グループが激しく論争するようになり，衝突が繰り返されていたが，済州4・3特別法に対する憲法裁判所の解釈という外部要因によってはじめて，折衷や妥協の余地が生じることとなった。結果として，済州4・3委員会は，4・3特別法についての憲法裁判所の解釈をそのまま受け入れることとし[30]，犠牲者審査小委員会が「済州4・3事件の犠牲者の審議・決定基準」の草案を作成した。そして，2002年3月に開かれた済州4・3委員会第4次全体会議で，次のような内容を骨子とする「犠牲者の審議・決定基準」が採択されるに至った。続いて，同年4月に「済州4・3事件の犠牲者の審査基本運営計画」を確定した後，委員会は本格的な「犠牲者」の審議に着手することとなった。

1. 基本原則

犠牲者の範囲を決定するにあたり，済州4・3事件の犠牲者とその遺族たちの名誉回復を通じて犠牲者たちの無念を晴らし，赦しと和解を通じて国民和合と民主発展，人道と同胞愛によって民族の団結を強固にするという4・3特別法の制定趣旨と我が国の憲法の基本理念である自由民主的基本秩序および大韓民国のアイデンティティを毀損しないという原則との調和が望ましいゆえに，4・3特別法の趣旨を活かし犠牲者の範囲を最大限幅広く認めるが，ただ例外的に自由民主的基本秩序に反する者は犠牲者から除く。

2. 犠牲者の範囲

済州4・3事件の犠牲者は4・3特別法第2条および同法第3条第2項によって1947年3月1日を起点とし，1948年4月3日に発生した騒擾事態および1954年9月21日まで済州道で発生した武力衝突と鎮圧過程において住民たちが犠牲になった事件で，1) 死亡した者，2) 行方不明になった者，3) 後遺障害が残っている者を対象とし，4・3委員会で4・3事件の犠牲者として審査・決定された者とする[31]。

3. 犠牲者の範囲からの除外対象

1) 済州4・3事件勃発に直接的な責任がある南労党済州道党の核心幹部，2) 軍・警の鎮圧に主導的・積極的に対抗した武装隊の首魁級等は自由民主的基本秩序に反する者であって，現在わが国の憲法体制下では保護されることはありえないので犠牲者の対象から除くが，この場合そのような行為を客観的に立証することができる

---

30) これに対して，済州4・3委員会の委員の一人である歴史学者の徐仲錫（2007：21, 2010：21）は，「憲法裁判所の見解を重視しなければ，請求人である右翼側が済州4・3特別法自体に対して，違憲訴訟のような多様な方法で委員会の活動を妨げる可能性が高かった」という。同委員会の元首席専門委員を務めた梁祄勳（2015：415）もまた「当時，犠牲者審査小委員会内では，憲法裁判所の基準よりさらに強化された案を作ろうという意見と，判決を意に介さずに，犠牲者の範囲を幅広く認めようといった意見とが対立していた。実際，憲法裁判所が提示した基準は，単に意見表明に過ぎない，法的な拘束力がないものであった。しかし，それを無視したら，保守団体から再び違憲訴訟が提起されるなど委員会の活動を妨害する可能性は十分に予見された」という。一方，憲法学者の金淳泰（2003：110）は「法理的に見ても，済州4・3特別法が定めた犠牲者の範囲を委員会が任意に縮小解釈できるのか，という点も問題になりかねないと考えられる」との意見を示した。同じく憲法学者の李京柱（2002：307）も「国家機関の権威を借りて表明された憲法裁判所の退行的なイデオロギー対立を追従してはならない」と述べる。

31) 2006年12月16日に済州4・3特別法が改正され，「受刑者」も「犠牲者」に加えられた。

> 具体的で明白な証拠資料がなければならない。
> 4. 審議・決定方法
> 委員会は犠牲者を審議・決定するにあたり済州4・3事件に関連して犠牲となったのかどうかの可否を審査(形式的な審査)するほかに，済州4・3事件と関連して申告された犠牲者の中で自由民主的基本秩序を毀損したかどうかの可否，主導的・積極的参加の程度と当時の混乱した時代的状況および［他地域と］隔絶した島嶼地域の特殊性などをともに考慮して犠牲者の可否を決定(実質的な審査)することとする。審議・決定は4・3特別法の施行令第5条第2項によって在籍委員の過半数の出席と出席委員の過半数の賛成により議決するものとする。

(済州4・3委員会 2008：149-150)

「犠牲者の審議・決定基準」が合意されたことによって，済州4・3特別法の立法段階においては多少あいまいであった「住民の犠牲」(第2条) がより具体化されることになった。最も著しいのは，済州4・3事件にかかわって人命被害を受けた人びとすべてが「犠牲者」とは「認定」されない点である。「犠牲者の審議・決定基準」における「3.犠牲者の範囲からの除外対象」が示しているように，公権力による虐殺の被害者の中で「武装隊」，その中でもとくに，「済州4・3事件勃発に直接的な責任がある南労党済州道党の核心幹部」，「軍・警の鎮圧に主導的・積極的に対抗した武装隊の首魁級等」といった特定グループを「犠牲者」から除外しているからである。

「犠牲者」から「武装隊」を排除することに「合意」した済州4・3委員会は，次に，「討伐隊」の一員として，「武力衝突と鎮圧過程」にかかわって人命被害を受けた軍人や警察官，右翼団体員などを「犠牲者」として見なすことができるかの議論に進んだ。済州4・3委員会 (2003：374-376) は真相調査を通して，「討伐隊」出身者の人命被害について，軍人180人，警察官140人，そして右翼団体員639人と推定した。その中で，2008年12月時点で，軍人28人と警察官91人，そして「国家有功者」身分の右翼団体員519人の「犠牲者申告書」が委員会に受理されたが，そのほとんどが済州島に本籍を置く人びとであった(済州4・3委員会 2008：173)。これに対して済州4・3委員会 (2008：173) は，「民間人の身分で国家有功者となった右翼団体員の場合は，犠牲者として決定するのに大きな問題はない」と判断し，すべ

て「犠牲者」として認定した。

　一方，軍・警出身者の「犠牲者申告書」については，「武装隊」出身者のケースと同様に4・3委員会独自の判断を下すことができなかった。それゆえ，委員会は2006年，「犠牲者」の範囲に軍・警が含まれる可能性があるかどうかの判断を「法制処」に依頼した。そして同年6月，法制処は，済州4・3委員会の質疑に対して，次のように回答した。

> 1 回答
> 済州4・3事件当時，武力衝突と鎮圧過程で犠牲になった軍人や警察官の場合，済州4・3特別法第2条第2号の規定による「犠牲者」の範囲に含める。
> 2 理由
> 1) 同法は（…）同事件の加害者と被害者を区分せず，いずれも犠牲者として包容し，共生と和合を図るという共感が形成（…）「犠牲者」を住民に限定せず，可能な限りその範囲を広く認めるのが妥当である（…）。
> 2) 済州4・3事件当時，武力衝突と鎮圧過程で犠牲になった軍人および警察官の場合，国家の命令に従って国家秩序を守護するための職務を遂行する過程で犠牲になったので，鎮圧過程で罪もなく犠牲になった住民とはその性格を異にしているとみることができるが，同法は加害者と被害者を区分して，加害者については責任を追及し，被害者に対してのみ名誉を回復させようとする趣旨ではないので，加害者と被害者の区分なしに当時罪なく犠牲になった住民のみならず，武力衝突と鎮圧過程で犠牲になった軍人や警察官も，解放前後の混乱したイデオロギーの対立の過程で発生した犠牲者の範囲に含まれると見るのが同法の趣旨に合致する。
> 3) これは当時，右翼団体員として活動しながら鎮圧過程に参加して犠牲になったが，後日，国家有功者と認められた民間人を犠牲者の範囲に含まれると見ている点，左翼武装遊撃隊員として活動して収監された者も同法による犠牲者に認めている点，そして済州4・3事件の犠牲者の慰霊塔には当時の鎮圧過程で犠牲になった軍人や警察官の位牌も一緒に奉安されているため，事実上，軍人や警察官も犠牲者と認めている点などを考慮すると，同法による犠牲者の範囲には軍人や警察官も含まれると見るべきであろう。

（法制処 2006）

　済州4・3委員会は，こうした法制処による法令解釈もそのまま受け入れて，軍・警出身者も「犠牲者」として公認することとした。これにより右翼

表1-1 「犠牲者」の申告および審議・決定現況

(単位:人)

区分		合計	死亡者	行方不明者	後遺障害者	受刑者
申告／受付		15,483	10,890	4,046	245	302
審議結果	認定	14,231	10,245	3,578	163	245
	不認定	78	4	3	70	1
	重複申告,又は申告撤回	1,174	641	465	12	56

(済州特別自治道(2014)をもとに再構成)

団体員を含む元「討伐隊」にも全員「犠牲者」という公的な地位が与えられることになった。「国民和合」や「自由民主的基本秩序および大韓民国のアイデンティティ」「和解と共生」をより重視する「過去清算」の方針にもとづいて,元「討伐隊」も政府公認の「犠牲者」に編入されるようになったのである。一方,元「武装隊」は,「自由民主的基本秩序および大韓民国のアイデンティティを毀損しないという原則」という条件のもとで,「犠牲者」の範疇から除外された。「誰が正しい犠牲者なのか」についての包括的な再考はそれ以上進んでおらず,「過去清算」の対象から除外されたのである。

　以上のように,済州4・3委員会は,憲法裁判所(2001年)と法制処(2006年)の法令解釈をそのまま受け入れて「犠牲者」を審議するための指針を設けた。こうして,「誰が正しい犠牲者なのか」をめぐる複雑な葛藤と対立は一段落し,本格的な「犠牲者」の選別が始められることとなった。

　その後,2002年11月に開かれた済州4・3委員会第5次全体会議で,「犠牲者」として初めて1715人が認定されることになった。2000年6月から2013年2月まで,5回にわたって1万5488人の「犠牲者申告書」が済州4・3委員会に受理されたが,1人ごとに行われる審議手続きによって,上記の表1-1のように,これまで1万4231人が「犠牲者」として公式認定されている[32]。「アカ」「暴徒」と蔑称されてきた暴力の被害者たちが,長期間続い

---

32) 一方,済州特別自治道(2014)によれば,「遺族」には,「申告書」が出された6万1030人のうち,5万9225人が認定されている。

てきた抑圧的な権威主義体制の厳しい時代をくぐり抜け，はじめて国家から「犠牲者」と公式認定されたのである[33]。その中で，「討伐隊」から人命被害を受けた割合は全体の8割を上回る（済州4・3委員会 2008：182）。

5 「死者の犠牲者化」がもたらすもの

5.1 「犠牲者」の選別と再構成

　済州4・3事件の「過去清算」は，「除外対象」を特定した「犠牲者」のみを公式化の対象とする。これを通じて「犠牲者」は，元々の辞書的意味や虐殺現場から生還した人びと，近親者を亡くした遺族第一世代の実感とは異なり「討伐隊」と「住民」のみを包括する一方，「武装隊」を除外する概念として再構成されることになった。その結果，きわめて大雑把に言えば，虐殺現場における多種多様な死者たちの公式の身分は，次の表1-2のように新たに類型化されることになる。すなわち，1)「8割以上の人命被害を起こした」とされる「討伐隊」と，虐殺された「住民」の死者は，すべて「犠牲者」として再構成され，2)「自由民主的基本秩序および大韓民国のアイデンティティを毀損」したと見なされる「武装隊」は「犠牲者」から除外されることになった。

表1-2　済州4・3事件の「過去清算」における死者の再構成[34]

事件当時	「討伐隊」	「住民」	「武装隊」
「過去清算」期	「犠牲者」		「犠牲者」から除外

---

33) 保守系新聞の一つである『東亜日報』（2002年11月21日付）でも「4・3事件1715人が名誉回復／54年ぶりに〈暴徒〉から〈犠牲者〉へ」といった見出しの記事を掲載するほどであった。
34) ただし，この表によって類型化することができない多種多様な行為主体が存在するという事実を見過ごしてはならない。「討伐隊」や「武装隊」，「住民」と分類される者以外に，実際には，傍観者や同調者，密告者，受益者などが存在し，彼らが事件の展開に大きな影響を及ぼしたことは周知の事実である。

このように，「過去清算」を通じた事件の公式化の局面において行われる「犠牲者」への選別と再構成は，「国民和合」や「自由民主的基本秩序および大韓民国のアイデンティティ」「和解と共生」という「過去清算」の標榜する理念のもとで，「犠牲者の審議・決定基準」に抵触しない「討伐隊」と「住民」が，受難的ニュアンスを伴う「犠牲者」として再編されている。そしてこれによって，大量虐殺がもたらした人命被害に対する解釈にも大きな変化が現れることになった。

最も著しいのは，「犠牲者」が事件の公式の代弁者として登場することによって，死者間の具体的な加害と被害の因果関係がより一層不明瞭になり，多様な背景の死者たちは「犠牲者」という新しい範疇に一元化・均質化されるとともに，「犠牲者」と「犠牲者からの除外対象」という序列化された構造に再構成されることになった点である。こうした新たな当事者グループの登場と，彼／彼女たちを掲げる「和解と共生」「国民和合」言説の展開，そしてそれがもたらす歴史認識上の諸問題を解釈するためには，新しい観点と分析の枠組みが求められるようになった。それとともに，済州4・3事件と向き合おうとするとき，「過去清算」の産物として創りだされる「犠牲者」は，はたして適切な媒介なのかという疑問も生じさせる。

5.2 「犠牲者」でもなく加害者でもなく

済州4・3委員会による「犠牲者の審議・決定基準」は，「南労党済州道党の核心幹部や武装隊の首魁級等」（•は筆者による）といった極めてあいまいな除外範囲を設定した上で，「武装隊」を，島共同体や「住民」の領域から分離する。一方，「犠牲者」から排除される「武装隊」は「犠牲者」の反対領域であるはずの加害者のカテゴリーにも入れられない。「犠牲者」から排除される者は一方で加害者だともされないのである。「国民和合」や「和解と共生」により大きな価値をおいたがゆえに，そもそも済州4・3特別法の立法理念や済州4・3委員会の取り組み方針は「犠牲者」を特定するだけで，ある対象もしくは人物について加害者として特別に意味づけしたり選別したりしないからである[35]。

これまで韓国の公的機関が発表した人命被害の統計に加害者を明確にした

ものがまったく存在しなかったわけではない。「済州道議会4・3特別委員会」が1994年から1999年まで受け付けた「4・3被害申告書」にもとづき集計された「被害調査現況（加害者別）」を分析すると、討伐隊84.0％、武装隊11.1％という比率で表われ（済州道議会4・3特別委員会 2000：61）、また2000年以降における済州4・3委員会への申告では、「加害類型別犠牲者現況」が討伐隊84.4％、武装隊12.3％となっている（済州4・3委員会 2008：187）。

　しかし、ここで触れている加害者というのは、特定の期間中に済州道議会や済州4・3委員会に受理された「申告書」にもとづいて刊行された報告書上の表現であるだけで、実際「過去清算」期に創りだされる「犠牲者」の反対概念としての加害者ではない。そのため、例えば「誰を加害者として見なすのか」「誰を加害者から除外するのか」といった議論や加害者を審議・決定する「基準」もない。済州4・3事件の「過去清算」は、ひたすら「犠牲者と認めるのか、認めないのか」について、提出される「申告書」上の人物を選別するだけである。ただ「除外対象」として分類されてしまう者のみが「過去清算」の対象からも排除されたまま、「犠牲者」でもなく、さりとて加害者でもない曖昧な、いわば「保留の領域」に位置づけられてしまう。「タブー視された歴史が復元される過去清算期」（済州4・3委員会 2008：12）という意義とは裏腹に「武装隊」の主役たちは、新たに「埋もれた存在」となりつつあるのである[36]。

　「住民」と「討伐隊」のみが唯一の公式化の対象となりうる構造は、「過去清算」が取り扱うべき議論の対象からも「武装隊」が象徴する「抗争」の歴史を排除してしまう。「武装隊」による蜂起と抵抗が、「（朝鮮半島の）統一政府

---

[35] 済州4・3事件の「過去清算」は、南アフリカの「真実和解委員会」（TRC）における恩赦が、「該当する個人が公聴会に出頭し、証言しなければならなかった」（Boraine 2001＝2008：175）という方式とは大いに異なっている。韓国の「真実・和解のための過去事整理委員会」（2005年12月～2010年12月）の常任委員を務めた金東椿（2013：289）も、「済州4・3委員会が最も類似した先行調査機関だったが、その委員会は、警察・軍人など加害者に対する調査よりは、被害者からの申告を受け被害事実を確認することに集中したため、わが委員会のモデルに適用することができなかった」と触れる。

[36] 詳細については第2章で述べるが、「武装隊」の主役たちが「保留の領域」に再編される様相は、記念施設にあるモニュメントの随所で「空白」として立ち現われる。

を渇望する民衆の意志」（梁正心 2008：120）ならびに，「済州島に及ぼす外部勢力（世界冷戦体制，朝鮮半島の中央権力）の物理力から抜け出そうとする（…）自治への指向」（朴賛殖 2008：220），「済州島の自治共同体の危機に根ざす外部勢力（陸地警察や西青）に対する反撃」（文京洙 2008：219）という歴史的意義を有するにもかかわらず，その歴史の主役たちを公式に排除してしまうことによって，彼らをめぐる史実と彼らの死の意義は，極めて制限された認識の範囲内で歪曲され，変質することとなった。南朝鮮のみの単独政府の正統性に対する異議申立てや自治への実現を目指した取り組みのもつ歴史性は，「過去清算」が再検討すべき論点から排除されることになったのである。

鄭根植（2007：31-32）は，「武装隊」が「過去清算」から除外される現象について次のように述べている。

> 大韓民国は一つの自己完結的な国民国家だが，分断体制下にある未完成の民族国家であることを改めて考えさせる。（…）済州4・3委員会の活動は既存の「暴動パラダイム」を「犠牲パラダイム」に変える作業であった。しかしそれは，済州社会内外に潜在していた「蜂起パラダイム」を本格的に検討したものではない。また，済州4・3事件が米軍政下で発生したにもかかわらず，米軍政当局の介入や責任に関する実質的な調査が行われなかったという歴史的，構造的限界を抱えている。

米軍政と新生韓国政府の政策上の混乱，そして朝鮮半島における分断体制を創出した支配的な動きに対する済州島民の抵抗の歴史は，今日における「大韓民国のアイデンティティ」や「国民和合」「和解と共生」を護持する「過去清算」によって，再びタブーの領域へと回帰させられつつある。当時の社会矛盾や韓国政府の正統性についての意義申立てのもつ意義に対しては過小評価されるとともに，大量虐殺をもたらした鎮圧作戦は，「自由民主主義および大韓民国のアイデンティティ」を守護するためのものであったという従来の「暴動論」の主張を裏付ける解釈の余地を残すこととなった。このような点で，公式化されつつある済州4・3事件の再評価と，これにもとづく今日の言説構造もやはり，「犠牲者」が象徴するように，加害と被害の明

確な区分は保留されたまま，ひたすら受難が強調されるのみで，抵抗の記憶は脱落させられてしまっている。

　「犠牲者」を特定化する試みを通して「過去清算」の範囲や内容，対象がより具体化されると期待されたが，結局は「武装隊」のみを「除外対象」と特定化することで，事件の真相の究明をめぐる論争に触発される「暴動なのか，抗争なのか」にかかわる葛藤を解消するまでにはいたらなかった。

5.3 「真相究明」と「名誉回復」との不一致

　済州4・3委員会は，組織の整備とともに着手した真相調査の成果を整理して，2003年10月に『済州4・3事件真相調査報告書』を確定した。同『報告書』は，公式の歴史から消されてきた国家暴力の実態を究明することを通して，「かつての国家権力の過ち」（済州4・3委員会　2003：543）についての大統領からの「お詫び」を導き出した。国家元首としては初めて，盧武鉉大統領が，公権力の濫用による数多くの人命被害に対して済州道民と遺族に二度（2003年10月と2006年4月）にわたって「お詫び」の意を表明したことは，長い間タブー視されてきた歴史の公式化という「記念碑的な」進展を意味する。反共国家として出発した韓国の最高権力者が，冷戦イデオロギーを越え，国家樹立の正統性に関わる事件への加害責任を認めた歴史的意義はきわめて大きいことだった[37]（藤永 2005：77）。

　とくに『真相調査報告書』は，「人命被害の8割以上は討伐隊によって恣行」されており，「強硬作戦の（…）最終的な責任は李承晩(イ スンマン)大統領にある」（538頁）と結論づけた。強硬鎮圧作戦の方針は，1949年1月21日，国務会議で行った李承晩大統領の発言からもうかがい知れる。「米国側で韓国の重要性を認識して多くの同情を表わすが，済州道，全南事件の余波を完全に根こそぎにしてこそ，彼らの援助は積極化するであろうし，地方討索の叛徒および窃盗など悪党を苛酷な方法で弾圧して法の尊厳を表示することが要請さ

---

[37] また藤永（2006：294）は，別稿で，「韓国の国家元首が，解放後に国家権力が引き起こした暴力・殺害・人権蹂躙事件に対して，歴史上初めて〈お詫び〉の意を表明したことは，韓国で進む〈過去清算〉の動きが困難な段階を一つ上がったことを示す画期的な成果であった」と論じる。

図1-4　済州4・3委員会第7次全体会議で，『済州4・3事件真相調査報告書』案が，「6ヵ月以内に新たな資料や証言が提示されれば，追加審議をへて修正する」という条件付きで可決された。結局『報告書』には，376件の修正要請のうち33件が反映され，同年10月に開かれた第8次会議で最終的に確定された。また，会議では，「済州道民と被害者に対する政府のお詫び」や「4・3事件追慕記念日の指定」，「『真相調査報告書』の教育資料活用」，「済州4・3平和公園の造成支援」，「遺族に対する実質的生計費支援」，「集団埋葬地及び遺跡地に対する発掘事業支援」，「真相究明及び記念事業に対する持続的な支援」など全7件の「建議事項」が政府に提出された。(2003年3月29日「政府ソウル庁舎」で撮影)

れる」(済州4・3委員会 2003：287より再引用，・は筆者による)。抑圧的な政治体制の下において長い間歪曲，隠蔽されてきた事件の実態を明らかにした。米軍政・韓国政府の対応や「討伐隊」による鎮圧作戦の性格については，「不法かつ秘密裏に宣布された戒厳令」(276-286頁)の下での，「裁判手続きもなしに銃殺」(335頁)であり，「無差別な強硬鎮圧作戦」(384頁)であったと結論づけた。

　しかし，前述したように，「武装隊」よりはるかに組織化された武装力を保持し，事件の鎮圧を名目に「武装隊」と「住民」を無差別に虐殺した「討伐隊」については，「犠牲者の審議・決定基準」のどこにも言及されていな

図1-5 当初の予定では，この日『真相調査報告書』が確定することであったが，当日まで構成や内容，用語などをめぐる交渉は合意に至らなかった。会議が開かれる前に，委員長（国務総理）の仲裁のもとで各委員の間にあった意見差の調整が図られたが，大きな成果は得られなかった。

い。大量虐殺の遂行主体としての「討伐隊」を彼らの鎮圧作戦の対象であった「住民」と一括りにして「犠牲者」とカテゴライズすることによって，討伐作戦に参加した個々人の具体的な犯罪の事実も見えなくしてしまう。なによりも，「大韓民国のアイデンティティ」や「国民和合」，「和解と共生」を重視する「過去清算」の方針が，「犠牲者」となった元「討伐隊」の加害性を全く問うことのできない構造を創りだすからである。「討伐隊」による非人道的な犯罪行為を「犠牲者の審議・決定基準」の観点から再検討してみると，「軍・警による鎮圧」は，「自由民主的基本秩序」に合致する行為として，「国民和合や民族の団結」とも直結する。このことは「討伐隊」による悪質な犯罪行為・違法行為が正当化される可能性を内包する。

　だからといって，済州４・３委員会が「討伐隊」に対する「真相究明」をないがしろにしたわけではなかった。米軍政の黙認のもとで，韓国政府が鎮圧作戦を企画・執行した史実やその命令系統などの全貌を明らかにしたの

は，国家犯罪の史実を否認，捏造・歪曲，隠蔽した「不正義の文化」を乗り越えることのできる画期的な成果であった。国内外の非公開文書を発掘し，軍・警の首脳部の証言を聴取し，それを資料集や報告書に反映したこともやはり重要な成果であったということは否定できないであろう。

　しかし，ナショナル・ヒストリーの枠組みの中で「国家有功者」あるいは「殉国先烈」「護国英霊」と位置づけ・意味づけられてきた元「討伐隊」員が，「過去清算」を通じて「犠牲者」に編入されることで，こうした「真相究明」の成果が意図しない方向にねじれる余地を残すこととなった。すなわち，「過去清算」を実現する2つの軸である「真相究明」と「名誉回復」とのアンバランスによって，結局，国家が自らの加害行為をめぐって最上層部から末端にいたるまで免罪符を与える結果を導き出したのである。

　こうした「真相究明」と「名誉回復」との不一致は，「過去清算」における「武装隊」側についての評価においても同様に確認される。武装蜂起を引き起こす契機となった警察による1947年の「3・1節発砲事件」と，それに対する抗議として南労党済州道党が主導した「3・10ゼネスト」について，『済州4・3事件真相調査報告書』は，次のように結論づけた。

> 米軍政は（…）総ゼネストの原因が「警察の発砲」に対する道民の反感と，これを増幅させた「南労党の扇動」にあると分析したが，その事後処理は「警察の発砲」よりは「南労党の扇動」に比重を置いて強攻策を推進した（済州4・3委員会 2003：533）

　しかし，前節で検討した通り，「犠牲者」の公定化および公式化においては，「事件勃発の直接的な責任」を「武装隊」に転嫁する憲法裁判所の解釈をそのまま受容し，「武装隊」を「犠牲者からの除外対象」とすることに合意した。それにより，結局，「真相究明」と「名誉回復」との不一致をもたらしたのである。

　金淳泰（2003：107）は，「過去清算」が，加害者に対する処罰を念頭に置いた「真相究明」ではなく，「名誉回復」に焦点が当てられていることに問題があると指摘する[38]。

「真相究明―名誉回復」のみで問題の解決を図った場合，ここでとくに「名誉回復」という要素がどれほど巧妙に済州4・3事件の解決を歪曲させ，われわれの目を眩惑させうるか注目する必要がある。(…)「名誉回復」という恩恵的な措置に終わってしまうと，重要な虐殺者の捜索や処罰から目を転じさせるごまかし効果が生じうる。(…) 虐殺者は虐殺だけではなく，(その後においても：筆者注) 被虐殺者を「共産主義者」や「暴徒」という位置に追いやったという点で，二重三重の犯罪者であるという凶悪性が浮き彫りにされなければならない。

　済州4・3委員会は，事件の公式報告書を確定し，二度にわたって大統領の「お詫び」の表明を実現することによって，「過去清算」への牽引役を果たしている。しかし他方では，国家暴力の具体的な加害者を被害者とともに「犠牲者」の枠内で再構成することで，加害者側の実態を隠蔽し，暴力の遂行者の「過ち」を免責してしまう。「真相究明」の領域では「討伐隊」による鎮圧の全貌を明らかにすることを通して，公権力の不当な行使およびその不道徳性を正面から掘り起こそうとしたが，「名誉回復」の領域では「犠牲者」への一元化・均質化を通して，国家犯罪の実態を不明瞭にしているのである。

5.4　錯綜する関係性

　済州4・3特別法の制定以後，ここ16年あまりの「過去清算」について，肯定的な評価が大部分を占めるが，他方では，いくつかの批判的な議論も提起されている。その一つが，「犠牲者」政策に対する再検討の要求である。代表的なものとして，次のような指摘がある。

> 特別法自体が過去清算の正式（真相究明，責任者に対する処罰，適切な賠償，名誉回復，再発防止）に焦点をあてることができず，過去の責任を揉み消す程度で済ませてしまった。(…) 4・3当時の犠牲者たちを「時

---

38) 社会学者の姜誠賢（2014：68）もまた「加害者の処罰ではなく，被害者の名誉回復と記念のみが国民和合の方法として許容された」と述べる。

代的・包括的な犠牲」として認定（…）虐殺は左翼であれ右翼であれ正当化できない。（…）憲法裁判所が犠牲者から除外されなければならないとした人びとは，犠牲ではなく犬死だったということか？（…）右翼団体と憲法裁判所の牽制のため過去清算の作業に大きな傷が生じてしまった（朴賛殖 2008：504-520）。

　政治的要因によって左右される「過去清算」の実相を鋭く批判しているが，彼の指摘において提起される二つの概念，すなわち「過去清算の正式」と「時代的・包括的な犠牲」とは，国家の加害責任を隠蔽するにあたっては好都合といわざるをえない。「過去清算」の主要なメカニズムとして，虐殺現場における多種多様な死者を「犠牲者」という一つのカテゴリーに回収し均質化する「時代的・包括的な犠牲者」化によって，彼が主張しようとする「過去清算の正式」をめぐる議論と，多種多様な人びとの心情が，揉み消されてしまう可能性があるからである。

　「犠牲者」政策によって死者間の関係性が再編されることになり，「過去清算」以前には自明視されてきた概念や善悪の認識などが揺らぎ始めつつある。死の歴史性を無化することによって，死者の間の加害と被害の複雑な史実を単純化し，「犠牲者の審議・決定基準」に抵触しない死者のみを「犠牲者」というカテゴリーの中で一元化・均質化させると同時に，「犠牲者」と「犠牲者からの除外対象」というように序列化させてしまうからでらる。結局，「犠牲者」の創出によって，殺し殺された，あるいは殺し合った，という史実をめぐる加害や被害，さらに，傍観・黙認，密告，受益のような死者間の具体的な関係性はより不明瞭になるのである。

　2000年以降，制度の領域において本格化した「過去清算」が一段落していく今日，「誰が正しい犠牲者なのか」といった問題提起，そして「いったい何のための〈犠牲〉なのか」といった根本的な問いは，「過去清算」が生み出してきた様々な成果によってこれ以上提起されにくくなっている。「犠牲者」のみが事件の公式の代弁者として位置づけられてしまうことで，加害者の実態の解明や処罰に対する論議は「過去清算」の言説でもある「国民和合」や「和解と共生」に逆行する，あるいは前時代的な発想として文脈化さ

れる。「過去清算」の論理が占有してしまうその「過去」を別の角度から議論することがますます不可能になっているのである。

6 「過去清算」が生み出す「未清算の過去」

　半世紀以上続いた抑圧的な権威主義体制の中で，タブー視され，否認，捏造・歪曲，隠蔽され続けてきた済州4・3事件は，民主主義体制への移行と「過去清算」の法制化とともに，国家の組織的な執行による民間人虐殺の歴史として再定立されつつある。「過去清算」の主たる成果として創りだされる「犠牲者」もまた，事件を表象・代弁する新たな死者群として位置づけられている。また，「和解と共生，平和を希求する時代の証人」として，その歴史的意義が様々な記念事業を通じて非体験世代に継承されつつある。
　しかしその一方で，「犠牲者」政策は，「審議・決定基準」によって殺した者と殺された者が「犠牲者」という一つの範疇に再編されつつ（一元化・均質化），同時にその「基準」に抵触する者を除くことで（序列化），事件による死者間の具体的な関係を見えなくする。このように，「犠牲者」が創りだされるメカニズムと，死者たちの歴史を遡りその関係を綿密に検討してみると，加害と被害の具体性を抹消するとともに国家の責任を回避することを通して，「民族の痛み」「受難の歴史」がクローズアップされる一方，「大韓民国の正統性への異議申立て」や「自治への指向」という歴史的意義は忘却されていくことが分かる。そうすることによって，済州4・3特別法第1条や「犠牲者の審議・決定基準」で言及されているように，「国民和合」や「自由民主的基本秩序および大韓民国のアイデンティティ」に焦点を合わせる方向へ「過去清算」が進められていると分析できよう。
　排他的な線引きの論理に立脚する「犠牲者」政策は，今日再び韓国政府から「犠牲者」として「認定」された側と「不認定」となった側との間に新しい形の葛藤を生じさせる。そうすることで，ローカルな共同体の再生を脅かし，事件当事者間の共生の可能性をより困難にする。かつての虐殺現場において繰り広げられた当事者間の葛藤や共同体の分裂が，今日の「過去清算」

の時代に新しく交錯する構造では，再び語らなくなる，すなわち意図的に黙ってしまう人びとが出現する可能性が危惧される。自由な語りも保障されないうえに，近親の死者の体験を率直に代弁してもらうこともできない人びと，いわゆる「過去清算」が生み出すサバルタンとも言いうる遺族第一世代が散見されるのである。そして，遺族第一世代にとって，いかに近親者の死を意味づけるのか，死者と自身の体験をいかに（再）構成し，記述するか，さらに非体験世代の私たちは彼／彼女たちによる記述や記録をどのように読み解くべきかについて新たな問題が引き起こされる。

しかしそれは，社会問題として，あるいは「過去清算」が引き起こす新たな負の遺産としてなかなか可視化されにくい。多少の欠陥があったとしても，「過去清算」の法・政策を支持し，そこに積極的に参加・協力することこそが「負の過去」を乗り越えて「和解と共生」を牽引するための「時代精神」として伝播されるからである。

詳しくは次章で論じるが，第4節の表1-1の中で数値化されている「不認定」や「申告撤回」も，「過去清算の成果」という文脈で公表されるため，その根本的な意味は具体的に浮き彫りにできず，「過去清算の問題」としても注目されない。それゆえ，「犠牲者」政策に反発して異議申立てる少数の申告者がいたとしても，あくまで申請主義の機能をめぐる（申請する）個人と（審議・決定・通知する正しい）国家，この両者間の問題に帰結させられてしまうケースが多い。

第2章 ── 記念施設をめぐる記憶のポリティクス

「第58周年済州4・3事件犠牲者慰霊祭」。盧武鉉大統領が2003年10月に続いて再度「かつての国家権力の過ち」についての「お詫び」の意を表明した。韓国の大統領で慰霊祭に出席したのは彼のみである(2006年4月3日「済州4・3平和公園」で撮影)。

1 「過去清算」の空間化

　済州4・3事件の「過去清算」が最も重点的に取り組んできた「犠牲者」の公定化および公式化は，「犠牲者申告書」を作成・提出する申告者（主に，遺族第一世代）と，受理された申告書を審議し認定するか否かの判断を下す政府機関との間の行政行為を前提とする。そのため，いったい誰が「犠牲者」として申告され，その中で誰がどのような審議をへて最終的に「認定」あるいは「不認定」となるかといった「犠牲者」の認定メカニズムを第三者が正確に把握することは極めて難しい。それゆえ，たとえある遺族が申告者として公的領域における「犠牲者化」プロセスに参入したとしても，近親者の「犠牲」と直接的あるいは間接的に関係があった人物が「過去清算」の法・制度の中でどのように処遇されるかについては知る由もない。申請主義システムにおいて彼／彼女たちはあくまで最下位に位置づけられるからである。虐殺現場をめぐる多種多様な利害関係の錯綜にもかかわらず，「過去清算」の法・制度は，申請主義にもとづいて国家と個人のあいだで実現されるよう設定されるだけで，「個人」間あるいは「集団」間，「個人」と「集団」間の錯綜する関係性の解明や清算の実践については，済州4・3特別法の立法段階から，視野に入っていなかった。

　では，「過去清算」の中核となる「死者の犠牲者化」の展開と推移について，国家と特定の個人との間の新たな利害関係からは第三者的な立ち位置にいるわれわれは，いかにしてそれにアプローチできるのだろうか。前章の表1-1の統計にも表れた「認定」される「犠牲者」や，「不認定」にカテゴライズされる「犠牲者からの除外対象」の存在に，われわれはどこで，どのように出会うことができるのであろうか。本章では，「犠牲者」の意味づけをめぐる衝突や合意が現前化される空間として，「済州4・3平和公園」という記念施設に着目して議論を進める。

　「犠牲者」に対する政府主導の慰霊・追悼儀式が行われる代表的な場は，2003年から本格的に造成され始めた済州4・3平和公園と，その場所で毎年4月3日に執り行われている「済州4・3犠牲者慰霊祭」である。最近になっ

て,「犠牲者」と「遺族」に対する国家賠償の議論が提起されてはいるが(『済民日報』2016年10月27日付),「過去清算」における「名誉回復」策の基本的なスタンスは,個々人の人的・物的被害への金銭的対価を支払う方式ではない[1]。その代わりに,多大な予算を投入してモニュメントなどの記念施設を造成し,そこに「犠牲者」の人命被害に関する諸情報を刻銘するとともに,その場所で定期的に追悼儀式を行い,関連する遺跡地を保存・整備して聖地化する,いわゆる集団的補償政策を導入した。

済州4・3平和公園内の各モニュメントには,困難な過程をへて「合意」に至った「犠牲者」の情報が刻銘されており,記念館には3年間の真相調査の結果をまとめた『済州4・3事件真相調査報告書』をもとに展示が設けられている。そのようなことから,済州4・3平和公園は「過去清算」の「記念碑的な成果」が集約されている場であると言っても過言ではない。4・3平和公園を「民衆抗争を記憶・追悼するための空間」(宋在祜・金香子2009)や「人類の平和と人権の回復,国民和合に貢献する歴史教育・教訓の空間」(張ヘウォン2012)と位置づける論点も基本的には同様の立場に立っている。しかし,これらの研究においては,「過去清算」が標榜する理念,すなわち「真相究明」(真実の領域)と「名誉回復」(和解の領域)との間の葛藤や合意・折衷に内在する問題についてほとんど検討がなされていなかった。すなわち,これら先行研究は,「過去清算は過去の傷痕を現在の政治・社会の構造と環境の中で治癒すること」(鄭滈基2013:71)であるという視点を見落としているのである。

そのような点において,済州4・3平和公園を,「国家暴力論」と「抗争論」「暴動論」の連帯および葛藤の産物(金玫煥2014)あるいは,公的歴史の修正を要請するオルタナティブな歴史空間(洪スンヨン・陸ヨンス2015)

---

1) 済州4・3特別法第9条(医療支援金および生活支援金)と同法施行令第13条〜15条にもとづいて,存命中の「犠牲者」(後遺障害者および受刑者)と「遺族」には,政府から「生活支援金」と「医療支援金」が一部支給されている。しかし,それはごく限定的な範囲に止まっている。まず医療支援金は,済州4・3委員会が「後遺障害者」として認定した者に限定して支給されている。生活支援金は,扶養家族がいない者で労働能力を失い生活が困窮している場合や,扶養家族がいても扶養能力がない場合に限って支給されるが,他の法令による生活支援金を受給している場合は対象から除外される。

と定義づけつつアプローチした分析は示唆的である。しかし，こうした研究はいずれも記念館（真相究明→展示）のみを主な分析の対象としており，済州4・3平和公園のもう一方の中心であるモニュメント（名誉回復→刻銘）の領域とその特徴，さらにモニュメントと記念館の間の関係性までは射程におさめていない。後述するが，モニュメントは，2000年から今日に至るまでの「過去清算」の軌跡や「犠牲者」の認定メカニズムの推移が一目で分かることがその特徴である。「過去清算」の進展とともに「犠牲者申告書」の受付および審議が行われ，各モニュメントに刻まれる「犠牲者」の情報や配置，整列もわずかではあるが，継続して変化してきた。こうしたモニュメントの流動性と排他性は，ある時点において確定的に「公認」された「真相」をそのストーリにそって展示する記念館の営みとは対照的である。こうした「過去清算」の過渡期的な様相は，済州4・3平和公園の随所で再現されているのである。

　本章では，主として「過去清算」の成果が，各々の記念施設でいかに再現／表象されるのかについて考察する。「犠牲者化」が現前化される場であり，「公認された歴史」が伝播される場として済州4・3平和公園という記念施設を取り上げ，モニュメントや記念館の建立と配置，発掘される遺骸の安置，刻銘と展示などの実例を検討しながら，記念施設をめぐって繰り広げられる「大量死」の意味づけのメカニズムを解明する。

2　記念施設「済州4・3平和公園」

　総面積約11万坪で700億ウォンを超える巨額の国家予算が投入されている済州4・3平和公園【図2-1】は，2016年11月時点で最後の工事が行われている。一日も早く慰霊祭を挙行する空間を必要とした遺族たちの宿願をかなえるために，まず2004年に「慰霊塔」と「位牌奉安所」，「国旗掲揚台」などの慰霊祭壇が完工した。続いて事件勃発60周年を迎えた2008年4月には「済州4・3平和記念館」が開館した。その後2009年4月には「刻銘碑」が建立され，同年10月には「行方不明者の標石」も建てられた。2011年3

図2-1 済州4・3平和公園の全景（2016年11月27日ドローン撮影）

月には，島各地で発掘された行方不明者の遺骸も「遺骸奉安館」に安置された。このように，済州4・3平和公園内の記念施設は大きくモニュメント群と記念館・奉安館により構成されているが，各施設の概要は以下の通りである。

2.1 位牌奉安所，刻銘碑，行方不明者の標石[2)]

　記念施設の中で最初に建てられたモニュメントは，慰霊祭壇の中央にある位牌奉安所である【図2-2】。2004年4月，一般に初公開されたが，位牌が設置されていた室内空間が狭く，その文字も小さいという批判が提起された（『済民日報』2004年6月18日付）。その後，1年間の改修工事をへて現在の形に拡張された。2004年3月まで受理された1万4373人の「犠牲者申告書」の中で，4・3実務委員会が事実確認調査および審議をへて済州4・3委員会に進達したのが1万3680人であった。そのうち，位牌奉安所には主に，「死亡者」や「行方不明者」として「申告書」が出された1万3501基の位牌が設置された。

　そのため，その時点からの位牌の整列配置は，委員会による事実確認の過程で「重複申告」されたものと判明した場合，あるいは遺族が自ら申告を撤回した場合，最終審議の結果「不認定」となった場合などには，すでに設置されたものを撤去する方式で進められてきた。そして，2007年と2012～13年に行われた「追加申告」で受理された「申告書」のうち，「犠牲者」と認

図2-2　位牌奉安所での追悼儀式。（2011年4月3日撮影）

---

2) 三つのモニュメントのほかにも，「犠牲者」の情報が刻まれていないものとして，済州4・3平和公園に寄贈されたといわれる「ベルリンの壁」や造形物「歸天」，「飛雪」などがある。

定された場合や存命中の「受刑者」や「後遺障害者」が死亡した場合については，「追加刻銘」という形で位牌奉安所の中に別のスペースを確保している。

2016年11月現在，位牌奉安所の中には「犠牲者」と認定された1万4231人の位牌が，「犠牲者」個々人の本籍地を基準として事件当時の行政区である邑面里（日本の町や村に該当）別に整列配置されている。当時の済州島では同姓の一族が集住するという地域特性があり（集姓村），位牌に刻まれている「犠牲者」の姓を確認することで，島全域の各所で行われた虐殺の様相が見て取れる。また，位牌の中には，「김○○의 처（金○○の妻）」や「문○○의 후처（文○○の後妻）」といったように個人名ではなく誰かの配偶者として刻字された女性の位牌を確認することができるほか，「이○○의 부（李○○の父）」や「○명 미상（○名未詳）」，「임○○의 자1（林○○の子1）」と「임○○의 자2（林○○の子2）」兄妹，「양○○장（梁○○ちゃん）」といった記載からは，高齢の「犠牲者」や戸籍に登録されていない者，名付けられる前に殺されたかと思われる乳幼児も多数いたことが確認される（○は筆者による）[3]。

刻銘碑もまた，位牌奉安所と同様に「犠牲者」全員を対象とするモニュメントである【図2-3】。全長229.5メートルにも及ぶ円形の刻銘碑には，位牌奉安所と同じく，「犠牲者」の本籍を基準として各邑面里別に「犠牲者」の情報が刻銘されている。ただし刻銘碑には「犠牲者」の名前だけでなく，性別と犠牲時点の年齢，「犠牲」の属性（死亡，行方不明など），犠牲になった日時などがより詳細に刻まれていることが特徴である。

次に，行方不明者の標石である【図2-4】。「行方不明者」とは，事件当時行方不明になって，今日まで生死を確認することができない「犠牲者」を指す。「行方不明者」の中には，行方不明になった場所が島内であった人びとだけでなく，「討伐隊」による鎮圧作戦から逃れる途中で捕えられ，ソウル

---

[3] 済州4・3委員会（2008：186）が集計した「犠牲者」の性別・年齢別分布を見ると，女性が21.3％の2872人，10歳以下の子供が5.52％の749人，61歳以上の老人層が6.52％の885人を占める。「老若男女を問わず行き過ぎた鎮圧作戦が展開されたことが分かる」（済州4・3委員会 2003：537）。

図 2-3　刻銘碑での追悼儀式。(2016 年 4 月 3 日撮影)
図 2-4　行方不明者の標石での追悼儀式。(2014 年 4 月 3 日撮影)

の麻浦や西大門から仁川，大邱，大田，木浦など朝鮮半島にある刑務所に不法に収監された者も含まれている。彼／彼女たちの多くは，1950 年の朝鮮戦争勃発後に南に後退する韓国政府の軍と警察によって虐殺され，秘密裏に埋葬されて以降，今日まで失踪したままとなっている。また，朝鮮戦争の混乱の中で北朝鮮や日本に渡った人びとも少なくない。

　遺体を確認・確保することができず，墓をつくることも断念せざるを得なかった遺族たちにとって，「過去清算」とは，彷徨う魂たちに安息を与え，安らかに眠ることができる場所をつくることを意味した。そのため，位牌や刻銘碑とは異なり，行方不明者の標石は，遺族たちが，身内が失踪されたと推定される刑務所の跡地や島内の虐殺地周辺の土を遺骸の代わりに平和公園まで運搬した後，モニュメントの下に埋める儀式に重要な意味が与えられた。当初の済州 4・3 平和公園の建設マスタープランには含まれなかったが，行方不明者の特殊な事情が考慮され，遺族たちの積極的な請願によって実現されたものである。2016 年 11 月時点で 3889 基におよぶ標石は，行方不明になった地域別に整列配置されている。標石の裏面には当該「行方不明者」の生年月日と出生地，行方不明になった日付および場所が，側面には遺族代表の氏名がそれぞれ刻まれている。

　以上のように位牌と刻銘碑，標石の順で進められた，済州 4・3 平和公園内における「犠牲者」の現前化は一段落している。しかし，済州 4・3 委員会による「犠牲者」の審議は現在も進行中であり，そのほかにも「過去清算」の諸成果を冒涜しようとする「暴動論」側による暴言・悪質なクレーム

【口絵6を参照】，南北関係の変化とそれに伴う情報交換（離散家族の名簿など）の増加による「行方不明者」の身元確認など，国内外の多様な変数の影響のもと，各々のモニュメントは，その刻銘された内容も含めて，今後も変化を遂げていくであろう。

2.2 済州4・3平和記念館，遺骸奉安館

2008年3月の開館以来，済州4・3平和記念館は，毎年約20万人が来館するダークツーリズム・スポットとしても位置づけられつつある。記念館における展示のストーリーテリングは，済州4・3委員会が2003年に確定した『済州4・3事件真相調査報告書』をもとに構成されている（済州4・3委員会 2008：213）。事件の背景となる解放直前から「過去清算」期にいたるまで，「歴史の洞窟：プロローグ」から「揺れ働く島：解放と挫折」，「風に乗る島：武装蜂起と分断拒否」，「燃える島：焦土化と虐殺」，「流れる島：後遺症と真相究明の歴史」，「新たな始まり：エピローグ」の計6つの常設展示セクターに構成されている【図2-5】。

次に，遺骸奉安館は「過去清算」のプログラムとして，2005年から2011年まで行われた「4・3犠牲者遺骸発掘事業」で発掘された約390体の遺骸と遺品を奉安する施設である。発掘された行方不明者の遺骸は一斉に火葬されたのち，壺の中に納められて奉安されている【図2-6】。そのうち，DNA鑑定によって身元が確認された場合は，壺の表面に当該者と遺族の名前を明記する。未確認状態の遺骸は，発掘当時付けられたラベルの順に整理されて

図2-5　済州4・3平和記念館の常設展示。（2016年9月23日撮影）
図2-6　遺骸奉安館の内部（2011年3月26日撮影）

いる。発掘された遺骸のうちほとんど（約380体）は，1949年～1950年に済州飛行場（現在の済州国際空港）で軍によって銃殺・埋葬された元「武装隊」および「武装隊」に協力したという嫌疑によって殺害された住民の遺骸と判明されている（済州特別自治道・済州4・3研究所 2011）。館内には遺体が埋葬されていた穴も実物大模型で再現されている。その他，遺骸とともに発掘された弾頭および薬莢，メガネ，印鑑などの遺留品も展示されている。

3 慰霊・追悼の領域から

3.1 抹消される死者の記憶

　済州4・3平和公園内にある各モニュメントは，そこを訪れる遺族や一般の参拝客が酒を供え香を立てたり，石に刻まれた名を目にして拝礼することで，「犠牲者」と向き合うことのできる慰霊・追悼の機会を提供する。またそれらのモニュメントは，公権力によって老若男女を問わずに集団的に虐殺されたという，「過去清算」が立証し公式化した国家暴力と「大量死」の史実を伝えている。

　しかし，あくまで各々のモニュメントに刻み込まれるのは，申請主義にもとづく公的な審議プロセスを経て「犠牲者」として「認定」された者だけに限定される。そのため，「犠牲者」として刻銘され，慰霊・追悼されるにあたっては，「審議」前の死者たちの履歴は画一化されてしまう。言うなれば，刻銘されるのは，リアルな虐殺現場における死者の記録ではなく，「過去清算」の法制度が認める「犠牲者」としての公式記録なのである。「犠牲者」の名前や年齢，犠牲の類型（死亡，行方不明など）のみで，例えば誰に，なぜ，どのように殺害されたかについてはモニュメントからうかがい知ることができない。

　前章で述べたように，「過去清算」は，「犠牲者の審議・決定基準」に依拠して「討伐隊」や「住民」，その他「南労党済州道党の核心幹部や武装隊の首魁級等」としても客観的な立証ができないと判定された者など，特定の範

疇の死者・行方不明者を選別することで，多種多様な行為主体を「犠牲者」と「犠牲者からの除外対象」とに再構成してきた。「犠牲者」への一元化・均質化という排他的な線引きの論理が，公権力の名の下に虐殺に直接関与した者や，密告によって間接的に誰かを死に追いやった者，暴力行為に同調，傍観，あるいは黙認した者などにも適用され，虐殺空間の多様な行為主体は表象されずに，「犠牲者」というカテゴリーのみが前景化される。結局のところ，済州4・3委員会による審議を通じて選別される「正しい犠牲者」のみが，「名誉回復」＝「国家による慰霊・追悼」の対象として具体化されることで，刻銘されている「犠牲者」の間の具体的な関係もまた抹消されることになるのである。

　多額の予算を投じて建てられつつあるモニュメントの雄壮さは，しばしばそこに刻まれた名前をめぐってはたらくイデオロギーや暴力性を隠蔽し，無辜の犠牲者が安らかに眠る場所であるというように思わせてしまう。その結果，モニュメントを媒介とした過去との遭遇は，多くの場合，「犠牲者」となった死者たちの具体的な歴史性を喪失させたまま，哀悼と悲しみ程度のみに限定されてしまうことになる。

3.2　除外される「武装隊」

　モニュメントをめぐる慰霊・追悼のあり方が「犠牲者」政策の延長線にあるために，記念施設において弔われる権利も審議する側から付与されたり剥奪されたりする。「南労党済州道党の核心幹部や武装隊の首魁級等」出身者もそこから排除されるのは言うまでもないが，最初から彼らが刻銘の対象から除外されたわけではない。済州4・3平和公園マスタープラン（案）の審議の最中であった2001年は，「誰が正しい犠牲者なのか」をめぐって激論が交わされた時期であった。そのため，位牌奉安所もまた「犠牲者」が決定される以前の段階ですでに着工され始めたのである。それゆえ，位牌奉安所が完工した2004年4月時点の位牌は，4・3実務委員会レベルにおける事実確認調査や1次審議が行われている最中の「犠牲者申告書」にもとづいて設置されたもので，そのほとんどが済州4・3委員会による最終審議までは至っていなかったのである。

つまり，「過去清算」の草創期には，済州4・3委員会に受理された「犠牲者申告書」の正式な審議が，すでに設置されていた「位牌」の選別や再設置と並行して行われたのである。そのような過渡期にあって，2000年6月に「犠牲者申告書」の受付が始まるやいなや「申告書」を提出した「南労党済州道党の核心幹部や武装隊の首魁級等」出身者の位牌も一応設置された。しかし「犠牲者」の審議・選別の過程で，彼らの位牌は撤去されることになった。現在は，撤去されてしまった位牌の痕跡，その空白を通じて，除外された「武装隊」の存在を確認することができる。このように，「犠牲者」として位置づけることでもなく，だからといって加害者でもない「武装隊」グループが「過去清算」期に入って「保留の領域」に再編される事象は，「過去清算」理念の具現化に向けた済州4・3平和公園にある各モニュメントの随所で，「空白」として私たちの前にたち現れているのである【口絵8を参照】。

　不在を通した存在の確認という逆説的状況は，「犠牲者からの除外対象」創出の過程で発生した。詳細については第3章で触れるが，済州4・3委員会は，2006年，非公式に，「犠牲者申告書」を提出した「南労党済州道党の核心幹部や武装隊の首魁級等」出身者の遺族たちを直接訪問し，彼／彼女たちが5〜6年前に提出した近親者の「申告書」を撤回するように懐柔・勧告した。「申告を撤回するか」，それとも「不認定とされるとしても最後まで審査を受けるか」という二者択一の中で迷った遺族のほとんどは，結局申告を撤回せざるを得なかった。そして，すでに設置されていた当該位牌はすぐに取り払われてしまった。

　位牌は，当時済州4・3平和公園を管理していた4・3実務委員会傘下の「済州4・3事件支援事業所」が2006年下旬に取り払ったが，こうした事実は撤去された位牌の遺族にも伝えられず，非公開で強行された[4]。済州4・3委員会や4・3実務委員会など「過去清算」を主導・実行する政府機関は，

---

4) 当該遺族もほとんどが，翌年4月3日に開催された「第59周年済州4・3犠牲者慰霊祭」に参列して初めて身内の位牌が撤去されたことを知った。済州4・3犠牲者遺族会をはじめ済州4・3研究所，済州4・3道民連帯，韓国民族芸術人総連合済州道支会など，在野で「真相究明運動」を牽引してきた主要団体は，後日その事実を知ったが，これについて今日までどの団体も公式の意見表明をしていない。

今日においてもなお，位牌の撤去についての情報や関連した記録を一切公開していない[5]。

　今後，済州4・3委員会による「犠牲者」審議がすべて終了すれば，最終の「犠牲者」リストに従って位牌の再整列といった大幅なリニューアルが行われると予想される。それゆえ，少なくとも「犠牲者」審議プロセスに従ってモニュメント上の名前の追加，変更，削除が繰り返される過渡期の間は，位牌奉安所内の空位牌を媒介として「犠牲者からの除外対象」と対面することができるだろう。そのような意味で，位牌奉安所は「誰が正しい犠牲者なのか」をめぐるせめぎあいに第3者の立場からアプローチできる，唯一のモニュメントと言えよう。「犠牲者」選別がもたらす加減，亀裂，空白は，ナショナルな歴史認識の枠内で試みられる「過去清算」が残した傷跡に他ならない。そして，こうした国家による慰霊・追悼空間は，「犠牲者」を選別する排他的な線引きを各々のモニュメントに現実化させることによって，「犠牲者」から排除される死者たちの新たな「行方不明」状態を生み出している。

　そのことは，歴史学者の梁正心（2008：244）が次のように指摘するように，モニュメントから排除される死者の遺族はもとより，モニュメントを通じて過去と向き合おうとする非体験世代にとっても，「抗争の歴史」との強制的な決別を意味するものに他ならない。

　　現在の真相究明運動のもう一つの問題（…）南朝鮮労働党に代弁される
　　左翼勢力との連関関係を無視することによって意図的に歴史的な事実の
　　一部分を排除している。

　済州4・3事件の歴史的な意義や虐殺現場の具体的な状況，そしてそこでの多種多様な死者間の関係性を問うことより，「国民和合」や「大韓民国のアイデンティティ」「和解と共生」といった「現在の政治・社会の構造と環

---

[5]　「はじめに」で触れたように，筆者自身も2007年4月3日に位牌奉安所の入り口で，父親の位牌が突然なくなったという70代の女性遺族（第3章表3-3と第4章表4-1の中のI-3の長女）と偶然出会い，初めてその事実を知ることができた。

境」と直結する価値を重視する「犠牲者」政策と，それが引き起こす歴史認識の諸問題は，「真相究明」よりは，ナショナルな枠組みの中で「名誉回復」を優先する「過去清算」の志向を端的に示している。

3.3 モニュメントの間の不一致

「過去清算」による「犠牲者」と非「犠牲者」の創出，そしてそのような線引きの論理が慰霊・追悼空間で現前化されることで，モニュメント間の不一致も徐々に明確になりつつある。図2-7，8は，済州4・3平和公園における「犠牲者からの除外対象」と分類されたK【第3章表3-3を参照】の位相を表わす。今日まで失踪状態であるKは，「犠牲者」の審議過程で「除外対象」にあてはまることが判明され，位牌奉安所ではその名前が削除されており，刻銘碑においても省略されている。刻銘碑は，「犠牲者」審議が一段落した2009年4月に建立されたものであるため，そこには位牌奉安所で見られるような空白――非「犠牲者」の痕跡――の発生する余地すらなくなってしまったのである。

しかし，同年10月に完工された行方不明者の標石には，Kの名前が刻まれていることが確認できる。「南労党済州道党の核心幹部や武装隊の首魁級等」は「犠牲者」から除外されるべきという「犠牲者の審議・決定基準」が設けられたため，2000年10月にKの「犠牲者申告書」を提出した彼の弟にも，申告を撤回するように委員会からの勧告があった。そして2006年6月，やむをえずその勧告に応じざるを得なかった弟は，自主的な撤回である

図2-7　取り去られたKの位牌の痕跡（2012年9月18日撮影）。
図2-8　行方不明者の標石にはKの名前が確認できる（2016年9月23日撮影，マスキングは筆者による）。

ことを証明する「犠牲者申告撤回書」に署名しなければならなかった。その結果，Ｋの名前が刻まれた位牌もまた撤去されることになった。それゆえ，その直後から行方不明者の標石が完工された 2009 年 10 月まで，Ｋの名前は済州 4・3 平和公園内に存在しなかった。それにもかかわらず，行方不明者の標石にＫのための空間がつくられることになった直接的な原因は，標石の建立を管理・監督した済州 4・3 事件支援事業所とそこに深く関与した済州 4・3 犠牲者遺族会による名簿管理上の「単純ミス」ためであった。

　しかし，当該遺族にとっては，それが決して管理・監督側の単純ミスによる意図せざる結果というにとどまらない，より重大な意味を持つものであることは想像に難くない。Ｋの弟をはじめ，十数年にわたって慰霊祭に出席してきた弟嫁なども，Ｋの名前が突然姿を消してしまった 2007 年 4 月以降，済州 4・3 平和公園に行くことを断念したからである。Ｋの弟嫁【第 3 章図 3-6 を参照】は次のように語る。

> 名前を葬り去ると聞いて，あまりにさびしかったんです。(その後済州 4・3 平和公園に：筆者注) 行って見たら本当に位牌がありませんでした。(位牌を撤去した側に：筆者注) 尋ねて話でもして見たかったんですが，われわれは力もなくて (…) 自分だけ生き残ろうと (「武装隊」の活動に加担：筆者注) したのではないのに，すべて国のためにしたはずなのに (…) あまり悔しくて，言葉では言い尽くせません[6]。

　その後，標石の存在が確認された 2010 年から再び公園に足を運んではいるが，いつかはその標石もなくなるかしれないという不安感が心の片隅にある[7]。

3.4　名前と遺骸とのダブルスタンダード

　モニュメントに刻まれた名前が，諸規定にもとづく審議をへて初めて「犠

---

[6] Ｋの弟嫁とのインタビューは 2008 年 2 月 4 日に電話で行われた。
[7] Ｋの弟嫁とのインタビューは 2011 年 3 月 26 日に済州 4・3 平和公園で，2013 年 3 月 29 日に同氏宅で行われた。

牲者」という地位を得られたのに対し，2005年から島各地で発掘された行方不明者の遺骸は，何らかの審議や法的・制度的プロセスが省略されたまま公園内の遺骸奉安館に安置される。さらに，遺骸がDNA鑑定によりその身元が確認できたとしても，あらためて「犠牲者」としての適合性を問う「基準」を適用して選別する手続きが踏まれることはない。「犠牲者の審議・決定基準」が厳しく問われる「犠牲者申告書」上の名前とは異なり，地中から掘り出された遺骸については思想的な純潔性が重視されないように見える。それは，「犠牲者」審議と遺骸発掘，記念施設における刻銘と奉安を統合する「過去清算」政策のマスタープランと詳細マニュアルの不備によるものでもあるが，いずれにせよ済州4・3平和公園において唯一遺骸のみがこのような「特権」を持つようになったのである。

前項で検討したKの事例と同様に，済州4・3委員会からの一方的な懐柔・勧告によって「犠牲者申告書」を撤回せざるを得なかったA-1【第3章表3-3と第4章表4-1を参照】の長男は，父親の位牌が突然撤去されたことを知った2007年から済州4・3平和公園に足を運ばなくなった。しかし2010年，採血によるDNA鑑定を通じて行方不明となっていた父親の遺骸を確認してからは，ふたたび毎年父親の遺骸が奉安されている公園を訪ねることになった[8]。「暴徒の妻」という理由で軍艦に乗せられ海中に転落させられた母親（A-2）は，位牌奉安所と刻銘碑，行方不明者の標石すべてのモニュメントで名前を確認することができるが，父親（A-1）は位牌が取り去られた後，唯一遺骸奉安館にその居場所が与えられたのである。

「犠牲者からの除外対象」に分類される「南労党済州道党の核心幹部や武装隊の首魁級等」の名前は，モニュメントから削除されたり省かれたりしてきた。彼らが位牌奉安所で「空白」として立ち現れることとは異なり，遺骸奉安館では，壺の形で統一化されているものの，公式の歴史から消されてきた「埋もれた存在」と向き合う機会が与えられているのである。

---

8) A-1の長男とのインタビューは2012年9月13日に同氏宅で行われた。

3.5 「過去清算」が宣伝される場

　次に，毎年4月3日に行われている「済州4・3犠牲者慰霊祭」について検討してみよう。済州4・3事件による民間人の被害者が，初めて公の場で慰霊・追悼の対象として登場したのは，済州4・3事件が終結して35年後の1989年からであった（済州4・3犠牲者合同慰霊祭奉行委員会 1997：41）。その後，政府主導の「過去清算」の一環として，2003年に済州4・3平和公園が着工され，慰霊祭も現在の場所で執り行われることになった。

　済州4・3平和公園における慰霊・追悼儀式は，「過去清算」の理念が組織的に伝播される場でもある。それが最も顕著に現れているのが，「告由文」や「主祭辞」「追悼辞」のように慰霊祭を通じて流布される公式的な演説である。例えば，以下の引用は，済州4・3平和公園での慰霊祭が始まった2004年以降の演説の一部である。

　　12万坪の広大な敷地において4・3平和公園1段階事業を成功裡に終え，はじめて英霊を慰める安息の場を整備することができました[9]。

　　これまで1万3564人が4・3事件の犠牲者として決定され，遺族も2万9239人が確定しました[10]。

　　「特別自治道」と「国際自由都市」を完工して「世界平和の島」として平和外交の中心地となるために最善を尽くしています。英霊の無念の犠牲に恥じない済州を造るために最善をつくす所存です[11]。

　　われわれの済州島は，風前の燈火の大韓民国を守りぬいた勝利の地とし

---

9)「第56周年済州4・3事件犠牲者汎道民慰霊祭」（2004年4月3日）で述べられた「主祭辞」より抜粋。
10)「第61周年済州4・3事件犠牲者慰霊祭」（2009年4月3日）で述べられた「告由文」より抜粋。
11)「第61周年済州4・3事件犠牲者慰霊祭」（2009年4月3日）で述べられた「追悼辞」より抜粋。

図2-9 「第66周年4・3犠牲者追念式」(2014年4月3日撮影)。「大統領朴槿恵」と書かれた弔花が慰霊祭壇に置かれている。当該年度のスローガンは「闇の歴史を光の歴史に／葛藤をこえて共生と和合に」であった。

て歴史に記録されています。(…) 4・3事件のすべての問題が和解と共生の精神により克服されることを願います[12]。

済州を自由と共存の精神があふれる真の「世界平和の島」にし、未来に向かって新たに跳躍していかなければなりません。これが先烈たちの犠牲を無駄にしない道だと思います[13]。

以上の演説文には、いくつかの類似性が見られる。まず、地方政府（済州道）が推進する主要政策とその当為性が宣伝された上で、こうした諸政策の成功の可否と「過去清算」の行方を直接的に関連付けていることである。2000年以後、地方政府の重点施策として推進されている「国際自由都市」や「特別自治道」「世界平和の島」といったプロジェクトが慰霊祭の場で集中的に広報されているのである。第二に、演説とスローガンに共通するキーワードが「犠牲」や「和解と共生」に集約されている、ということである。これらは単に政府主導の慰霊祭だけでなく、その他の「過去清算」の多様な局面で、「過去清算」の方針に賛同・支持する4・3関連団体によって伝播されている。第三には、政府が主導する「過去清算」の主要成果が列挙される中で、とくに「犠牲者」と「遺族」の審議・決定の現況が毎年データ化され

---

12)「第62周年済州4・3事件犠牲者慰霊祭」(2010年4月3日) で述べられた「主祭辞」より抜粋。
13)「第68周年4・3犠牲者追念式」(2016年4月3日) で述べられた「挨拶の言葉」より抜粋。

て公表されていることである。このように選別される「犠牲者」のみがモニュメントに刻銘され，また定期的に慰霊・追悼されることによって，毎年繰り返されている演説とスローガンは，「過去清算」の取り組みを正当化すると同時に，さらに「犠牲者」を神聖化し，済州4・3平和公園を聖地化する役割を果たしているのである。

4 再現・表象の領域から

4.1 展示と刻銘のずれ

『済州4・3事件真相調査報告書』（2003）には，例えば「討伐隊」と「武装隊」について次のように記述されている。

> 討伐隊は，「疎開令」以後，中山間部の村落や山岳地域に隠れていた人々を敵とみなして，発覚後直ちに射殺した（298頁）。

> 本委員会に申告した犠牲者の加害別統計は，（…）討伐隊と武装隊の比率のみで算出すれば，86.1％と13.9％になる（537頁）。

> 武装隊は，警察と右翼青年団の弾圧に対する抵抗，単独選挙・単独政府反対と祖国の統一独立，反米救国闘争を蜂起の旗じるしに掲げた（167頁）。

記念館の展示においても「武装隊」は，主に「祖国の統一独立」を目指して「抵抗」したものとして，「討伐隊」は，「全体の犠牲者数の8割を超える人命を殺傷した」ものとして説明される[14]。しかし，「犠牲者の審議・決定基準」から分かるように，4・3平和公園における「犠牲者」の表象にはダ

---

14)「武装隊による人命被害」を説明する展示もあるが，「討伐隊」のそれに比べてはるかに少ない。

ブルスタンダードが適用されていることをうかがい知ることができる。元「武装隊」が「自由民主的基本秩序および大韓民国のアイデンティティを毀損した」という理由で「犠牲者」から排除されているからである。すなわち，「8割を超える人命被害を発生させた討伐隊」は，総合的に「犠牲者」として再構成され，「住民」とともに各々のモニュメントに刻銘される一方，「祖国の統一独立」を目指して「抵抗」したと評価される「武装隊」は，「犠牲者」から排除されるだけではなく，告知はされないものの公然と，モニュメントから名前が撤去されたり省略されたりすることによって現前化される。

　記念館において展示される大量虐殺の加害者が，外部のモニュメントでは彼らによって殺害された「住民」や「犠牲者の審議・決定基準」に抵触しない「武装隊」とともに「犠牲者」として刻銘されることで姿を消す一方，「犠牲者」から排除され，モニュメントでは「空白」として，あるいは全く確認できない「除外対象」が，記念館では「祖国の統一独立」を主唱した主役として展示されているのである。結局，先に記念館を見た観覧客がモニュメントに刻まれた「犠牲者」と向かい合う時，あるいはモニュメントの前で献花し，黙とうした者が記念館の展示に接する時，すなわち，史実に向き合おうとする非体験世代がどのようなルートをどのように選択するかによって，出会うことのできる「犠牲者」の歴史，または出会うことのできない死者の歴史が異なることになる。

4.2 展示をめぐって競合する記憶

　2008年の保守政権への交代を期に，「過去清算」に対してより厳しくなった「暴動論」側からの牽制や監視に対して，済州4・3委員会は，4・3平和記念館の展示内容をあくまでも『済州4・3事件真相調査報告書』に基づいて構成するという基本方針をあらためて強調した。「暴動論」を主張する勢力が直接的に記念館の展示内容について介入しなかったものの，済州4・3委員会は「暴動論」を支持する勢力を常に念頭に置かざるを得なかったのである（金玟煥 2014：103）。

　このことは『済州4・3事件真相調査報告書』を含む「過去清算」にまつ

図 2-10 「吾羅里

わる様々な限界が，そのまま記念館において再現される可能性を示唆する。そのような懸念は実際，記念館の開館を数日後に控えた 2008 年 3 月，済州 4・3 委員会の指示で，常設展示の一部が撤去，修正されることで現実化されることになった。4・3 委員会は，事件勃発 60 周年を記念する重要なイベントとして 4・3 平和記念館の開館を準備していたが，展示内容に対する「暴動論」側の反発を最小化するために事前に展示の内容を慎重に検閲し，注意を払ったのである。

その結果，展示内容の一部であるアートワーク（art work）作品についての修正が指示された。アートワークとは，不十分な史料を補完するための工夫として制作された，事実性と芸術性がともに重視される展示作品をいう。展示企画チームの一員であった朴京勲（2013：105-106）は，アートワークのもつ意義について次のように説明する。

　　国内的にはもちろん世界的にも珍しい史料と芸術作品との結合を通じ

第 2 章 記念施設をめぐる記憶のポリティクス

（金大中提供）

て，不足している史料の弱点を補完するとともに，歴史的な事実をより立体的かつ効果的に伝えるため，全国の作家らのうち視覚芸術分野の専門家が参加した芸術作品を常設展示に初めて導入した展示企画である。

当初は 12 点のアートワーク作品が展示される予定であったが，そのうち 1 点は公開できず，さらにもう 1 点は内容の修正を前提として展示されることになった。

まず，「吾羅里事件の真実」というタイトルの作品が問題視された【図 2-10】。1948 年 4 月 3 日の武装蜂起以降，「討伐隊」と「武装隊」の両側は，平和的な事態の解決に向けて交渉し，「4.28 平和協商」を締結した。しかし，それから 3 日後，警察の後援の下に右翼団体員らが中山間村の吾羅里に放火する事件（吾羅里放火事件）が発生する。米軍政はそれを「武装隊」の仕業と見なして総反撃を命じたが，それによって「討伐隊」と「武装隊」の両者間の平和交渉は決裂してしまった。当時，米軍政が製作した無声映画

「済州島メーデー」（May Day on Cheju-Do）もまた吾羅里が「武装隊」によって放火されたと記録されている。しかし、『済州4・3事件真相調査報告書』にはこの事件についての真相調査の結果が次のように記されている。

> この吾羅里放火事件は米軍の撮影班によって立体的に撮影された。米軍飛行機によって燃え上がる吾羅里が空中から撮られたり、地上では吾羅里に進入する警察機動隊の姿が同時に撮影されたりしている。緊迫した状態で動いていた当時の状況が撮影されたということは、予め準備されていたことを物語っている。(…) 米軍はこの映画を、吾羅里放火事件が武装隊側によって行われたように編集している。したがってこの映画は、強硬鎮圧の名分を得るための目的で製作されたものと見られる。そのことは、すでにその時点で米軍の強硬策が決定されていたことを示唆している（済州4・3委員会 2003：200）

　済州4・3委員会よりアートワークの制作依頼に応じた作家の金大中は、「吾羅里放火事件」を「武装隊」の仕業であるとして鎮圧作戦の大義名分とした米軍政と韓国政府の意図を、漫画の技法を用いて風刺しようとした。米政府と米軍政、そして韓国政府をつなぐ指揮命令系統を暴き出し、三者の共謀関係の全貌が一目で分かるように、図2-10の左から右まで、事件の舞台である吾羅里と済州島、そして当時米軍政庁が置かれていたソウルの旧朝鮮総督府、さらにワシントンのホワイトハウスを直結させた。
　しかし、開館一週間を控えて開かれた済州4・3委員会（犠牲者審査小委員会）の検閲で、「討伐作戦の背後にホワイトハウス（米政府）があるように描写されていること」と、「米軍が赤い色で彩色され悪人として戯画化されていること」が指摘され、当該部分の修正が指示された。開館日まで委員会と作家との間で数回にわたる折衝の機会が設けられたが、結局、当該作家は委員会からの修正指示を拒否した。そして、開館数日前に作品は撤去された【図2-11】。結局、この作品が展示される予定であった場所は、空白の状態のまま、記念館は開館することになった。その後、このスペースは、当時米軍が撮影した写真と映像、駐韓米陸軍司令部の日々情報報告といった「事実

第 2 章　記念施設をめぐる記憶のポリティクス　91

図 2-11　「吾羅里事件の真実」撤去直後
　　　　（2008 年 8 月 1 日撮影）

図 2-12　現在の展示様子（2016 年 9 月 23
　　　　日撮影）

に立脚する」史料を用いた説明パネルに替えられることになった【図 2-12】。

　こうした状況について，済州 4・3 委員会と作家はそれぞれの立場を次のように説明する。

　　4・3 小委員会による点検過程で，『済州 4・3 事件真相調査報告書』の範囲を超えて推測に基づく表現を用いたのは歴史館の展示物として適切でないという問題提起と修正の勧告があったので説明パネルに代替された（済州 4・3 委員会 2008：211）。

図2-13 「行方不明」修正前(朴祓彤提供)

図2-14 「行方不明」修正後(2016年9月23日撮影)

事件についての米軍政や米政府の対応が事実であると,現時点で明らかになっているわけではない。しかし,当然推論可能な部分を芸術的に形象化したものである。客観的な史料が不足している現実の限界を芸術作

第 2 章　記念施設をめぐる記憶のポリティクス　93

図 2-15　現在の展示様子（2016 年 9 月 23 日撮影）

品として，当時の状況を情緒的／イメージ的に具体化したものである[15]。

　史資料にもとづく「客観的な実証性」を優先する済州 4・3 委員会の展示方針により，問題視されたもう一つのアートワークは，「行方不明」という作品である【図 2-13】。展示作品の真ん中には，済州 4・3 事件における鎮圧作戦の最上層部にいた李承晩元大統領[16]と太極旗のイメージが挿入され，その周囲に虐殺された遺体のイメージが配置されている。コラージュされた李承晩と太極旗のイメージは実際，雑誌『TIME』（1950 年 10 月 16 日付）の表紙で使われたものである[17]。
　展示作品についての検閲の結果，委員会は，「李承晩大統領の肖像画を虐殺された犠牲者たちの残酷な遺体の写真とともに提示した画面は，加害の関係を実際以上に歪曲させる可能性がある」という理由で修正の指示を出した。しかし，作家の朴祓彤は次のように対応した。

　李承晩と太極旗のイラストが登場した 1950 年当時の『TIME』誌の表紙

---

15) 金大中が作成した「済州 4・3 小委，資料館の点検結果報告（3 月 20 日）の口頭指摘事項に対するアートワーク〈吾羅里事件の真実〉作家の意見」（2008 年 3 月 25 日）と「〈吾羅里事件の真実〉の展示にあたって」（2014）より抜粋。
16) 金奉鉉（1978：286）は彼を次のように評価する。「李承晩は私兵化された軍・警を思いのまま駆使し，家や食糧がなく，住みつくところのない一般住民を，いささかの考慮も示さない冷血さで，やみ雲に消しつづけた」。
17) 削除された『TIME』の表紙は http://content.time.com/time/covers/0,16641,19501016,00.html （2016 年 11 月 30 日取得）でも確認できる。

は，超大国の米国が，南朝鮮の単独政府をめぐって起こった一連の状況をどのように注視していたのか，その視角を象徴的に示す貴重な史料である。(…) そして，李承晩と遺体は，決して歴史的に無縁ではない。むしろ歴史的な事実を最も効果的に伝達することのできる手段である。(…) 犠牲者の「行方不明」とは「被害者の行方不明」であり，「加害者の行方不明」でもある。60年という長い歳月が流れたが，被害者も加害者も依然として行方不明の状態から抜け出せずにいるのが，厳然たる現実ではないか？[18]

　しかし，こうした作家の意思は受け入れられなかった。「大統領に対する誇張された表現」という理由で，結局，李承晩と太極旗，『TIME』のイメージは削除され，当該部分のみが黒く塗られたまま，開館当時から現在まで公開されている【図2-14】。また最初の構想では，作品の右側の壁に，鎮圧作戦が続いていた1952年7月に済州島を巡視した李承晩とジェームズ・ヴァン・フリート（米第8軍司令官），張都暎（陸軍第1訓練所長）などが写っているアメリカ側の記録写真[19]をアートワークしたイメージを映写する計画であったが，そのために設置されたプロジェクタは消されたまま，現在まで観覧者に公開されている【図2-15】。
　『済州4・3事件真相調査報告書』をもとに構成されている済州4・3平和記念館の常設展示では，「国民和合」や「大韓民国のアイデンティティ」，「和解と共生」という「過去清算」の標榜する理念と価値をより重視するモニュメントとは異なり，あくまで「公認される真相」が最も優先すべき価値基準として認識されている。しかし他方で，開館を控えて行われたアートワーク作品の検閲と，それによる展示内容の修正や削除といった事象から，展示領域においても，米軍政や韓国政府のような大量虐殺の加害者側の実体を不明瞭に表現すること，すなわち加害者をめぐる史実が曖昧に処理されつつある外部のモニュメント群をめぐって作動する記憶のポリティクスに通底

---

18) 朴祓彤が作成した「Art Work〈行方不明〉関連，済州4・3事業所側の異議申立てとそれに対する作家の所見」（2008年5月29日付）より抜粋。
19) 当該写真は『済州4・3事件真相調査報告書』（2003：23）にも掲載されている。

する現象を垣間見ることができる。

5 記憶闘争の場

　済州4・3事件の「過去清算」は,「国家の過誤を認めて反省するとともに,被害者との真の和解を通じて共生」(済州4・3委員会 2008：321)することを目指す。4・3平和公園はまさにそのような「精神」を具現することを目的として企画・運営される記念施設であるといえよう。そして,公園の中核施設としてのモニュメント群と記念館・奉安館は相互補完的な機能を果たしつつ,「犠牲者」の神聖化,公園の聖地化に寄与する。しかし他方では,均質化され序列化される「犠牲者化」が,記念施設とその場所で定期的に執り行われる慰霊・追悼儀式を通じて空間化されパターン化されつつ,歴史認識をめぐる混乱を増幅させている。「国家主導の隠密裡の忘却の脚本」(金成禮 1999：256)は,その過程でより力を発揮する[20]。

　実際,モニュメントは,「国民和合」や「和解と共生」といった「過去清算」の理念を積極的に形成・流布する。「犠牲者化」に内在する死の均質化(統合)と序列化(排除)が共同体的で祭儀的な性格を帯びるモニュメントにおいて現前化されること,「犠牲者」がモニュメントの前で行われる儀礼を通して,公式に慰霊・追悼される英霊として立ち現れることがその例証であろう。一方,アートワークの削除や修正をめぐる「実証」と「意味解釈」との間の緊張関係からも分かるように[21],記念館での展示は国家から認定されうる史実にのみ立脚して構成されており,モニュメントで強調される「国民和合」や「和解と共生」よりは歴史的な実証性がより重視される。このよう

---

[20] 地方政府と地方議会が1990年代から4・3慰霊祭に実質的に関与する現象についても,金成禮(1999：256)は,「4・3の真の哀悼者が国家に変わる結果を招いている」と批判した。

[21] アートワーク作品をめぐる済州4・3委員会と作家との間の衝突について,洪スンヨン・陸ヨンス(2015：148)は,「〈公的歴史〉を叙述することにおいて〈事実〉に重点を置くか,それとも〈意味〉に焦点を合わせるかに対する根本的な歴史観の違い」に起因するものと説明する。

にモニュメントと記念館は,「過去清算」の成果を広く伝播するための共通目的の下で,それぞれ慰霊・追悼と展示・教育という機能を遂行しながらも,両者は「理念」と「実証」の葛藤が内在する構造の中に位置づけられている。

済州4・3平和公園内の各々の記念施設において,刻銘情報や展示内容に修正や削除,代替が繰り返し行われてきた事象からは,「過去清算」期の過渡期的な様相をうかがい知ることができた。「過去清算」の産物としての済州4・3平和公園は,国民国家イデオロギーの宣伝・高揚のための場へと次第に変貌する一方で,そこに収斂されない「死者たちの記憶」との緊張関係を誘発する記憶闘争の場でもある[22]。このことは,「大韓民国史」の中で済州4・3事件がいかに位置づけられるかをめぐっていまだ決着し得ずに衝突や葛藤を繰り返している,歴史認識をめるぐ争いを象徴的に示すものであるといえよう。

---

22) 2013年4月3日に済州4・3平和公園で行われた「第65周年済州4・3事件犠牲者慰霊祭」のスローガンは,「葛藤と痛みの過去を治癒して／和合を通じて一つになる大韓民国」であった。筆者の調査において,「大韓民国」といったスローガンが済州4・3事件の慰霊祭において登場したのは,その時が初めてであった。

第3章 公的領域における「大量死」の意味づけ

時事漫評「ファンウロック」(『済州日報』1996年2月26日付)。ある未亡人が身内の「4・3被害申告書」を提出するために済州道議会を訪ねたとき、そこで幽霊になった夫と再会し、抱き合って号泣する。「あれま…成仏できぬ爺さんや…」。これを見守る受付窓口の公務員も「あの世の夫と、50年ぶりの再会」と言いながら、一緒にすすり泣く。

1 媒介としての申立て

　済州4・3事件の「過去清算」において最も重点的に推進されている「犠牲者」の審議・決定は，加害―被害関係をはじめとする複雑な事情が錯綜していた死者たちを，「犠牲者」という公的なカテゴリーに再編しつつ，同時に「犠牲者」と「犠牲者からの除外対象」とに二分化する過程であった。そこでは「正しい犠牲者」像の新たな社会的規範を創出することを通して，国民国家イデオロギーの維持・強化を図ることが確認される。こうした「犠牲者化」をめぐる「大量死」の意味づけの問題は，あくまでも近親者（とくに，遺族第一世代）による「過去清算」プログラムへの参入――申立てという実践――を前提とする。それゆえ，所定の様式にしたがって申立者本人と申立られる近親者の個人情報から死亡あるいは行方不明にいたるまでの事件経験，死後処理などについて詳細に記載する行為が求められる。

　韓国の公的機関が申告といった行政手続きを通じて済州4・3事件の被害者側から情報を収集し請願を受け付ける，いわゆる申請主義にもとづく過去克服への取り組みは，これまで3度あった。1度目は，事件が公式に終結して6年後の1960年6月，国会（良民虐殺事件真相調査特別委員会）に提出された「良民虐殺真相糾明申告書」である。2度目は，1961年の「5・16軍事クーデター」から続いた独裁政権の強圧統治と1987年の「6月民主抗争」をへて，1994年2月から2000年2月まで，地方議会の済州道議会（4・3特別委員会）に提出された「済州道4・3被害申告書」である。最後に3度目は，2000年1月に制定・公布された済州4・3特別法にもとづいて同年6月から2013年2月まで，政府機構である済州4・3委員会に提出された「犠牲者申告書」である。

　その中でもとくに，本章では，「良民虐殺真相糾明申告書」（1960年）と「犠牲者申告書」（2000年代）を検討対象として，遺族第一世代が「申告」という実践を通して公的領域の中で近親者の死や行方不明をいかに解釈し，いかに位置づけ・意味づけてきたかについて考察する。続いて，各々の「申告書」の作成にあたって，遺族第一世代による死の意味付与や体験の記述がど

のような工夫を通して模索されてきたかについても視野に入れる。近親者が事件に巻き込まれ死や行方不明にいたった経緯とともに，それに対する申告者の解釈や心情まで，「申告書」に書かれている諸記録を読み解くことを通して，上記二点について解き明かす。

　事件終了後から現在にいたるまで，遺族第一世代が近親者の人命被害を公的機関に訴えるために作成・提出した「申告書」という媒体に注目する理由は大きく二つある。一つは，「犠牲者」についての歴史的意義や評価を別の角度から捉え直そうとする試み，つまり，民主化や「過去清算」の成果としての側面だけではなく，近親者が「犠牲者」という公的な身分を獲得できるように「過去清算」の諸プログラムに自発的かつ積極的に参入してきた遺族第一世代の「申告」という実践を理解し，そこから「誰が正しい犠牲者なのか」という「大量死」の意味づけをめぐるせめぎあいについて再検討する必要があるからである。もう一つは，遺族第一世代が記してきた「申告書」について分析することに段階的な移行論モデルに立脚した「移行期正義」論のもつ限界を乗り越える可能性があるからである。また，済州4・3事件以後を生き抜いてきた遺族第一世代を受動的存在として過小評価することなく，政治的・社会的な認識の変化に敏感に対応しつつ創意工夫を凝らす能動的な主体として捉えることを通して，「過去清算」に向けた法・制度のなかでは見落されがちな人びとの主体性や自己決定が解明できると考える。

2　書き直される済州4・3事件以後

　済州4・3事件についての「真相究明運動」や「過去清算」をめぐる議論を展開するにあたって「移行期正義」批判論は重要な示唆を与えるものである。事件終結直後から「過去清算」が本格的に推進されるまでの約半世紀の時間を端的に「忘却されそして歪曲された時代」と捉えたうえで，「過去清算」の意味づけを「不正義から正義への移行」や「歴史的な進歩」としてしか想定しない見方が，今日の済州4・3事件研究において支配的であるからである。

第 3 章　公的領域における「大量死」の意味づけ | 101

　多くの先行研究において，事件以後の抑圧的な政治体制の下においては，事件にかかわる人命殺傷や人権蹂躙の体験を語ること自体が，反共産主義を国是とする国家体制を脅かし国民統合・和合を阻害すると強く認識され，遺族第一世代は，沈黙を余儀なくされたと解釈されている。このような観点は，1980 年代後半から盛り上がった民主化の動きの影響もあって，長らく隠蔽・歪曲されてきた事件の真相を究明し「犠牲者」の名誉回復を実現するための「過去清算」への取り組みが始まり，国家暴力の被害者側の声も徐々に表面化していくという見方に立っている[1]。

　こうした事件の再評価にともなって新たに位置づけられる「過去清算」以前とは，「完全に抑え込まれた」時期（Kim 2009：412），「暗黒期」あるいは「水面下の歴史」として描き出される。そしてこの「暗鬱な」時空間を生きてきた遺族第一世代は，しばしば「自分の声を発することができない赤い人種」（金昌厚 2011：191-192）あるいは「冷戦・反共のタブーに封印されてきた者たち」（徐勝 2011：91）といったように，あたかもレッド・コンプレックスに感染した無力な人びととして描写されてきた。このように政治的な「移行期」をへて事後的に創り出される「正義」のロジックは，暴力から辛うじて逃れ，その後の抑圧的な状況を生き抜いてきた人びとの姿も，単純で画一的な人物群像として措定してしまう。

　反共社会における済州 4・3 事件をめぐる歴史認識から見ると，事件にまつわる「住民」や「武装隊」の死は，国民国家の正統性を脅かし続ける「不穏な死」として評価されてきた。それに対して，遺族第一世代は，いったいどのように対処してきたのだろうか。反共システムからの監視と束縛の中にあって，どのような受容，あるいは抵抗，折衷が模索されてきたのだろうか。それは，冷戦秩序下における反共国家の枠内にあって，その国民としての生き方とどのような相関関係を持ちつつ展開されてきたのだろうか。

　本章では，従来の「移行期正義」に対する批判を踏まえ，その限界を乗り越えるべく，時代の変遷や民主化の進展に立脚した政治的言説の次元だけで

1）済州 4・3 事件から現在までの民衆側による「真相究明運動史」や「過去清算」の歴史も新たに書き直されつつある。代表されるものとしては朴賛殖（2008），文京洙（2008），済州大学校平和研究所編（2013），梁祄勳（2015）などがあげられる。

はなく，遺族第一世代個々人の心情や実践を基点とし，各局面ごとに駆使されてきた彼／彼女たちの振る舞いに焦点を当てて考察する。

3 虐殺の事実を「申告」する

3.1 事件以後の「申告書」

まず，「良民虐殺真相糾明申告書」の受理を担当した国会（良民虐殺事件真相調査特別委員会）は，李承晩の下野をもたらした 1960 年の「4月革命」直後，韓国社会で民主化への機運が高まったのにともなって，1948 年の韓国政府樹立前後から朝鮮戦争の終結までの時期に全国各地で発生した公権力による「良民虐殺」について，その真相糾明を求める民衆の声が国会を動かし，構成された臨時機構である。当初済州道は，この委員会による調査対象地域に含まれなかったが，同道出身の政治家や住民たちの要求が容れられ，結局，慶尚南道地域の調査を担当していた国会議員 3 人が済州道まで担当することとなった[2]。

しかし，調査団が済州に滞在し，実際に調査を実施したのは 4 時間に過ぎなかった（『済州新報』1960 年 6 月 1 日付）。それにもかかわらず，済州新報社や済州道議会からの支援もあって，結局 1457 人の人命被害が記載された 1259 件の「申告書」が国会に提出されることになった（済州 4・3 委員会 2003：36）。しかし，翌年発生した朴正煕らによる「5・16 軍事クーデター」によって，済州を含む全国から提出された「申告書」は，国会で本格的に議論されないまま廃棄されてしまった。

「良民虐殺真相糾明申告書」は，韓国政府樹立後，過去克服への動きが初めて実現されたという点では歴史的意義があるが，結果的には法・制度の不備や政治的混乱の余波で中断してしまった[3]。そのため，済州 4・3 委員会による「犠牲者」の審議においても有用な先行事例としてはあまり活用されな

---

2) 調査団を率いて入島した班長の崔天は，1948 年 4 月 3 日の武装蜂起直後から二か月間「済州警察監察庁長」として在任した人物である。

かった。しかし，事件の正式な終結からわずか6年後の時点で遺族第一世代によって記された体験の記述と，それを通して現在は故人となっている彼／彼女たちの心境をうかがい知ることができる，史料的価値が高いことに加え，非体験世代にも多くの示唆を与えるものである。

次に，「済州道4・3被害申告書」は，1993年に済州道議会内に4・3特別委員会が発足し，翌年にはその実務を担当する「4・3被害申告室」が設置され，本格的な受付が可能となった。6年間の活動の結果，総1万4841人の被害者数が把握できたが，そのうち1万2243人の「申告書」を受け付けた（済州道議会4・3特別委員会 2000：28）。2016年11月の時点で1万5483人の「申告者」が済州4・3委員会に受理されたことを考慮すると，「過去清算」が本格化する前の1990年代に，すでに地方議会レベルで人命被害の大まかな規模を明らかにした点では高く評価できるであろう。

最後に，「犠牲者申告書」についてである。済州4・3特別法第2条によれば，「犠牲者」とは，「済州4・3事件により死亡したり，行方不明になった者（…）済州4・3事件の犠牲者と決定された者」と規定されている。また，同法第3条第2項には，「犠牲者及び遺族の審査・決定」を同委員会の権限の一つと規定している。しかし，「犠牲者」としての公式認定はあくまで近親者を亡くした，あるいは行方不明になった遺族による「申告」を前提としている[4]。そのため，近親の死者あるいは行方不明者が「犠牲者」として認定されるために，遺族は最初に済州4・3委員会が指定する所定の様式である「犠牲者申告書」を作成・提出し，同委員会における審議を経なければならない。

---

3) 1960年国会（良民虐殺事件真相調査特別委員会）による「申告書」の受付や現地調査などの活動についての研究は田甲生（2007），李剛秀（2008）などが詳しい。
4) 済州4・3委員会は申告者の資格を厳しく制限していない。親子や兄弟姉妹などの親・姻戚だけでなく，第3者も可能にしているが，これは済州4・3事件による被害を知っている人ならだれでも申告できるということを意味する（済州4・3委員会 2008：133）。例えば，一家全滅，あるいは北朝鮮や日本への渡航などで韓国国内で申告できる遺族がいないなど，様々な事情によって直系血族による申告ができない場合には，第3者も申告者となり得る。このような申告制度の柔軟性は，「過去清算」における「名誉回復」が，「犠牲者」個々人の人的・物的被害に相当する金銭的対価を支払う形態の補償や賠償の方式を採らないため可能となったといえよう。

これまで 1 万 5483 人が「死亡者」や「行方不明者」,「後遺障害者」,「受刑者」といった枠で,「犠牲者申告書」により申告された[5]。通常一人の「犠牲者申告書」の受理から事実確認―審議―決定―通知までおよそ 2～4 年がかかるが, 済州 4・3 委員会は 2002 年 11 月 20 日, 初めて「犠牲者」1715 人を「認定」して以来, 2016 年 11 月時点で 1 万 4231 人を「犠牲者」として公認している【第 1 章表 1-1 を参照】。

　申告者（遺族第一世代）にとって「犠牲者申告書」を作成・提出することは, かつての大虐殺の経験と家系成員の人命被害を公文書化する法に則った機会であり, 近親の死者や行方不明者が「犠牲者」という法的・制度的権限を獲得し, 公式的な慰霊・追悼の対象となりうる資格が与えられるための必須の行政手続きでもある。さらに, 長期間の抑圧的な政治体制下で「アカ」「暴徒」と見なされてきた申告者もまた「遺族」という法制度上の地位を得ることを通して,「沈黙を余儀なくされた」反共社会のマイノリティ, もしくは「潜在的な敵」というレッテルを剥がし,「過去清算」の受益者として転換されうる機会ともなる。

3.2 「良民虐殺真相糾明申告書」と「犠牲者申告書」

　以上の三つの「申告書」のうち, 本章では, より具体的な議論を行うために, 1960 年の「良民虐殺真相糾明申告書」と 2000 年代の「犠牲者申告書」に焦点を当てて分析を試みたい。両者とも国会と行政府という中央の公的機関に提出された「申告書」という点で共通している。また, 比較という方法

---

5) 済州 4・3 委員会による「犠牲者申告書」の受付は, 済州 4・3 特別法施行令第 8 条に規定される特定の期間のみ可能である。済州特別自治道が 2014 年 8 月 31 日付で公表した「済州 4・3 事件犠牲者および遺族審議決定現況」によれば, 2000 年 6 月から 12 月まで 1 万 3138 人, 2001 年 2 月から 5 月まで 888 人, 2004 年 1 月から 3 月まで 347 人, 2007 年 6 月から 11 月まで 727 人, 2012 年 12 月から 2013 年 2 月まで 383 人など, 済州 4・3 特別法が制定・公布されて以降, 現在まで計 5 回にわたって「犠牲者申告書」の受付が行われた。その中で, 済州 4・3 委員会第 5 次全体会議（2002 年 11 月 20 日）で 1715 人, 第 6 次会議（2003 年 3 月 21 日）で 1063 人, 第 8 次会議（2003 年 10 月 15 日）で 2266 人, 第 9 次会議（2004 年 3 月 9 日）で 1246 人, 第 10 次会議（2005 年 3 月 17 日）で 3539 人, 第 11 次会議（2006 年 3 月 29 日）で 2865 人, 第 12 次会議（2007 年 3 月 14 日）で 868 人, 第 16 次会議（2011 年 1 月 26 日）で 469 人, 第 18 次会議（2014 年 5 月 23 日）で 200 人など総 1 万 4231 人が「犠牲者」として「認定」されている。

を通して「過去清算」が法制化される前とその後における遺族による近親者の死への意味づけや体験記述の変化(あるいは不変)がより効果的に把握できると考えられるからである。

まず、「良民虐殺真相糾明申告書」における記録は、申告者が手書きで漢字とハングル併記で記載したものを済州4・3研究所が2001年に全文をハングルに変換して製本したものを参考にした。しかし、多数の誤字・脱字が確認されており、一部の項目(とくに、「加害者に関する情報」)は編集過程で伏せ字とされたため、韓国国会図書館に所蔵されている原本資料と対照しながら確認する必要がある。

次に、現在も精査と審議が進行している「犠牲者申告書」は全て非公開とされているため、本章で用いる資料のすべては、筆者が個人的に収集したものである。主に、申告者が済州4・3委員会に「申告書」を提出する際に写本として保管していたものや、同委員会の「審議・決定」に対する異議申立て、あるいは委員会を相手として行政訴訟を提起した際に返却されたものが含まれている。その他の資料は、韓国・漢陽大学校と高麗大学校の図書館に所蔵されていた済州4・3委員会の関係資料から確認した。

「良民虐殺真相糾明申告書」と「犠牲者申告書」は、主に次の表3-1のような項目で構成されている。両者とも申告者と申告対象の基本情報をはじ

表3-1 主要項目比較

	「良民虐殺真相糾明申告書」	「犠牲者申告書」
項目	被虐殺者(本籍、住所、姓名、性別、生年月日、所属政党及び社会団体)、虐殺直前の収監場所、虐殺直前に収監を執行した軍・警察団体及び責任者の姓名、虐殺の執行者の官職及び姓名、虐殺状況(できるだけ具体的に記入すること)、遺族の状況(続柄、姓名、年齢、職業)、生活状況、収監年月日時、収監された理由、虐殺(年月日時、場所)、虐殺後の遺体の処理状況、虐殺当時の証人(住所、姓名、年齢)、要望事項、其他参考事項、申告日、申告者(本籍、住所、続柄及び姓名)	申告人(姓名、住民登録番号、住所、犠牲者との続柄、電話番号)、犠牲者(姓名、出生年月日、性別、申告事由、当時の本籍及び住所)、死亡(行方不明)の経緯、申告日、申告人

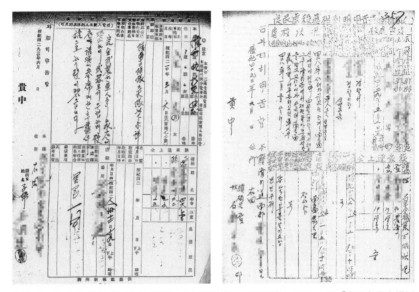

図 3-1　表 3-2 の B-6（B-1 の嫁）が 1960 年 6 月に提出した B-1 の「良民虐殺真相糾明申告書」の複写本（マスキングは筆者による）。
図 3-2　表 3-2 の C-5（C-3 の嫁）が 1960 年 6 月に提出した C-3 の「良民虐殺真相糾明申告書」の複写本（マスキングは筆者による）。

め，申告対象が事件に巻き込まれ最終的に死あるいは行方不明にいたるまでの経緯を記述する欄が設けられている。

　まず，「良民虐殺真相糾明申告書」は，タイトルにも明示されているように，虐殺の「真相究明」のほうに焦点が当てられている。「虐殺直前の収監場所」や「虐殺直前に収監を執行した軍・警察団体及び責任者の姓名」，「虐殺の執行者の官職及び姓名」，「虐殺状況」，「虐殺当時の証人」など虐殺の状況を問う詳細な項目が「犠牲者申告書」と比べて多く並んでいる。さらに，「虐殺後の遺体の処理状況」や「要望事項」なども別途の項目として設けられている。

　一方，「犠牲者申告書」には，虐殺の全貌を明らかにすることよりは，「犠牲者」としての公式認定を通じた「名誉回復」の達成という特定の目的が設定されている。「良民虐殺真相糾明申告書」がその対象を「被虐殺者」として意味づけた一方，「過去清算」期においては一括して「犠牲者」とするの

第 3 章　公的領域における「大量死」の意味づけ | 107

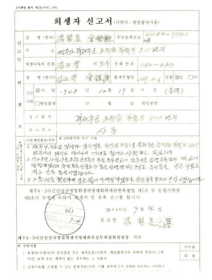
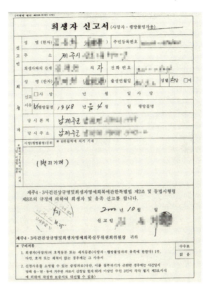

図 3-3　表 3-2 の B-8 (B-1 の孫) が 2000 年 9 月に提出した B-1 の「犠牲者申告書」の複写本。左下に邑事務所の受付印が押されているのが確認できる (2010 年 3 月 31 日, B-8 提供, マスキングは筆者による)。

図 3-4　表 3-2 の C-7 (C-4 の息子) が 2000 年 10 月に提出した C-4 の「犠牲者申告書」の複写本。左下に面事務所の受付印が押されているのが確認できる (2011 年 1 月 27 日, C-7 提供, マスキングは筆者による)。

も，そのためであろう。それゆえ，「良民虐殺真相糾明申告書」においては，その「被虐殺者」を殺害した側の名前や所属，職級などの情報が申告者によって詳細に記載される項目が設けられた一方で，「犠牲者申告書」には，加害行為について具体的な人物を特定することまでは求められない。それよりは，済州 4・3 委員会における正式議題として上程される前に行われる約 3 回にわたる事実確認調査[6]や 4・3 実務委員会および犠牲者審査小委員会による審議といった行政手続きのほうがより重視される。

ここからは，次の表 3-2 に示した B 家と C 家の二つの事例を中心に考察する。資料の提供及び公開を許可してくれた遺族からの要請により，すべて

---

6) 事実確認調査における項目は，「法定様式の具備および保証人の資格の適切性」や「犠牲者／遺族の人的事項」，「申告者および保証人による記述内容の真偽」，「4・3 特別法で定めた 4・3 事件との関連性」などに構成されている（済州 4・3 委員会 2008：139）。

表3-2 「良民虐殺真相糾明申告書」と「犠牲者申告書」上の記録

家	表記 成員	被害類型	「良民虐殺真相糾明申告書」の中の「虐殺状況」	「犠牲者申告書」の中の「死亡（行方不明）の経緯」	「犠牲者」の審議・決定現況（2016年11月現在）
B	1（男/81歳）	死亡	1948年陰12月19日，完全武装した軍人たちが家に侵入し，武器で威嚇した後，学校の講演に出席させた後，無条件に銃殺させました。（嫁のB-6が1960年6月提出）	1948年12月19日午前，軍人たちが○○初等学校に全住民を集結させた後，住民の中から山暴徒の家族を選別するという口実で近隣の農地に連れていかれた後，銃殺されました。その後，遺体を確認して近くの畑に仮埋葬したが，後になって○○共同墓地に葬りました。（孫のB-8が2000年9月14日提出）	認定（2005年3月）
	2（女/76歳/1の妻）	死亡	1948年陰12月19日，完全武装した軍人たちが侵入して脅威した後，学校に集め乱射しながら，学校西側150メートル地点で虐殺しました。（嫁のB-6が1960年6月提出）	1948年12月27日，山暴徒の家族といわれ○○里駐屯所にいましたが，すぐ警察によって○○里の南側にある通称○○○○○畑に連行された後，銃殺されました。その後遺体を確認して，近くの畑で仮埋葬したが，後になって○○里共同墓地に葬りました。（孫のB-8が2000年9月14日提出）	認定（2005年3月）
	5（男/36歳/1の長男）	行方不明	〈未申告〉	済州4・3事件の行方不明者のB-5は，1913年12月9日，北済州郡○○邑○○里4○○番地で生まれ，当時35歳で農業に従事して生活していた。1948年，村にいれば殺されると感じて山に上がって，1949年8月16日頃に軍・警討伐隊に逮捕されたと聞き，その後行方不明となった。（長男のB-8が2000年9月14日提出）	撤回（2006年6月）
	7（女/19歳/1の孫）	死亡	〈未申告〉	1948年11月27日午前，軍の警が怖くて避難したが，警察に逮捕され，○○里砂場に連れていかれた後，銃殺されました。その後，遺体を近くの畑に仮埋葬したが，	認定（2005年3月）

第3章 公的領域における「大量死」の意味づけ | 109

				後になって〇〇里の南にある畑に埋葬しました。(従兄弟のB-8が2000年9月14日提出)	
C	1 (男/69歳)	死亡	1948. 陰4.22. 〇〇支署の主任の金〇〇が逮捕していった。その時〇〇支署をへて、〇〇面の〇〇近辺で殺害し、遺体は捨てられた。当時、〇〇里の里長が場所を教えてくれて(遺体を探して：筆者注)葬った。(嫁のC-5が1960年6月提出)	1948年陰暦4月25日、〇〇支署所属の警察官がなんら理由もなく連行して1948年陰暦4月26日未明、〇〇邑と〇〇面の境界にある河川で銃殺されました(当日には同邑内の住民数名が銃殺されました)。(孫のC-7が2000年8月提出)	認定 (2003年10月)
	2 (女/72歳/1の妻)	死亡	〈未申告〉	1948年陰暦10月29日、〇〇里俗称〇〇〇〇海岸で軍・警によって罪のない良民が集団虐殺されました(当日、〇〇里に避難して暮らしていた中山間村住民の多くが集団虐殺されました)。(孫のC-7が2000年8月提出)	認定 (2003年10月)
	3 (女/53歳/1の後妻)	死亡	1948年、事態が危険な状態になって〇〇面〇〇里に避難したが、すぐ〇〇〇警察署に逮捕された。その後、〇〇市で裁判を受けて無罪釈放となり、故郷に帰り住んでいたが、〇〇面〇〇里に駐留していた軍人が1950.1.5日殺害。(嫁のC-5が1960年6月提出)	ある日討伐隊に逮捕されて〇〇市所在の収容所に収容されたが、裁判の結果、無罪釈放となり帰郷していたところ、1949年陰暦1月6日、〇〇邑〇〇里に駐留していた軍人により娘の金〇〇とともに連行され、娘は軍人が連れて行って一緒に暮らしてしまった。犠牲者は〇〇里で駐留軍によって処刑し捨てられた。その後、親戚などが遺体を収拾して〇〇里6〇〇番地に仮埋葬した。(孫のC-7が2000年8月提出)	認定 (2003年10月)
	4 (男/27歳/1の長男)	行方不明	〈未申告〉	済州4・3事件犠牲者のC-4は南済州郡〇〇邑〇〇里で生まれ、済州4・3事件日のころは両親とともに農作業に従事しながら暮らしていた。1948年の前後にはたびたび警察支署に呼び出されて、耐えきれないほど暴行を受けて家に帰る日が何度もあり、1948年陰	不認定 (2007年3月)

			暦4月5日，伯父の死亡前日に，犠牲者夫婦が自宅で眠っていたところ，早朝に武器を携帯した警察官が押し寄せると，裏口から避難して以来，行方不明となり，済州4・3事件が鎮まった数年後，済州市に居住していた犠牲者の姉から済州市ジョントル飛行場（現在の済州国際空港：筆者注）に仮埋葬されたといううわさを聞いたが，当時は遺体の収拾ができない状況であったため，現在まで遺体を探すことができず，村内の巫女の占いによって陰暦7月14日に祭祀を行っている状況である。（次男のC-7が2000年10月25日提出）	
6 （女/16歳/3の長女）	死亡	〈未申告〉	犠牲者は南済州郡〇〇邑〇〇里で生まれ，普通学校に通い，1948年陰暦12月頃，〇〇〇市〇〇洞〇〇中学校東側河川の周辺で，〇〇〇警察署所属の警察官により無実の罪で処刑され，川沿い畑に仮埋葬された。（甥のC-7が2000年8月提出）	認定（2003年10月）

＊「〇」は筆者による伏せ字。
＊「成員」欄の丸括弧には「性別／死亡あるいは行方不明時の年齢／続柄」順に表記。
＊原文上の檀紀は西暦に，漢数字はアラビア数字にあらためて表記。それ以外は，原文をそのまま翻訳。
＊各「申告書」の中の「虐殺状況」および「死亡（行方不明）の経緯」欄の丸括弧には，申告者と「申告書」が提出された日付を表記。

の人名，地名などは匿名とする。

4 再構成される死者の体験

　表3-2のB家とC家の事例から分かるように，B-1と2の嫁であるB-6（B-5の妻，1915年生）とC-1，2，3の嫁であるC-5（C-4の妻，1921年生）によって提出された「良民虐殺真相糾明申告書」【図3-1，2】の「虐殺状

況」と，孫の B-8（B-5 の長男，1942 年生）と C-7（C-4 の次男，1944 年生）によって提出された「犠牲者申告書」【図 3-3，4】における「死亡（行方不明）の経緯」との間には内容上の大きな相違はほとんど見られない。このように，1960 年と 2000 年に作成された同一人物の「申告書」の内容における類似した記述内容は，B 家と C 家以外にも，筆者が閲覧したほとんどの「申告書」において確認できる。

　済州 4・3 事件以後についての従来の研究において，「沈黙を強いられた暗黒期」と画一的に評価された時期においても，遺族第一世代は，近親者が受けた人命被害に関する事実を公的文書に記していたのである。そして 2000 年代の「犠牲者申告書」に記載された内容からも分かるように，近親者の虐殺経験が幼年期に事件を体験し生き残った次の世代に継承され，それが文字化されていることが分かる。このことは，「過去清算」の歴史的意義を肯定的に評価しようとする時によく使われる「闇から光へ」といった表現も，実際，遺族第一世代が書き残した「申告書」を読み解けば，その言葉にあまり説得力がないことを示している。

4.1 「虐殺者」を記す

　こうした遺族第一世代による積極的かつ一貫性のある体験の記述は，「良民虐殺真相糾明申告書」の各所で確認できる。上記表 3-2 における「虐殺状況」以外にも，「犠牲者申告書」と比べて虐殺現場の実態をよりリアルに記述する項目は，「虐殺直前に収監を執行した軍・警察団体及び責任者の姓名」および「虐殺の執行者の官職及び姓名」についてである。それが B-1 と B-2 の「申告書」には「陸軍 2 連隊 3 大隊以下未詳」と記載されている。また C-1 と C-3 の場合，「虐殺直前の収監場所」には各々「〇〇支署」「〇〇〇警察署」と記載されており，「虐殺直前に収監を執行した軍・警察団体及び責任者の姓名」には各々「〇〇支署の主任の金〇〇」「〇〇〇〇警察署・姓名未詳」，「虐殺の執行者の官職及び姓名」には「金〇〇」「〇〇面〇〇里の軍人たち・姓名未詳」と記載されていることが確認される。B 家と C 家以外にも，「1950.8.21 当時摹瑟浦警察署長」や「第 2 連隊長・咸〇〇」，「済州邑外都里駐屯陸軍中隊長・卓〇〇」，「青年防衛団長・宋〇〇」，「 忠

清(チョンド)道警察局機動隊・当時支署主任・韓(ハン)○○」といったように虐殺の直接の執行者に関する詳細な情報が残されている。

「良民虐殺真相糾明申告書」では「軍・警」の部隊名だけでなく，職級と姓名まで詳細に記されているが，一方の「犠牲者申告書」では虐殺主体について単なる「軍・警」と記載されている点で対照的である。多くの場合，具体的な対象を特定しない「軍」や「警察」「討伐隊」とのみ記載されているか，あるいは殺害の主体が省略されていることが確認できる。遺族にとっても「犠牲者申告書」は，あくまでも殺害された近親者の死あるいは行方不明が国家からの公認を得るという当面の課題を解決するための媒体であるという認識が強い。それゆえ，「過去清算」の具体的な達成目標として伝播される「真相究明」そのものよりは，むしろ「犠牲者」としての公定化・公式化のほうが，「申告書」の中に近親者の死あるいは行方不明を意味づけ，一家の虐殺経験を再構成するにあたって重要な意味を持つことになる。

一方，前述したように，こうした「虐殺者」に関する詳細情報は，あくまで「良民虐殺真相糾明申告書」の原本でのみ確認できる。済州4・3研究所が全文をハングルにあらためた複製本では「虐殺者」と関連する情報のみがすべてマスキングされているからである[7]。

4.2 怒りの記憶

「良民虐殺真相糾明申告書」でのみ確認される「要望事項」も注目すべき項目である。B家とC家の中では，C-1とC-2の「申告書」でのみ確認されるが，各々「真相を調査。法によって厳罰」，「銃殺した理由を知りたい」と記載されている。そのほかにも，筆者が確認した別の「申告書」には「元々純真な良民であったので，アカというぬれぎぬを晴らしてください」や「養父母と兄三人が虐殺されたので埋葬費と生計対策」，「無罪究明，虐殺者究明，補償金請求」，「執行責任官の処罰」，「遺体の行方を知りたい」とい

---

[7] 申告者と申告対象の個人情報は公開しながらも，「虐殺者」と関連する情報のみはすべてマスキングした理由について，複製本の「凡例」欄には次のように説明されている。「4・3特別法による真相究明が進められる過程であるため，逮捕者や虐殺の執行者の人名については個人のプライバシーを考慮し明らかにしなかった」（済州4・3研究所 2001：6）。

うような内容も確認できる。「虐殺者」と関連する情報を明確に記載していることからも分かるように，無辜の死の理由を究明するための積極的な体験の記述とともに，遺族第一世代の怒りの記憶が「申告書」に記された文章を通じてさらにリアルに伝わってくる。それはなによりも，事件が終了してからわずか 6 年しか経っていない時期にこの「申告書」が作成されたためであろう。

　一方，「犠牲者申告書」から申告者の怒りがあまり読み取ることができないのは，前述のように，これが「犠牲者」としての公式認定という特定の目的を想定した媒体ということに起因していると考えられるが，B 家と C 家のように，「犠牲者」と同時代に事件を経験したとしても，時間の経過とともに申告者が「犠牲者」の子供世代へと交代することからも，その理由を推察することができるだろう。多くの場合，「良民虐殺真相糾明申告書」の作成および提出は，「被虐殺者」と同世代もしくは一世代上の近親者が担った。一方，「良民虐殺真相糾明申告書」より 40 年後に作成された「犠牲者申告書」には，主に申告対象の子どもあるいは孫世代が申告者として登場する。こうした理由により「良民虐殺真相糾明申告書」の記述からは遺族第一世代の怒りの記憶がより鮮明に読み取られるのである。

5　捻じ曲げられる記述

5.1　反共社会を生き抜く工夫

　表 3-2 の B-5 や C-4 の事例からも分かるように，「良民虐殺真相糾明申告書」では「武装隊」の履歴を持つ家系成員の「申告」が一旦保留されていたと考えられる。「武装隊」に関与した家系成員を前面に出さないのは「アカ」嫌悪に満ちた反共社会で生き抜くための工夫であったのであろう。一方，「良民虐殺真相糾明申告書」では保留された元「武装隊」の存在が，「犠牲者申告書」では徐々に確認できるようになった。しかし，「過去清算」期においても彼らの生前の活動や死の原因などが明確に記述されたとは言えな

表3-3 「犠牲者申告書」上の記録

表記	被害類型	「良民虐殺真相糾明申告書」の中の「虐殺状況」	「犠牲者申告書」の中の「死亡（行方不明）の経緯」	「犠牲者」の審議・決定現況（2016年11月現在）
A-1（男/35歳/既婚）	行方不明→死亡[8]	〈未申告〉	犠牲者A-1は，1913年〇〇邑〇〇里で生まれ，日本で修学した。〇〇里〇〇通で〇〇薬局を経営し，1945年光復を迎え，済州〇〇病院の薬剤課長を兼職した。事件（4・3）が発生すると，警察で逮捕令が出て，どこかに行方をくらましてしまった。その後1949年春に済州警察署に逮捕され処刑されたといううわさを聞いたが，今だに遺体を見つけられていない。上記の事実の一部は家族から，一部はうわさを聞いて知っている。（嫁が2000年12月4日提出）	撤回（2006年6月）
I-3（男/28歳/既婚）	死亡	〈未申告〉	被害者I-3は，軍・警が共産党員だと濡れ衣を着せて手配したため隠れて山で暮らしてきたが，1948年5月14日，俗称〇〇農場前3〇〇〇番地の麦畑の塀横に降りてきて家族の生死を知るために待っていたところ，隣の畑にいたあるおばあさんの通報によって警察が出動し，銃で撃たれ殺害された（長女が2000年9月提出）	撤回（2006年6月）
J（男/28歳/既婚）	行方不明	〈未申告〉	被害者Jは4・3当時，山に上がった後，28歳になった1953年頃に討伐隊によって殺害されたと聞いた。（妻が2001年5月提出）	撤回（2006年6月）
K（男/25歳/既婚）	行方不明	〈未申告〉	犠牲者Kは，済州4・3事件当時25歳で，陸地で学業に熱中する中で，突然故郷に戻り，あちこちで逃避生活をしていたが，軍人に取り押さえられ，市内の刑務所に収監された。1949年8月11日昼，飛行場の近くで銃傷を負って死亡したが，遺体は収拾できず，『受刑者名	撤回（2006年6月）

8）行方不明であったA-1は2009年，済州国際空港で発掘され，翌年にDNA鑑定をへて，身元が確認された【第2章3.4を参照】

			簿』の確認結果，1949年6月28日死刑を言い渡された事実を確認した。（弟が2000年10月2日提出）	
L (男/25歳/既婚)	行方不明	〈未申告〉	1948年，島全体に800名以上の人びとが捕らえられた時，ともに逮捕されており，『受刑者名簿』で「1949年6月29日刑を言い渡された」事実を確認したが，現在まで行方が全く分からない。（妹が2000年11月提出）	撤回（2006年6月）
Q (男/25歳/既婚)	死亡	〈未申告〉	1948年2月5日，○○で○○警察署に護送され取り調べを受けて，1948年3月7日（陰暦）○○面○○里に行って警察によって銃殺された。4月1日（陽暦）。（妻が2000年6月22日提出）	撤回（2006年6月）

＊「○」は筆者による伏せ字。
＊「表記」欄の丸括弧には「性別／死亡あるいは行方不明時の年齢／婚姻の有無」順に表記。
＊「犠牲者申告書」の中の「死亡（行方不明）の経緯」欄の丸括弧には，申告者と「申告書」が提出された日付を表記。

い。「犠牲者申告書」を通して達成される当面の目的（「犠牲者」としての公式認定）に沿った体験のみが書かれるからである。

このように，近親者の体験を選別的に記述する傾向はB-5やC-4だけではない。上記表3-3は遺族第一世代が「犠牲者申告書」に殺害された近親者の事件経験を記載した記録であるが，彼らはすべてB-5やC-4と同様に，済州4・3委員会による「犠牲者の審議・決定基準」から「南労党済州道党の核心幹部や武装隊の首魁級等」に分類された者たちである。

「犠牲者申告書」の中の「死亡（行方不明）の経緯」は，民主主義体制への移行とそれに伴う済州4・3事件についての政治的・社会的な認識が変化する中で，少なくとも「住民」身分の死者は国家から「犠牲者」として認定されうるという申告者の判断を前提とした体験記述といえるだろう。とくに，2000年1月に制定された済州4・3特別法は，遺族第一世代にとって公的領域に参入する方向への行動変化が促進されるきっかけとなった。最も著しいのは，1960年に申告されなかった者が2000年の「犠牲者申告書」に初めて登場するようになったことである。その中でもとくに，それまで完全に姿を消してきた「武装隊」の履歴をもつ家系成員が申告対象に含まれたこと

が確認できる。

　しかし，その体験記述の作成や構成には工夫が加えられた。「犠牲者申告書」の受付が始まった2000年6月以降，そして同年8月に済州4・3委員会が発足した当時は，委員会内部においても「犠牲者」の審議・決定についてのガイドラインや具体的な指針がなかったからである【第1章第4節を参照】。つまり，遺族の立場では「過去清算」が今後どのように展開されるかその行方を予想できない時期であった。また，提出された「申告書」がどのように受け入れられ，どのように読み解かれるかといった不安もあった。それゆえ，各々の遺族が，申告を保留してきた家系成員（とくに，「武装隊」の活動履歴を持つ近親者）も申告対象に含めて，彼／彼女たちの死や行方不明を公式化することに，依然として厳しい視線や否定的な世論があることを承知の上で，そこに抵触しないよう「申告書」を作成するよう注意がされていた。したがって，上記「犠牲者申告書」の中の「死亡（行方不明）の経緯」では，公認可能な死者のイメージ（正しい犠牲者の像）にこだわらざるをえない申告者の苦悩と独特な工夫が読み解かれるのである。済州4・3特別法第5条（不利益処遇禁止等）には「誰もが済州4・3事件と関連して自由に証言できる」と明記されているが，事実上こうした申告者には，「自由な」証言や体験記述は不可能だったのである。

　ほとんどの「犠牲者申告書」には，「犠牲者」として「認定」されうる範囲でのストーリー構想や展開上の工夫が垣間見える。とりわけ，近親者が「犠牲者」から除外されることをあらかじめ予測していたかのような記述の工夫が散見される。上記表3-2と3-3に示す「犠牲者申告書」の内容には，近親者が，死あるいは行方不明にいたった経緯について意図的に記述される内容とそうではない内容，記述されても強調される内容とそうではない内容が見い出される。

5.1.1　受難史を浮き彫りする

　各々の「犠牲者申告書」の内容は，全般的に近親者が無念にも死あるいは行方不明にいたったという記述が圧倒的に多い。「山に上がった後（…）討伐隊によって殺害されたと聞いた」(J)や「突然故郷に戻り，あちこちで逃

避生活（…）軍人に取り押さえられ，市内の刑務所に収監（…）飛行場の近くで銃傷を負って死亡」(K)，「警察署に護送され取り調べを受けて（…）銃殺された」(Q) といったように，そのストーリーは，近親者が公権力による被害者であることを強調する受難の文脈から構成されている。

また，「島全体的に 800 名以上の人びとが捕らえられた時，ともに逮捕」(L) や「済州警察署に逮捕され処刑されたといううわさを聞いたが，今だに遺体を見つけられていない」(A-1) という記述からも分かるように，死あるいは行方不明にいたるまでの経緯を，「犠牲者」としてスムーズに認定されると考えられる住民の「被害のナラティブ」に似せて構成したものと推測される。「心ならずも殺されてしまった」というステレオタイプ化された「犠牲者」像を強調することによって，公認されうる「犠牲者」イメージに編入させようとする受難史的な物語戦略が，元「武装隊」の「申告書」に援用されているのである。

このことは逆に，「犠牲者」の構成において絶対多数を占める「住民」身分の遺族が，「武装隊」のもつ「アカ」「暴徒」のイメージを念頭におき，そのうえでそれとの差異化を意識しながら近親者の「申告書」を作成することからも頻繁に確認することができる。

5.1.2 「レッド」と距離を置く

こうした一貫した受難の体験記述からは，「暴徒」「アカ」といった死者像から距離を置くという明確な意図をうかがい知ることができる。これはとりわけ「山に上がった」(J) こと，すなわち「武装隊」が本格的な抵抗活動を展開するために戦略的な拠点としての山岳地帯に入った経緯に関する「申告書」の記載内容に特徴的である。「山に上がった」経緯は，しばしば「軍・警が共産党員だと濡れ衣を着せて手配したため」(I-3) や「村にいれば殺されると感じて」(B-5) といった消極的な理由とともに，それが不当な弾圧から脱するためのやむを得ない選択であったと解釈できるよう記載されている。

そこには，反共社会の中で近親者に強圧的に付与されてきた「敵対勢力」あるいは「反社会的勢力」という評価を無化させることで，「過去清算」期

における望ましい「犠牲者」像に編入しようとする意図をうかがい知れる。事件当時からレッド・コンプレックスを抱いたまま，反共社会の成員として生き抜いてきた遺族第一世代が「過去清算」期に入って公認される「真相」，公認されうる「犠牲」の枠内に編入するための工夫として，「犠牲」物語を積極的に受け入れて用いることで，絶え間なくその「レッド」との峻別を担保すべく試みているのである。

　だからといって，遺族第一世代を，事件を自由に語ることができる時代が到来したのに，依然として「沈黙の壁」の中に閉じ込められている受動的存在として単純に意味づけることはできないだろう。申告者として「犠牲者」の審議プロセスに参入する遺族第一世代は，「審議」を通過することで国家の「公認」を得るという達成すべき当面の目的をもつからである。それゆえに，遺族第一世代にとって「申告書」の作成および提出は，明確な目的指向的行為であり，そこには多様な工夫が伴っている。そのような意味で，表3–2と3-3で紹介した「犠牲者申告書」の記述戦略は，抑圧的に体得されてきた自己表現や立証の実践という側面からも考察できると考えられる。

5.2 空白として残された抗争の史実

　「良民虐殺真相糾明申告書」であっても，遺族第一世代による近親者の死あるいは行方不明の意味づけや経験の記述がすべて確認されるわけではない。公式に集計，発表された1259件の「申告書」や表3-2や3-3からも分かるように，実際「良民虐殺真相糾明申告書」が提出されなかったケースのほうがより多かったのである。

　その中でも，ここでは行方不明となったB-5とC-4の事例に焦点を当てて論じたい。B-5とC-4は各々申告者のB-6とC-5と夫婦関係である。すなわち，B-6とC-5は当時，殺害された家系成員の中で，舅姑の「良民虐殺真相糾明申告書」を提出しながらも，夫の「申告書」は提出しなかったのである。1983年に亡くなったB-6と高齢のC-5へのインタビューが不可能な状況であったためその理由を直接聞くことはできなかったが，息子のB-8とC-7が2000年，済州4・3委員会に「犠牲者申告書」を提出することを通じて，父親を「犠牲者」の中に編入させようとした動きから推察すれば，

第3章 公的領域における「大量死」の意味づけ

なぜ遺族側が1960年の時点で「良民虐殺真相糾明申告書」を提出しなかったのか，その理由を推測することができる。

　済州4・3事件当時，B-5とC-4は，「武装隊」の一員として，「討伐隊」側が作成した作戦文書や軍法会議における死刑囚名簿からもその名前や活動履歴が確認される人物である[9]。それゆえ，公的領域における近親者の死の意味を再定義することが可能となった「過去清算」の時代が到来したが，B-8とC-7いずれも，殺害された他の家系成員とは相違する死の来歴をもつB-5とC-4の「申告書」を作成する際には，別の工夫が求められた。

　B-5とC-4も果たして順調に「犠牲者」として「認定」されうるかといったB-8とC-7の懸念は，2000年「済州犠牲者申告書」を提出した後やがて現実になった。2002年11月に開かれた済州4・3委員会の全体会議で初めて「犠牲者」が「認定」されて以後，同年末からは，申告者に4・3実務委員会委員長の名義で「犠牲者及び遺族決定書」が送られた。表3-2上のB-1，B-2，B-7やC-1，C-2，C-3，C-6にもまた「犠牲者」として認められたという通知が続々と届いた。しかし，B-5とC-4の「申告書」に対しては委員会からいかなる結果通知も届けられなかった。息子（B-8とC-7）が提出した父親（B-5とC-4）の「犠牲者申告書」に対して，最初の4・3実務委員会においての審議では「犠牲者」としてスムーズに認定されたが，済州4・3委員会の傘下にある犠牲者審査小委員会ではB-5とC-4が「果たして正しい犠牲者なのか」をめぐって激論が交わされたのであった。

　第1章第4節で検討したように，済州4・3委員会は，「犠牲者」を選別するための「犠牲者の審議・決定基準」の一項目に，事件によって人命被害が発生したとしても，「南労党済州道党の核心幹部や武装隊の首魁級等」の一員であったことが「客観的に」判明し，「軍・警の鎮圧に主導的・積極的に

---

9) B-5は1948年4月3日の武装蜂起を主導し，その後においても対政府闘争を引率した「武装隊」の中心人物である。駐韓米陸軍司令部の「日々情報報告」や「武装隊」側が作成した「済州道人民遊撃隊闘争報告書」にも彼の組織内の役割が確認できる。その他，金奉鉉・金民柱（1963：89）や金奉鉉（1978：117）などがまとめた「南労党済州島委員会の指導幹部」リストにもB-5の名前が確認される。C-4は「武装隊」の〇〇面責任者であった。「討伐隊」（第2連隊）出身の李潤は，2002年に出版した自身の回顧録『陳中日記』にC-4が率いる「武装隊」を「一網打尽」にしたと書いている。

対抗した」，あるいは「自由民主的基本秩序および大韓民国のアイデンティティを毀損した」とされる場合は，「犠牲者から除外する」と明記している。通常一人の「犠牲者申告書」の受理から事実確認―審議―決定―通知までおよそ2～4年がかかるが，「犠牲者からの除外対象」に該当する案件についての処理は「犠牲者であることが明白な対象者」（済州4・3委員会 2008：151）より遅くならざるを得なかったわけである。

一方，犠牲者審査小委員会の内部では，反「暴動論」側委員の主導のもとで「除外対象」に該当する「南労党済州道党の核心幹部や武装隊の首魁級等」を「除外」させないための工夫が模索された。済州4・3委員会の全体会議で当該案件が「公式議題」として上程されてしまうと，「不認定」になることは火を見るよりも明らかだったからである。それで，代案として出されたのが，済州4・3委員会の全体会議の席上での本格的な「審議・決定」の前に秘密裏に申告者を説得・懐柔し自ら申告を撤回させることであった。「犠牲者」に編入されうる「住民」や「討伐隊」とは異なり，「南労党済州道党の核心幹部や武装隊の首魁級等」には，このように自ら申告を撤回するか，それとも「不認定」になるかという二者択一的選択しか認められなかったのである。

済州4・3委員会の専門委員を務めた金鍾旻は次のように語る[10]。

> 「暴動論」を堅持する右翼側の攻撃が一貫して続く中，「武装隊の核心幹部」に分類される者たちをいかに処理すべきかについて，犠牲者審査小委員会が熟慮した結果出された最も現実的な案は，遺族に対して近親者の申告を撤回するように勧告することであった。そうしなければ，彼らの申告は，最終的に「不認定」となることが明らかな状況であった。それが「不認定」という最悪の状況を避けるための次善の策だったのだ。

---

10) 金鍾旻は同委員会の首席専門委員であった梁祚勳とともに，「過去清算」プログラムを構想・実行することにおいて中核的な役割を果たした人物である。委員会が刊行した12冊の『済州4・3事件資料集』をはじめ，『済州4・3事件真相調査報告書』（2003）と白書『和解と相生』（2008）の執筆においても中心的な担い手であった。彼へのインタビューは2009年2月28日と2011年9月29日に済州4・3委員会の事務室で行われた。

結局，犠牲者審査小委員会は「除外対象」の基準に抵触する「申告書」に対する「次善の策」として，申告者に当該申告を撤回するよう勧告する方針を固めた。そして，2006年6月頃から「申告書」を提出した遺族を個別に訪問し，当該申告を撤回するよう勧告した。済州4・3委員会がいつからいつまで全部で何人の遺族を訪問し，申告を撤回するよう勧告したかについての関連情報は，一切公開されていない。表3-2と3-3の申告を撤回した7人と，委員会からの撤回勧告を拒否した結果，最終的に「不認定」になった1人は，あくまで筆者の調査で把握できた数である。

　父親の「犠牲者申告書」を提出したB-8とC-7にも「ある日，委員会の関係者を名のるある男性」が訪問し，申告を撤回するように懐柔・勧告した[11]。結局，B-8は，委員会の勧告を受け入れ，6年前に自身が提出した父親（B-5）の「申告書」を撤回するよりほかなかった。自主的な撤回というかたちで申告を無効化させられたのは，表3-3の事例も同様であった。とくに，Lの妹には，「撤回」勧告に応じない場合，最終的に「不認定」になるだろうという「委員会の関係者」からの状況説明が脅迫のように聞こえた[12]。

　さらに，このような済州4・3委員会の一方的な勧告に応じざるを得なかった遺族たちは，自らの撤回を証明する「犠牲者申告撤回書」への署名も求められた。当時，遺族たちには詳細に説明されなかったが，「撤回書」が委員会に受理されるということは，すでに済州4・3平和公園内に設置されていた近親者の位牌が取り払われることを意味する。しかし，ほとんどの遺族が「撤回書」のもつ意味を実感したのは，翌年4月3日に済州4・3平和公園の位牌奉安所で撤去された身内の位牌の代わりに置かれていた空位牌を見てからであった。

　　どんな悔しい気持ちか分かりますか。考えただけでも心が痛んで，どこかに行って訊ねたり，抗議したりする気持ちもありませんでした。いく

---

11) B-8とのインタビューは2010年3月31日に同氏宅で行われた。そして，C-7とのインタビューは2010年8月11日と2011年1月27日，2013年3月28日に同氏宅で行われた。
12) Lの妹とのインタビューは2010年10月7日に同氏宅で行われた。

図 3-5　K 夫婦の結婚写真（1946 年）。K の妻（当時 22 才）は「暴徒の妻」という理由で 1949 年 1 月，村の警察官に逮捕されて殺された。うわさを頼りに，遺族たちは彼女の遺体を村の砂浜で探すことができた（2010 年 4 月 1 日，K の弟嫁提供）。

ら周りの人びとが「暴徒」「暴徒」と蔑視しても，夫の兄の名前は，慰霊祭の名簿にこれまでちゃんと載せられてきたのに，あの書類（「犠牲者申告撤回書」：筆者注）にハンコを押した後から名前がなくなってしまったんです[13]。

我の兄を返せと言ったわけでもないし，見つけくれと言ったこともないんですよ。ただ「犠牲者」として認めてほしいと言っただけなのに，それすら受け入れてもらえないなんて胸が張り裂けそうです。兄を殺した人も兄の位牌を取り去ろうとする人とも同じではないですか[14]。

13）K の弟嫁とのインタビューは 2010 年 4 月 1 日と同年 10 月 7 日に同氏宅で，2013 年 3 月 29 日に K 夫婦の墓で行われた。

第3章 公的領域における「大量死」の意味づけ | 123

図3-6 Kの弟嫁が案内してくれたK夫婦の墓。Kは1949年に済州飛行場で殺害されて行方不明となった。遺族たちは同村のシンバンに頼んでKの魂を移す儀式を行った後、遺体がないまま墓をつくった（2013年3月29日撮影）。

そこ（位牌奉安所：筆者注）に行ってみたら父親の名が外されていました。それを見ると私の父親が今になって死んだようで、死んだ魂が今も隠れているようで、どれほど心が痛むかわかりません。本当に前が見えないほど泣きながら家に戻ってきたことが思い出されます[15]。

今、私の父の位牌が外されているのですか？ もしそのような決定が下されたのなら、政治的な理由によって父親が除外されたのでしょう。現在の政治的状況からすればそうするだろうと思います。非常に腹立たしいといったような気持ちもありません。(…)「申告書を撤回しなければならない」という電話があったから、「撤回してもしなくてもよい」と答えました。(…) 私はもしかしたら被害者の息子であり加害者の息子

14）Lの妹とのインタビューは2010年10月7日に同氏宅で行われた。
15）I-3の長女とのインタビューは2011年2月1日と同年9月22日に同氏宅で、2012年9月13日にI-3夫婦の墓で行われた。

でもあるかも知れません。(…)[筆者に向けて] お父さんに対して関心を持ってくれることは有り難いことですが，これからはこれ以上言いたくないです。(…) 4・3の話しをすると戦慄がはしります。まだぞっとする[16]。

60年前に死んだ人(…) 国を相手で（対抗：筆者注）したことなので法[17]が勝手にしろ。(…) その時は，息子は三歳にも満たないころなので息子には何の罪もない。[筆者に向けて] 息子のところには（調査しに：筆者注）行かないでください[18]。

一方，表3-2と3-3において，「撤回」あるいは「不認定」とされた8人の「死亡（行方不明）の経緯」からも分かるように，「申告書」の記述内容だけでは当該申告対象と「除外対象」の基準との関連性が全く読み取れない。遺族たちが「犠牲者申告書」に記入した内容だけでは，当該申告対象が「住民」か，それとも「武装隊」か明確な判断が不可能なためである。しかし，済州4・3委員会における審議は，各申告者から提出された個々人の「犠牲者申告書」より，すでに委員会が確保していた米軍政の作戦文書や「討伐隊」が「武装隊」から押収した「済州道人民遊撃隊闘争報告書[19]」の内容を優先して実施された[20]。「過去清算」への新しい時代の到来とともに，遺族たちは，近親者の死に浴びせられつづけてきた「暴徒」「アカ」という汚名を晴らそうという意思から「犠牲者申告書」を提出したが，近親者の名前を含むほとんどの情報はすでに審査する側のブラックリストに載っていたのである。

---

16) A-1の長男とのインタビューは2008年2月5日と同年7月23日，2011年9月22日，2012年9月13日に同氏宅で行われた。
17)「国」を意味する。
18) Jの妻とのインタビューは2008年1月23日に同氏宅で行われた。
19)「報告書」の影印本と全文がハングルにあらためられた複製本は，文昌松（1995）によってまとめられた。済州4・3事件当時，禾北 支署の主任だった彼によれば，「この文書の原本は1949年6月7日に警察特攻隊が李徳九（武装隊第二代司令官：筆者注）を射殺する過程で入手し，済州警察庁に保管されていたものであり，筆写本を課長級以上の警察幹部らが所蔵することになった」（済州4・3委員会 2003：187）。

第 3 章　公的領域における「大量死」の意味づけ 125

図 3-7　I 家の家族写真（2011 年 9 月 22 日，I-3 の長女提供）。

図 3-8　I-3 の長女夫婦と次男が案内してくれた祖父母（左上）と父母（右下）の墓。済州と日本に居住する遺族によって見守られてきた。一方，I-3 夫婦の忌祭祀は長年済州で長女が行い，続いて 1960 年頃に日本に密航して定着した次男が引き継いでいる（2012 年 9 月 13 日撮影）。

図3-9　4・3実務委員会委員長の名義でC-7宛に送付された「済州4・3事件犠牲者および遺族の申告に従う不認定通知 (2007年3月23日付)」。「不認定の理由」欄には、「4・3委員会が定めた〈犠牲者からの除外対象の基準〉第2項〈軍・警の鎮圧に主導的・積極的に対抗した武装隊の首魁級等〉に該当する」と書かれている[21]。(2010年8月11日、C-7提供、マスキングは筆者による)

　一方、C-7は2006年6月、こうした委員会による自主的撤回の勧告を拒絶した。その結果、彼の父親(C-4)は、済州4・3委員会の全体会議で「不認定」と確定されてしまった。第1章表1-1に見られるように、「行方不明者」として「不認定」となっている3人の中の1人がまさにC-4なのである。

　　父親が武装抗争に加担し、面単位の指揮者として活動した事実自体を否
　　認するつもりはありません。しかし、父親の死は「討伐隊」との交戦中
　　に発生したのではなく、「討伐隊」に逮捕された後、彼らによって不法
　　に殺害され、失踪させられたものです。これは厳然として国際規約に違

---

20) 済州4・3委員会による「犠牲者の審議・決定基準」の「3. 犠牲者の範囲からの除外対象」には「そのような行為を客観的に立証することができる具体的で明白な証拠資料がなければならない」と明記されているが、その「具体的で明白な証拠資料」については具体的に言及されていない。2009年2月28日に行われた金鍾旻とのインタビューによれば、「当時、犠牲者審査小委員会の内部で〈具体的で明白な証拠資料〉の定義をめぐって激論が交わされた。結局、米軍政の作戦文書と〈武装隊〉から押収した〈済州道人民遊撃隊闘争報告書〉を〈具体的で明白な証拠資料〉と見なすことに辛うじて合意がなされた。両資料が他のものに比べてより実証性の高い資料として認められたからだ」。

反することです。にもかかわらず、4・3委員会は決して父親を「犠牲者」として認めないという立場です。(…) 父親の申告を撤回するように4・3委員会の関係者が私にも何度も訪れたことがあります。彼らは「撤回」を一貫してまるで遺族と死者のための配慮対策であるかのように説明しましたが、そもそも「撤回」というのは、「犠牲者の審議・決定現況」(第1章表1-1：筆者注)の統計に「不認定」という項目の数値を出さないことで、4・3委員会における「犠牲者」の審議がトラブルなく順調に行われているということを対外的にアピールするための方策に過ぎません[22]。

6 戦略としての二律背反性

確かに遺族第一世代は、殺害された近親者の事件経験を「申告書」というかたちで公式文書化するにあたって、望ましい「犠牲者」像と、その対極のイメージである「アカ」「暴徒」の像という双方へ配慮せざるをえなかった。このことは1960年の「良民虐殺真相糾明申告書」と2000年代の「犠牲者申告書」の両方から確認できる。

まず、「良民虐殺真相糾明申告書」においては、済州4・3事件における武装蜂起や対政府闘争と深い関係があった近親者の存在が確認できないことが

---

21) 済州4・3委員会の全体会議で「不認定」された後、C-7は異議申立てを行ったが、それも却下された。済州4・3委員会委員長の名義でC-7宛に送付された「済州4・3事件犠牲者の再審議に従う決定通知 (2007年10月9日付)」と「済州4・3事件犠牲者の再審議に従う決定事由通知 (2007年11月20日付)」にはより詳細に却下の理由が述べられている。「申告犠牲者○○○は武装隊勢力がほとんど瓦解した時点まで武装隊○○面党の委員長を務めるなど、指導的な位置にあった。1949年5月26日、第2連隊が武装隊の宿営地を把握して武装隊員30人余りに対する掃討作戦を展開した際に逮捕された。このような事実から見て、わが委員会が定めた〈犠牲者の範囲からの除外対象〉基準第2項 (軍・警の鎮圧に主導的／積極的に対抗した武装隊の首魁級等) に該当し、済州4・3事件の犠牲者と認めなかった元の決定を覆す理由は見当たらない。」(2010年8月11日C-7提供、○は筆者による)。その後、C-7は委員会を相手に行政訴訟を起こしたが、結果は変わらなかった。
22) C-7とのインタビューは2010年8月11日と2011年1月27日に同氏宅で行われた。

指摘される。そこにはひたすら純粋な「良民」として認められうる家系成員のみが申告されるだけであった。さらに，申告されなかったB-5やC-4の存在は，「暴徒の家族」という理由で殺害されたB-1とB-2，そしてC-1とC-3の「良民虐殺真相糾明申告書」の中の「遺族の状況」欄からもその存在が確認できない。「犠牲者申告書」においても遺族第一世代が凝らした様々な工夫をうかがい知ることができる。何よりも事件以後，数十年にわたって（そして今も続く）「アカ」嫌悪が根強い反共社会を生き抜いてきた彼／彼女たちの経験知がこのような記述戦略をとらしめたと考えられる。しかし，大抵の場合，こうした記載内容の工夫をもってしても，「犠牲者からの除外対象」の遺族から提出される「申告書」は，断片的に「体験を改変させた記述」として解釈される場合が多い。

ところで彼／彼女たちは，なぜ近親者に対する「アカ」「暴徒」というラベリングから意図的に距離をおこうとしてきたのだろうか。

> 父親は，（日本の植民地支配から：筆者注）解放されると日本から帰ってきて自分の故郷に学校を建てて後学を養成するために身命を捧げた方です。4・3事件のせいで，島に閉じ込められて逃げるところもなくて，無実の罪で亡くなった方です[23]。

> 率直に言うと，私も直接見なかったので，当時兄が何をしていたか正確に知ることはできません。兄に関する記憶は学校に出勤する姿しかないです。その時は，状況が混乱したら日本に行こうと船まで買っておいた状態で，はたして兄が無謀に山に入ったでしょうか？　まだよくわかりません。たとえそこに（武装抗争に：筆者注）参加したとしても，ほかの人の言葉に乗せられたのではないでしょうか[24]。

「犠牲者申告書」を提出した遺族たちへのインタビューでは，近親者に対

[23) I-3の長女とのインタビューは2011年2月1日と同年9月22日に同氏宅で，2012年9月13日にI-3夫婦の墓で行われた。
24) Lの妹とのインタビューは2010年10月7日に同氏宅で行われた。

するこうした社会的評価がすべて外部から押し付けられてきたイメージであること，遺族の記憶の中で近親者はただ本格的な武装抗争に参加する前の日常生活での姿が繰り返し強調されていた。このように，済州4・3事件の時期に，彼／彼女たちが近親者と一緒に送った日常生活についての記憶のうち，武装蜂起や対政府闘争に関する記憶は，ほとんど存在しないように見える。ある日，身内が家を出た記憶，そしてその次には殺害された現場を目撃したり，行方不明のうわさを聞いたことしかなかったからである。それゆえに，遺族にとって「武装隊」とかかわる近親者の活動の履歴とは大体うわさをもとに再構成されたものであった。にもかかわらず，近親者に対する世間の負のイメージが存在していることをいったん認めたうえで，「犠牲者申告書」に体験を記述するにあたって審査する側から問題視されると思われる内容を意図的に除去しようとしたのである。そうして，ひたすら無辜の「犠牲者」として「公認」を得るための立証行為へと向かったのである。

　もちろん，「武装隊」とその家族，そして嫌疑者すべてが，韓国政府による鎮圧作戦のターゲットになった事件当時から今日にいたるまで，彼／彼女たちが体験や記憶を改変しなければ生きぬくことができなかったのは否定することのできない事実である。しかし，このように抑圧的に体得されてきた自己表現や立証の実践を「虚偽の申告」とのみ決めつけてしまうのは，逆に「過去清算」の負の側面を見過ごすことにつながるのではないだろうか。

　体験や記憶を捻じ曲げることは，黒いものを白だとしてしまうことではない。「アカ」や「暴徒」と一方的に意味づけられる事実は残像として存在しており，遺族たちは「犠牲者」認定のために「申告書」における記述を工夫しながらも，なおその残像とともに生きてきたことは否めない。こうした遺族第一世代の二律背反的対応こそ「過去清算」の社会的意義と，その産物としての「犠牲者」を別の角度から理解し，さらに済州4・3事件以後を生き抜いてきた人びとの主体性に対する再検証の必要性を示唆するものではないだろうか。

　このように，反共社会を生き抜くために抑圧的に体得された知と工夫が，「過去清算」期において近親者を「犠牲者」として公認させるという申請行為に活用されたと考えられる。そのため，「犠牲者申告書」の中で，遺族第

一世代は，例えば，近親者が生前に米軍政と大韓民国政府による鎮圧作戦に対して抵抗したり，内乱を企図しながら新しい政府の正統性に異議を申立てた側面などはひとまずは前面に出さない。つまり，「アカ」「暴徒」ではなく，思想的な純潔性を孕んでいる「犠牲者」であるという記述が一貫して採用されているのである。近親の死者や行方不明者を「犠牲者」として，申告者本人をその「犠牲者」の「遺族」として公認させることが，遺族第一世代の立場では，達成すべき当面の急務であるからである。

7 行間を読み解く

　本章では，済州4・3事件終了後，韓国の公的機関が実施した「過去清算」への取り組みを，申告者として，そこに参入する遺族第一世代の立場から考察した。

　殺害された近親者を公的な「犠牲者」の範疇に編入させるための申請行為に伴う遺族の実践を理解することは，まさに「申告書」が言外に語っていることを読み解くことであろう[25]。済州4・3事件以後を生き抜いてきた遺族第一世代は，「申告書」といった媒体を通して，公的領域に回収される「正しい犠牲」への意味づけに一方では積極的に参入しながらも，他方では体験の立証と死の定立などにおいて法・制度が志向する理念とは相容れない，各々異なる振る舞いを駆使してきたからである。そこからは，公的機関への「申告書」の提出において発揮された死の意味づけや体験の改変，記録間の一致と不一致という，記述内容の真偽判断を問う実証主義的方向性とは異なり，済州4・3事件以後を生き抜いてきた遺族第一世代の巧みな知恵と，幾度も訪れる困難と危機を乗り越えるためのたくましさをうかがい知ることができるだろう。

---

25) 申請するという行為のもつ両義性について冨山（2002：284-285）は次のように指摘する。「文書化された申請の外の領域に声を押し込め，その声を申請が代弁するという，この声と申請の分担関係は，文書化された申請こそ真の民衆の声であり，現実を反映しているのだという転倒を生むだろう」。

表 3-2 と 3-3 からも分かるように，遺族第一世代が済州 4・3 委員会に提出した「犠牲者申告書」には，「除外対象」に抵触すると予想される体験は漏れる一方で，受難の物語が強調されることで，全体的なストーリーが捻じ曲げられる傾向がみられる。このことは，国家権力の組織的な介入や関与によって引き起こされた近親者の人命被害について，事件以後においては国家の「正当性」に回収させようとする強制力と秩序に，時に順応し，時に抵抗しながら，「転倒されない生活者の便宜，必要，それに有用性」(松田 2009：172) によって近親者の死を再定位しようとする動きとして読み解くことができよう。

遺族第一世代が民主主義体制への「移行期」前の段階で作成・提出した「良民虐殺真相糾明申告書」と，その後の「過去清算」期における「犠牲者申告書」を通して駆使した近親者の死あるいは行方不明の意味づけを時系列で検討してみると，従来の「移行期正義」論が設定してきた済州 4・3 事件以後の社会像を再検討する必要があることがはっきりする。このことは，事件以後を単に「沈黙」から「発言」への転換という段階論的進化の図式に再構成しようとする「過去清算」論の有効性の限界を示す。

その際，「申告する」という行為は，ある意味で，ナショナリズムを扇動する国民国家の統治プロパガンダに加担するための企図として評価されるかもしれない。しかしこの試みは他方で，近親者の死の意味づけと事件体験の再構成，ならびに肯定的な未来をつくり上げる行為であり，一方的に強制されたものではない。むしろ受容のなかに主体性を発揮する能動的な実践であると考えられる。こうした体験記述上の工夫を凝らす行為主体の視点からは，「闇から光へ」というような単線的移行論だけでは説明できない，従来の「移行期正義」をめぐる議論の中でほとんど取り扱ってこなかった，紛争後社会を生き抜いてきた遺族第一世代の経験知のダイナミズムを解明することができると考える。

第 4 章 —— 家系記録から読み直す虐殺以後

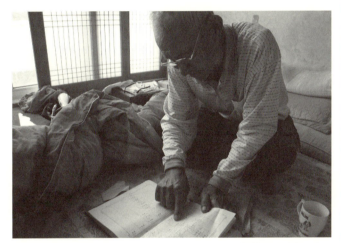

済州4・3事件とは全く関係のない、ランダムな「死亡日時」に「本籍地で死亡」したと死亡届が出されたのとは異なり、遺族第一世代が記した族譜と墓碑には、家族・親族集団内で記憶し継承すべき「事実」が確認できる。自家の族譜を示しながら語るF-7（2009年9月29日同氏宅で撮影）。図4-10～11参照。

1 国家権力に抗する民衆の経験知

　前章までの考察を踏まえ，本章では，済州4・3事件の傷を抱えた遺族第一世代が，生活世界において，どのように近親者の死あるいは行方不明を意味づけてきたのかという点についてより深く掘り下げていきたい。まず，国家権力による組織的な集団殺戮を経験した家族・親族集団の家系記録を検討対象として，この民間人の大量死が，生き残った成員＝遺族第一世代によってどのように意味づけられ，表現されてきたかを明らかにする。そのうえで，こうした遺族第一世代による意味付与の工夫と国家権力から押しつけられる死の意味形成との間で生起する摩擦や葛藤の分析を通して，家族・親族集団の維持・継承の危機にどのように対処してその危機を人びとがどのように乗り越えることができたのかについて考察する。

　具体的には，済州4・3事件当時から現在にいたるまで，遺族第一世代によって書き記されてきた（死亡届による）除籍謄本と族譜，墓碑上の死や行方不明の記録について相互に比較分析する。そこで確認される死や行方不明の記され方やそれぞれの記録の間にみられる相違点と一致点，また家族・親族集団のローカルな場において創造・運用されてきた記載実践から，虐殺以後を生き抜いてきた人びとの能動的な生活戦略を解明し，国家からの理不尽な暴力を正当化しようとする企てに抗する民衆の経験知の可能性を展望する。

2 家族・親族集団の記録資料

　済州4・3事件以後の村落社会（マウル）をフィールドとした研究には，遺族第一世代の微細な実践を描いてきたものがある。クッ（シャーマニズムの祭祀）を通じて心の傷，怨恨の感情を癒し，タブー視されてきた過去の記憶を継承する女性たちの宗教実践[1]（金成禮 1989；1991）や，事件による暴力経験と苦痛を家族生活や経済活動の文脈から解釈する女性たちの証言（李ゾ

ンズ 2000，庾喆仁 2004），夫を亡くした経験を共有する「ホルオモン（寡婦）ネットワーク」という新たな人間関係によって村落共同体を再建した事例（李ゾンズ 1999，金成禮など 2001）などである[2]。こうした女性による実践は，しばしば男性優位の儒教的道徳観にもとづく社会秩序と政治史・社会運動史を中心とする歴史記述にあって，周縁領域として位置づけられてきた。しかしこれら先行研究では，そのような周縁における実践から，政治的な解釈や評価とは一致しないオルタナティブな歴史認識の枠組み，さらには破壊された地域社会の修復と再創造の可能性を模索している。

　本章では，これら先行研究の視点を引き継ぎつつも，管見の限り従来の4・3事件研究において検討されてこなかった家族・親族集団の記録資料である除籍謄本と族譜，墓碑を取り上げつつ，各々の家系記録から読み取られる死あるいは行方不明の意味づけへの実践に注目する。朝鮮・韓国の家系記録に関する多くの先行研究において，戸（除）籍は官製記録として国家（権力）による国民（民衆）の支配に正当性を与え，族譜は儒教的家父長制の維持装置となるものとして解釈されてきた（佐藤 1973，崔弘基 1996，嶋 2010，遠藤 2013 など）。また，このような構造的分析を行うだけではなく，これらの記録資料を通じた，生者（子孫）による死あるいは死者（先祖）の意味付与を取り上げた研究もある。家族・親族集団の記録資料を創氏改名といった氏族集団における危機に対処するための方便（板垣・水野 2012），あるいは先祖への追慕・記念行為（本田 1993，嶋 2010）として，また生者による意思表示のメディアという側面（李仁子 1996）から分析した研究は，本章の課題設定と資料の分析において大いに参考とすべき点がある。

　しかし，これらの記録を権力の維持装置とみるにせよ，あるいは生者によ

---

1) 金成禮（1999：263-267）は，このようなクッを「真正な哀悼儀礼」として分析し，「クッは4・3の惨酷に対する証言であり，4・3を哀悼する真正な意味の追慕の再現（memorial representastion）（…）巫俗的な再現は，〈許しと和合〉の言葉で飾られた国家暴力の公式的再現に対抗することでイデオロギー的効果を得る」と説明する。また女性に限定したものではないが，文武秉（2011）は，クッが4・3事件によるトラウマを癒し，無念の死を遂げた人びととの物語を再構成する可能性を有することに注目する。
2) 伊地知（2004）は，済州4・3事件について直接的に触れてはいないものの，植民地支配の経験や解放後の急激な政治的変動などと絡み合って翻弄されながらも，ローカル・コミュニティが向き合う現実に柔軟で創発的に対処する人々の姿を描き出した。

る死者への意味付与の媒体とみるにせよ,いずれの視点も組織的で大規模な暴力と人命被害による直接的な影響を十分取り上げているとはいえない。例えば,板垣・水野と李仁子の議論においての記録資料は,植民地支配や戦時体制,済州4・3事件,朝鮮戦争などがその背景として取り上げられており,ともに抑圧体制と構造的暴力を前提としているが,そうした抑圧と暴力を直接には論じていない。これに対して本章では,暴力の被害者個々人を調査の対象として,系譜の断絶や死の意味づけについての権威的な押し付けのような極度の危機に直面した家族・親族集団の記録資料の意味分析を試みようとする。

その中でもとくに,本章で取り上げる家系記録の大多数が,反共を国是とする抑圧的な政治体制下で,「タブー視される死者」を成員とする家族・親族集団によって記されてきたということは,その意味分析において重要な観点であるといえよう。悲劇的な「大量死」を社会の中に位置づける際には,支配的なイデオロギーとの間でパラダイムの衝突が生じる(Kwon 2006:4-5)。その際に発生するイデオロギー闘争は,家系記録に殺害された近親者の死を記す行為においてミクロな政治性を生じさせる。「大量死」についての解釈の衝突や不一致をめぐって,支配イデオロギーと親族集団の論理との間に,葛藤と亀裂が発生するからである。後述するように,殺害された日時や場所の記載の正誤によってその死が国家の承認を受けられるかどうかが決定される。それゆえに,家系記録に成員の死を記す行為もまた,単に死者への思いを表現する私的で情緒的な問題に留まらず,より先鋭的な政治性を帯びるようになるのである。

以上の議論を踏まえて,本章では,遺族第一世代が家系記録における家父長的正当性を活用しながら,各々の記録資料における規定とは異なる活用法や機能を創案・運用してきた諸実践に着目することで,彼/彼女たちによって事件以後におけるローカルな知の生成と実践がなされてきたことに焦点を当てたい。

3 民間人の死の多重性と死後処理の複雑さ

3.1 「不当で悲痛な死」

　1948年8月の大韓民国政府成立以後，国民と規定された人びとは国家による死への意味付与と処遇の枠組みのなかに存在することになった。現代韓国社会において済州4・3事件にまつわる死者についての記憶は，「共匪」（武装隊）ないしは「殉国者」（討伐隊）という二つのカテゴリーに分類されてきた（朴賛殖 2011：97）。実際，「武装隊」との交戦中に発生した「討伐隊」員の死への対処は，迅速かつ厳かに行われてきた。彼らは「反共戦士」や「殉国先烈」，「護国英霊」といった反共社会の英雄として祀りあげられ，慰霊・顕彰するための行事も韓国各地の国立墓地（顕忠院など）や忠魂墓地で毎年定期的に執り行われてきた。

　彼らの墓碑に刻銘されている死の記録からは，「不幸な死」や「祖国と民族のための散華」，「名誉の戦死」，「崇高な殉国精神」など，反共分断体制下の国家と地域社会，そして個人（遺族）の間における意味づけを確認することができる。例えば，南元邑忠魂墓地にある元警察官（警衛）の金〇〇と宋〇〇の「殉職碑」の背面には，「愛国理念ニ燃エタ警察精神ノ発露ニヨリ，4・3事件ノイカナル時ニアッテモ共匪ト勇戦敢闘シテ赫赫タル功績ヲ残シ，国家民族ノ干城トナリ，ソノ生キタ忠節ハ千秋万歳ニ永遠ニ光輝カン！／1962年3月1日〇〇二里青婦女会一同建立」と刻まれている（〇は筆者による）。その一方で，彼らに虐殺された民間人の死に対する社会的対応や哀悼の動きが組織化されるようになったのは，1980年代後半の民主化以降のことである。

　人類学者のクォン・ホンイクによれば，ベトナム戦争で武装した兵士たちによって虐殺された平凡な村人たちの死は，戦闘員のそれと比べて「不当で悲痛な死」の意味が付け加えられており，それゆえ死の意味化の過程とその論理が微妙かつ複雑になる。

図 4-1　1961 年 5 月 16 日に軍事クーデターを起こし政権を掌握した朴正熙国家再建最高会議議長が，同年 9 月 8 日，済州市健入洞(コニプトン)にある忠魂墓地を訪れて献花した（国家記録院所蔵，済州特別自治道 2009：23 より再引用）。

民間人の死は悲痛な死（grievous death）であろうが，戦闘員の死には普通こうした特定の観念が適用されない。（…）戦場で兵士が死ぬことは悲劇的であるが不当な（unjust）ことではない。一方，戦争の混乱の中で平凡な村人が死ぬことは悲劇的であると同時に不当なことである。（…）これらの二つの集団にとっては戦死が異なる意味として受け入れられるため，儀礼的にも軍人の死に比べてより複雑な問題になる。不当で悲痛な死の意味が付け加えられるからである」（Kwon 2006：125-126）

戦後ベトナム社会におけるこうした死をめぐる認識の違いは，済州 4・3 事件での民間人の死の多重性と死後処理の複雑さを議論するにあたって参考になる。「両極化された地政学的構造の中で発生した民間人の大量死が，無辜の命の絶滅だけではなく，弔いの社会的土台を破壊した」（Kwon 2006：127）状況は，済州 4・3 事件においても同様であるからである。上述した通り，この事件の傷痕は単に民間人死者の遺族たちにのみ残っているわけでは

図 4-2　1962 年に設置された朝天邑忠魂墓地には，済州 4・3 事件や朝鮮戦争，ベトナム戦争などで戦死した 70 名の地元出身の軍人と警察，郷土防衛隊員の墓と墓碑が確認される（2012 年 9 月 11 日撮影）。そのうち，筆者の調査では，済州 4・3 事件に関わった者が 10 名であった。済州道内には，済州市と翰林邑，涯月邑，安徳面，南元邑など 14 か所の忠魂墓地が建てられている。

ない。国との雇用関係または類似の関係があって戦死した「討伐隊」員が属する親族集団にも，事件による系譜の空白と悲劇的な死についての記憶が存在するからである。

　ただ，「討伐隊」によって虐殺された民間人の死あるいは行方不明についての処遇や認識においては，異なる対応が模索されてきた。当該遺族にとっては，近親者の死あるいは行方不明が，「暴徒」「アカ」と見なされる「武装隊」側のそれとは異なるものであったことを証明するため，より敏感に対処せざるを得なかったのである。

3.2　異常で不穏な死

　済州 4・3 事件における民間人の「不当で悲痛な死」により複雑な対処の模索が求められたのは，次の二つの特性からであろう。まず第一に，虐殺に

第 4 章　家系記録から読み直す虐殺以後　141

よる家族・親族集団の継承者の空白は，死後処理や系譜秩序において多くの混乱をもたらした。とくに，行方不明のため死者として扱わざるをえない場合，死亡したことは明らかでも遺骸がない場合は，通常と異なる死後処理が求められた。たとえ儒教的死生観における非正常な死に対する対処[3]があるとしても，虐殺から逃れた人びとのうち，とりわけ死亡届の提出や族譜の編纂，建墓・建碑[4]といった経験が少ない女性や子どもたちにとっては，困難な課題となった。さらに，村落共同体のようなローカル・コミュニティの中で事件について多様な解釈と評価が生まれ，加害と被害をめぐる個々人の怨恨の感情や恐怖の記憶が複雑に錯綜することが多かったため，地縁論理による共同祭祀もまた容易ではなかった[5]。そのため，生き残った人びとは，以前とは異なる対処方法を考え出さざるを得なかったのである。

　済州 4・3 事件における民間人死者および行方不明者についての対処がより困難であった背景として，第二に，家族・親族集団の成員が「アカ」「暴徒」と蔑称されたり，「不純分子」や「敵」の嫌疑がかけられたりした場合，そうした不穏な死についてはことさらに慎重な対処が必要であったことを指摘できる。先述したとおり，「アカ」「暴徒」として殺害された民間人たちは，軍事独裁体制下では「正しくない死者」「タブー視される死者」として，「新しい反共国家というアイデンティティを汚染する存在」（金成禮 2005：236）に違いなかった。とくに，行方不明者については，逃避先として想定される日本や北朝鮮などから島に残された親族たちと内通しつつ，いつでも反共社会の秩序を瓦解させうる潜在的な「敵」とみなされてきたため，行方不明者の遺族たちにはより厳格かつ継続的な監視と統制が敷かれ

---

3)「異常死した死霊は，とくにあの世へ行き難く，この世をさまよいながら，近親に乗り移って思い残したことを果そうとし，いろいろ災害を与えると信じられている。正常死した死霊も無事にあの世まで送るために，十王マジ（siwang-maji）という巫俗供養儀礼をシンバン（巫）にやってもらうが，異常死した場合は，とくに，念入りにしなくてはならない。」（玄容駿 1977：256）。
4) 韓国の墓は，少なくとも本書が対象としている時期には，土葬の土饅頭型が主流であって，石碑である墓碑が必ず立てられるわけでない。『新版 韓国 朝鮮を知る事典』（2014：449-450）には「墓の前には石の祭床（供物を捧げる台）や墓石が立てられ，大きなものになると望柱石や石像などで飾る」と記述されている。
5) 地縁原理にもとづいた共同畑であるケワッ（契畑）の運用が，4・3 事件の影響で崩壊した事例もある（髙村 2004：26）。

た。

　「討伐隊」員の死も民間人の死も，ともに暴力的な状況下で発生した死としては同等であるにも関わらず，「討伐隊」員の死のみが国家によって正当性を担保されてきた。それゆえ，民間人身分の死者あるいは行方不明者を出した家族・親族集団にとって，成員の死あるいは行方不明の意味づけとは，反共社会における政治状況や主流の歴史認識，世間の評価などを考慮しながら，そこに相応しい工夫を凝らすべき事柄として取り扱わざるをえなかった。

4　家系記録に書かれた虐殺の記憶

4.1　除籍謄本，族譜，墓碑

　遺族第一世代を中心とする親族集団の生活世界において，近親者の死および行方不明の処理には，いかなる工夫が凝らされてきたのだろうか。ここからは，各々の家系記録別に記載されている死や行方不明の記録を相互に比較することを通して，虐殺直後から現在にいたるまでの遺族第一世代による死の意味づけの実例について検討する。

　次の表4-1は，除籍謄本と族譜，墓碑という3種類の資料に記載されている民間人の死や行方不明に関する記録である。これらの資料は，筆者がこれまで済州道（2003年9月から）と大阪市（2009年6月から）などで行ったフィールド調査で収集した23家族，134名の記録のうち，3種類の資料すべてが確認できたケースのみを抜粋し，その9家族，26名の記録をまとめたものである。出生届が出されていない，あるいは出される前に殺害されたため戸籍自体が存在しない乳児のケースや，死亡届を出す遺族すら殺害されてしまった一家全滅のケース，族譜の記載対象とならなかった娘や乳幼児の記録，行方不明になったため墓や墓碑が建てられなかったケースなど，資料の閲覧ができないケースは，この表から除いた。

　資料のすべては，済州4・3事件の民間人被害者の調査過程で知り合った

第4章 家系記録から読み直す虐殺以後

表4-1 民間人死者や行方不明者の家系記録

表記		被害類型	除籍謄本	族譜	墓／墓碑文
家	成員				
A	1（男／35歳／既婚）	行方不明→死亡	1954年12月16日午後5時南済州郡○○邑○○里2○9○番地デ死亡（1955年3月11日）	忌8月10日（2005年）	なし／なし
	2（女／30歳／既婚）	行方不明	1955年1月18日上午10時南済州郡○○邑○○里2○9○番地デ死亡（1955年3月28日）		なし／なし
B	1（男／81歳／既婚）	死亡	1953年4月18日午前6時本籍地デ死亡（1953年4月25日）	戊子12月19日卒／忌12月18日（2001年）	あり／1948年陰12月19日生ヲ終エタ（1981年春）
	2（女／76歳／既婚）	死亡	1953年4月13日上午10時本籍地デ死亡（1953年4月20日）	忌12月26日（2001年）	あり／1948年陰12月27日生ヲ終エタ（1981年春）
	5（男／36歳／既婚）	行方不明	1953年4月14日上午1時本籍地デ死亡（1953年4月20日）	1949年8月11日卒（2001年）	あり／1949年8月11日生ヲ終エタ（1981年春）
	7（女／19歳／未婚）	死亡	1953年4月12日午前4時本籍地デ死亡（1953年4月20日）	〈未記載〉	あり／なし
C	4（男／27歳／既婚）	行方不明	1949年7月14日午前9時南済州郡○○邑○○里1○8○番地デ死亡（1969年12月23日）	卒1949年7月15日（2005年12月20日）	なし／なし
D	2（男／28歳／既婚）	行方不明→死亡	1956年10月1日午前12時南済州郡○○邑○○里9○3番地デ死亡（1958年9月18日）	1950年庚寅6月15日卒／事變死（1995年乙亥4月11日）	あり／なし
	4（男／20歳／未婚→既婚）	行方不明	1949年10月17日午後5時50分仁川少年刑務所病室デ死亡（1949年10月31日）	1950年事變死／忌8月27日（1995年乙亥4月11日）	なし／なし
	5（女／17歳／	行方不明	1973年3月8日10時南済州郡○○邑○○里	1950年事變死／忌6月22日	なし／なし

		未婚→既婚)		2○8番地デ死亡（1976年7月22日）	（1995年乙亥4月11日）	
	8（男／3歳／未婚）	死亡	1949年11月30日午後1時南済州郡○○邑○○里1○1○番地デ死亡（1949年12月28日）	〈未記載〉	なし／なし
E	1（男／30歳／既婚）	行方不明→死亡	1950年9月26日下午8時南済州郡○○邑○○里1○5○番地デ死亡（1958年9月9日）	忌6月14日／註4・3事件ニヨル生死不明（1997年丁丑11月15日）	あり／なし
	2（男／27歳／未婚）	行方不明	〈未記載〉	忌12月26日／註4・3事件ニヨル生死不明（1997年丁丑11月15日）	なし／なし
F	1（男／28歳／既婚）	死亡	1965年7月7日南済州郡○○邑○○里1○3○番地デ死亡（1965年12月17日）	己丑7月21日卒（1988年戊辰7月）	あり／4・3事件當時○○洞西紀1949年己丑陰7月21日被殺（2001年辛巳陰3月清明）
	2（女／27歳／既婚）	行方不明	1964年10月27日南済州郡○○邑○○里1○3○番地デ死亡（1981年10月27日）	戊子12月24日卒／遺骨ナシ（1988年戊辰7月）	4・3事件時○○瀑布デ西紀1948年戊子陰12月24日悲惨卒（2001年辛巳陰3月清明）
	3（女／29歳／既婚）	行方不明	1949年12月19日下午3時南済州郡○○邑○○里1○3○番地デ死亡（1949年12月24日）	1948年戊子12月24日卒／カリ墓（1988年戊辰7月）	あり／3位ハ済州4・3事件當時○○浦○○瀑布所デ西紀1948年戊子陰12月24日悲惨ニ卒ナサル（2001年辛巳陰3月清明）
	4（女／69歳／既婚）	行方不明	1949年12月20日下午7時南済州郡○○邑○○里1○3○番地デ死亡（1949年12月24日）		
	5（女／53歳／	行方不明	1949年12月4日下午8時20分南済州郡○○	戊子12月24日卒／カリ墓	あり／済州4・3事件當時○○浦

第 4 章　家系記録から読み直す虐殺以後

	既婚)		邑〇〇里1〇3〇番地デ死亡(1949年12月6日)	(1988年戊辰7月)	〇〇瀑布所デ西紀1948年戊子陰12月24日悲惨ニ卒ナサル(2001年辛巳陰3月清明)
	6(女／69歳／既婚)	行方不明	1951年12月17日南済州郡〇〇邑〇〇里1〇3〇番地デ死亡(1961年9月29日)	戊子12月24日卒／カリ墓(1988年戊辰7月)	あり／済州4・3事件時〇〇浦〇〇瀑布デ悲痛ニ死去サレン屍體確認ナラズ(1999年己卯春清明)
G	1(男／52歳／既婚)	死亡	1958年10月25日午後2時北済州郡〇〇面〇〇里6〇番地デ死亡(1958年10月28日)	1948年戊子12月19日卒(1990年)	あり／戊子12月19日同卒ナサル(1983年春)
H	1(男／22歳／未婚)	死亡	1948年12月17日時間不詳南済州郡〇〇面〇〇里番地不詳デ死亡(1949年12月27日)	4・3事件時11月25日卒(1979年己未)	あり／1948年戊子年11月27日(1977年丁巳4月5日)
	2(男／19歳／未婚)	死亡	1948年12月18日午後4時南済州郡〇〇面〇〇里2〇9番地デ死亡(1949年12月29日)	11月18日惨死(1979年己未)	あり／1948年戊子11月18日他界ナサル。公ハ4・3事件惨死ニヨリ早夭サレン、嗚呼ラ(2003年清明日)
I	1(男／55歳／既婚)	死亡	1957年12月7日午後5時北済州郡〇〇邑〇〇里〇〇〇〇番地デ死亡(1961年7月10日)	〈未確認〉	あり／1948年戊子12月7日卒(1982年春)
	2(女／56歳／既婚)	死亡	1958年3月20日午後8時北済州郡〇〇邑〇〇里〇〇〇〇番地デ死亡(1961年7月10日)	〈未確認〉	あり／1948年戊子12月7日卒(1982年春)
	3(男／30歳／既婚)	死亡	1957年5月14日午後4時北済州郡〇〇邑〇〇里〇〇〇〇番地デ死	〈未確認〉	あり／1950年5月14日卒(2004年3月6日)

			亡（1961年7月10日）		
4（女／26歳／既婚）		死亡	1957年7月18日午後3時北済州郡○○邑○○里○○○○番地デ死亡（1961年7月10日）	〈未確認〉	あり／1948年戊子12月12日卒（2004年3月6日）

＊「○」は筆者による伏せ字。
＊「成員」欄の丸括弧には「性別／死亡あるいは行方不明時の年齢／婚姻の有無」順に表記。
＊「除籍謄本」欄の丸括弧には死亡届が出された日を表記。「族譜」欄と「墓碑」欄の丸括弧には各々の記録が作成・公開された日を表記。
＊原文上の檀紀は西暦に，漢数字はアラビア数字に，ハングルはカタカナにあらためて表記。
＊上記の「戊子」は「1948年」を，「己丑」は「1949年」，「庚寅」は「1950年」を意味する。
＊「㉂」と「㉘」は原文表記のまま。

　遺族第一世代から提供を受けた。一部のインフォーマントは，大阪市に居住していたため，除籍謄本は「駐大阪韓国総領事館」で発給されたものを入手し，族譜は自宅に所蔵されているものを閲覧した。墓碑については，すべて済州道にあるため，インフォーマントの紹介で済州道に居住する（在日親族の代わりに墓地を管理している）親族を通して確認した。
　表4-1は，いずれも調査時点での最新の情報をまとめたものであるが，死亡届の提出によって作成された除籍謄本上の死亡記録は，そのほとんどが虐殺事件が引き起こされた1949年当時から1970〜80年代までのものである。通常，一世代（30年）ごとに改纂される族譜と，改築時に以前のものを地中に埋める慣習がある墓碑についても最新版の記録を採用した。これらの各媒体は，親族成員の出生から婚姻，死亡日時ばかりでなく，墓地の所在地や忌祭祀[6]の実施日といった死後儀礼に関する情報が集約・網羅されている。家系記録の総体といえるだろう。
　これら個人情報が列記された家系記録のほとんどは，インフォーマントの血縁ネットワークを介することなくしてはアクセスすることができない。例

---

6) 死亡日，あるいは推定日の前日の夕方から翌日の午前零時過ぎまでにかけて行われる命日を指す。「先祖に対する祭祀の種類は，概ね忌祭と茶礼，墓祭に大別することができる。忌祭祀は，亡くなった日の早暁に行う祭祀として，朝鮮中期以降は四代捧祀を原則としている。済州島の場合は，財産の均分相続と忌祭祀の分配とが一般に行われ，特定の子孫に偏重，あるいは固定されない流動性を特徴としている」（李昌基1999：187-228）。

えば，役所に所蔵されている死者や行方不明者の除籍謄本を閲覧するには，請求資格を持つ直系血統の遺族が同行しなければならない。ほとんどが山奥にある先祖の墓や墓碑も，その家系後裔の案内がなければ探し当てることは困難である。また，そこには済州4・3事件にまつわる死者や行方不明者の記録だけではなく，親族成員の創氏改名から離婚，複数の配偶者，婚外子，養子などといった非常にプライベートな事柄まで記載されているため，親族以外の者が閲覧することは非常に難しい。さらに，これらの資料は，事件に関する政治的緊張や歴史認識の変化と絡み合ったセンシティブな内容も含まれており，第三者の閲覧は困難なものとされている。

表4-1で着目すべきは，同一人物の死や行方不明に関する記録の食い違いが，各媒体，とりわけ除籍謄本と族譜・墓碑との間で著しい点である。本章の主眼は，資料の真偽を見極めることそのものよりは，各々の資料の性格に基づいた記録の間にみられる齟齬，つまり除籍謄本とその他の二つの資料との矛盾に着目することにある。それに加えて，文字記録とインタビューによる証言記録との比較，3種類の家系記録と他の公的資料との比較も試みる。

ここでは，B家とD家の二つの事例を中心に考察する。

4.2 B家の事例

「武装隊」の幹部であったB-5が武装蜂起決行のために入山したために，村に残された親族たちが彼の身代わりとして軍人たちによって銃殺された。「代殺」といわれるこのような虐殺の方式がとくに広範囲に行われたこの村

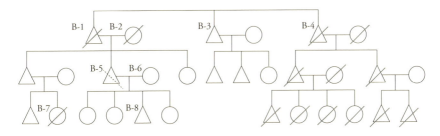

図4-3 済州4・3事件にまつわるB家の家系図（1949年）

は，長い間「無男村」と言われてきた。

　図4-3からも分かるように，長男系では，「武装隊」活動のため山に入った次男（B-5）の身代わりとして，父（B-1）が1948年12月19日に村内の畑で，母（B-2）と姪（B-7）が各々同年12月27日と11月27日に隣村の海辺で銃殺され遺棄された。同じ村で暮らしていた三男系（B-4）の家族はほぼ全滅した。但し，次男系（B-3）の家族だけは日本に居住していたため被害を免れた。行方不明であったB-5については，済州飛行場に連行されて軍によって殺害されたということを，生き残った家族たちがうわさを通して知るにいたった。これを受けて，1953年4月20日と25日に彼の妻（B-6，1983年死亡）が出した死亡届にもとづく除籍謄本には，家族たちが同年同月12日（B-7）と13日（B-2），14日（B-5），そして18日（B-1）に「死亡」したと記載されている。ところが，族譜と墓碑ではそれとは異なる卒年月日や忌日が確認される[7]。

　B-5の両親の場合はすぐ遺体を探し葬ることができたが，行方不明状態のB-5については1981年になって村の共同墓地の中に墓碑だけが建てられた【図4-9】。なお，B家の族譜は，男性子孫とその配偶者のみが記載の対象になっており，娘のB-7の名前と彼女の死に関する記録は記載されなかった。その後の儀式は，B-1とB-2，B-5の忌祭祀や墓参りはすべてB-6が執り行い，続いてB-8（1942年生）がその役割を継ぎ，2011年にB-8が亡くなってからはその子孫たちによって担われている。

4.3 D家の事例

　次に取り上げる事例はD家である。図4-4で示すように，D-1（1982年死亡）の2人の息子は事件に巻き込まれて行方不明となった。D-1は嫁（D-3，1922年生）と相談し，長男（D-2）が隣村の警察署に監禁された後に殺害されたと判断し，その後1958年9月18日に村の役所に赴いて，息子が「1956年10月1日午前12時自宅デ死亡」したと届け出た。ところが，D家の族譜には，除籍謄本とは異なる記録（1950年庚寅6月15日卒／事變死）が

---

[7]「卒年月日」は実際の死亡日あるいは死亡したと見なされる日付を，「忌日」は忌祭祀を行う日付を意味する。

第 4 章 家系記録から読み直す虐殺以後 | 149

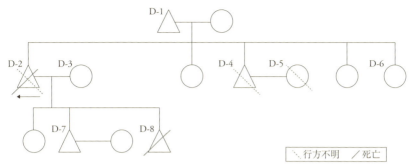

図 4-4 済州 4・3 事件にまつわる D 家の家系図（1960 年代）

図 4-5 A-1 や B-5, C-4, D-2, E-1, K, L などが虐殺されたといわれる済州飛行場（現在の済州国際空港の南北滑走路の北側）で行われた遺骸発掘。「過去清算」のプログラムとして, 2005 年から 2011 年まで行われた「4・3 犠牲者遺骨発掘事業」で約 390 体の遺骨が発掘された（2008 年 12 月 29 日撮影）。

確認される。また次男（D-4）は懲役 7 年の刑を言い渡された後, 仁川少年刑務所に監禁され病死したが, 遺体は家に戻されず, 死亡届のみが刑務所長から送られてきた。

D-1 をはじめとして生き残った家族らは, 未婚のまま行方不明となった

図 4-6 行方不明者の遺族らを対象に行われた採血(2007 年 8 月 1 日「済州市保健所」で撮影)。2016 年 11 月時点で 92 体が DNA 鑑定のうえ身元が確認されている。

次男が無縁故死者(無縁仏)にならないよう,事件に巻き込まれ行方不明になった隣村の女性(D-5)の母と相談し,2 人の霊魂間の婚儀を執り行った。従来,夭折者への対処として未婚の死者の間で行われてきた死霊結婚が,虐殺直後には遺族第一世代によって援用されたのである。この婚姻は,2 人の除籍謄本上には記載されておらず,ただ族譜にのみ夫婦として記載されている。彼らの甥(D-7,1943 年生)は,自身の父とその叔父夫婦の忌祭祀を祖父(D-1)と母(D-3)の後を引き継ぎ 30 余年間にわたり行っている。高齢の D-3 に代わって筆者に一族の履歴を話してくれた D-7 は「叔父夫婦の忌祭祀は今後も自分の息子たちに継承されるため,わざわざ 2 人の養子縁組などする必要はなかった」と述べている[8]。当時 3 歳であった彼の弟(D-8)は,「避難途中に母に背負われたまま餓死したので,当時死体を埋めて仮墓を造ったが,歳月が流れるにつれてその場所も分からなくなった」という。

---

8)竹田(1990:192-198)によると,済州道の死霊結婚では,慰霊・解冤の目的よりは入養・立嗣が強く意識される。しかし D-4 と D-5 の場合は,祭祀担当者がすでに決まっていたため養子を取る必要がなかった。

第4章 家系記録から読み直す虐殺以後 | 151

行方不明となったD家の3人については，遺体がないため墓も墓碑も作ることができなかった。

その後，虐殺地と推定されてきた済州国際空港で2009年に大量の遺骸が発掘された。D-6とD-7が採血からDNA鑑定を依頼した結果，D-2の遺骸を確認することができた[9]。2010年5月，60余年ぶりに遺骸となって帰ってきた父親のために，D-7は，3日間の葬式を執り行った後，家族共同墓地に埋葬したが，まだ墓碑は建てられていない。

5 ローカルな場における死の意味づけ

5.1 虚偽の作法

虐殺から辛うじて生き残った人びとにとって，戸（除）籍は単に官製記録に限定されない意味を持つ。それには「入山した暴徒の家族たちを探し出す」という名目で，戸（除）籍を手にした「討伐隊」が「武装隊」やその家族，協力者を探し出すために村を歩き回った記憶が鮮明に残されているからである[10]。遺族第一世代にとっての戸（除）籍は，いわば「殺生簿[11]」といっても過言ではない。軍人たちが村を去ってようやく近親者の死後処理が可能になり，遺族第一世代による死亡届の提出によって各戸の戸（除）籍も整理されることになった。そこには次のような特徴が読み取れる。

まず，行方不明者についてもその死亡届が出されることによって，記録上では「死亡者」とされていることである。これについて，B-8とD-7は各々次のように語る。

---

9) 表4-1のA-1とE-1も同様のプロセスをへて身元が確認できた。
10)「鎮圧軍は（…）家族のうちで青年が一人でもいなくなっていれば，〈逃避者家族〉として銃殺した。（…）住民を集結させ，戸籍と照らし合わせて逃避者家族を探し出した」（済州4・3委員会 2003：391）。
11) 2011年2月2日に同氏宅で行われたインタビューで，D-7は，「戸（除）籍に従って殺される側とそうではない側がはっきり分けられたのは，まるで『殺生簿』じゃないですか」と語った。

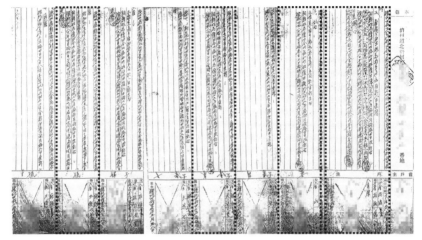

図 4-7　B 家の除籍謄本。右から点線の枠内にある B-1 と B-2, B-5, B-7 の家族成員が済州 4・3 事件で殺害された(2010 年 3 月 31 日, B-8 提供, 点線およびマスキングは筆者による)。

母親は, もしかすると父親が帰ってくるかもしれないと待ったのですが, ついには亡くなったのだと思いきって, その当時射殺された他の家族たちと一緒に父親の死亡届を出したようです。届出日に近い任意の日に死亡したことにしたのではないかと思います[12]。

事件がやっと収まったかと思うとすぐさま同じ村出身の警察官が我家の戸籍を手にして, 行方不明になった父を探すためにほぼ毎日家に尋ねて来ました。「もしかして北側（北朝鮮）や日本に逃げて生きているのではないか」「行方が分かりながらも隠しているのではないか」などと厳しい取調べが繰り返されて, 母が毎日泣いていた記憶があります。「お前たちが捕えて連れて行ったからお前たちのほうがよく知っているんじゃないか」と叫びたかったんですが, そんなことは言えなかったんですね。延々と続く警察の取調べと監視に, もう我慢ができず, 祖父と母親が村の役所に行って父親の死亡届を出しました。それ以後は警察が家

---

12) B-8 とのインタビューは 2010 年 3 月 31 日に同氏宅で行われた。

第4章 家系記録から読み直す虐殺以後

に尋ねて来ることはありませんでした[13]。

　遺族第一世代にとって行方不明者を「死亡者」へと変貌させるのは，本人の長期にわたる不在のためのみではない。生き残った家族たちは，方便として死亡届を提出することによって，死んでしまった「アカ」「暴徒」に対する取調べが収束するということを見抜いていたのである。

　その後，1960年に国会で「良民虐殺事件真相調査特別委員会」が設置され，済州でも「良民虐殺真相糾明申告書」の受付が始まった【第3章第3節を参照】。D-3も同会に夫の被害状況を記した「申告書」を提出したが，そこには「（夫が）1950年6月に家を出てから消息がない。生死確認だけでもしてほしい」と書かれている。これは，彼女がその2年余り前に提出した「1956年10月1日午前12時南済州郡〇〇邑〇〇里9〇3番地デ死亡」という死亡届の記述内容と矛盾する。こうした記述の差異は，虐殺以後の激動期を見つめ，敏感に対処しながら生き抜いてきた遺族第一世代の工夫の一つであった。

　生き抜き方としての作為はこれに留まらない。実際の生死確認とは異なり，除籍謄本に記載されている「死亡」日時は，かつての事件とは無関係のように装われている。表4-1の除籍謄本上の死亡時期のうち，ほぼすべてが済州4・3事件（公式には，1947年3月1日から1954年9月21日まで），とりわけ討伐隊による「焦土化作戦」によって集中的に虐殺が行われた時期（1948年10月から翌年2月まで[14]）を避けた日付となっている。行方不明であった父（D-2）について，除籍謄本には「1956年10月1日午前12時」に

---

13) D-7とのインタビューは2011年2月2日に同氏宅で，2011年3月31日に済州地方法院で行われた。
14) 「1948年11月から1949年2月まで約4ヶ月の間に広がった強硬鎮圧作戦の時，ほとんどの中山間マウルが焼けて消えるなど，済州道はそれこそ焦土化した。とくに11月中旬以前には，主に若い男性たちが犠牲になったのに対して，強硬鎮圧作戦時には討伐隊が老若男女の区別なく住民たちを銃殺したことによって，済州4・3事件の犠牲者の大部分がこの時に発生した。本委員会に申告された犠牲者の統計を見れば，15歳以下の子ども全体の犠牲者のうち，1948年11月から1949年2月までの犠牲者が76.5％を占める。また，61歳以上の犠牲者ではこの期間に76.6％が犠牲になった」（済州4・3委員会 2003：293）。

「死亡」したと記載されていることについて，D-7 は次のように語る。

> 祖父から聞いた話なんですが，当時，村の役所の知り合いが黙認してくれて可能だったそうです。今になって振り返れば，まったく嘘の記載だと言われるかも知れないです。今は「4・3」「4・3」と，誰でも言えるような世になりましたが，当時は「4・3」の「4」も恐ろしかった時代でした。あの時亡くなったと言えば，理由の如何を問わず「アカ」「暴徒」になってしまうからです。そのように（除籍謄本上の虚偽記載を：筆者注）しなかったら「連座制[15]」による身元調査によって，その後，私も村の役場で勤めることができなかったかも知れません[16]。

1980 年 8 月に「連座制」は公式に廃止されたと発表されたが，近親者の不穏な死が遺族たちの現在と未来を絶対的に左右してしまうような状況は，その後も続いていた。4・3 事件にまつわる身内の死者や行方不明者との関連が問われることで，能力本位の社会進出が遮られる事例が頻繁にあったのである[17]。しかし彼／彼女たちは，虚偽の死亡届を出すことによってはじめて反共社会の中で生き抜くことが可能になったのである。遺族第一世代が除籍謄本に「事実」を記載することによって，近親者の不穏な死を明確に意味づけようとする動きは見られない。むしろ，「理由の如何を問わず〈アカ〉〈暴徒〉になってしまう」現実を受容する一方で，何らかの作為を施すことによって死者と生者との両者を事件から遠く隔てる方途を探ったのである。

除籍謄本における事件と無関係な死に見せかける作為は，死亡時期に留まらず場所にも及ぶ。本籍地あるいは生前の居住地を死亡地として記載したの

---

15) 犯罪人と特定の関係（主に，肉親）にある人に連帯責任を負わせて処罰する制度をいう。大韓帝国時代の「甲午改革」（1894 年～1896 年）によって名目上は廃止されたが，その後も公式・非公式にその効力を発揮していた。
16) D-7 とのインタビューは 2012 年 9 月 14 日に同氏宅で行われた。
17) 済州 4・3 委員会（2003：500-508）によれば，「保安監察」及び「要視察」による被害，身元調査による各種の入学・就職試験及び職場での不利益，出入国時の制限による被害などの事例が「連座制」による被害として取り上げられる。

である。韓国政府による討伐作戦が繰り広げられている中で，多くの遺族第一世代は，近親者の死がそのターゲットになった「アカ」「暴徒」の不穏な死として扱われてしまうことをすでに熟知していた。そのため除籍謄本において，実際の砂場や畑，滝，飛行場などではなく，「家での死」と記載することで，近親者がかつての事件とは無関係であることを公に証明しようと試みたのである。もっとも，実際に家で虐殺された事例がないわけではない。表4-1のG-1は，ある日突然家に侵入した軍人たちによって殺害された。そして除籍謄本においても，そのように記載されているのだが，その一方で日時には操作が加えられたことが分かる。死亡時点として，「事実」とは全く関係のない，ランダムな日付と時刻が記載されているのである。しかし，それはあくまでも事件と無関係であることを証明するための目的志向の記載だったのである。

　以上の民間人の「死亡」に関する除籍謄本上の記録は，すくなくとも彼／彼女たちの死や行方不明に直接的な影響を与えた済州4・3事件と無関係のように思われる。時間的であれ空間的であれ事件に関わった家系とは乖離しているように装った記録は，抵抗よりは受容を，衝突が予想される「事実」よりは「偽り」であっても，近親者を事件から解放すると同時に，虐殺以後を生き抜いている自分たち，さらに来るべき子孫たちの未来までもを念頭においた遺族第一世代の工夫の所産であった。

5.2 事実を銘記する

　しかしながら，遺族第一世代による近親者の死や行方不明の記録が，もっぱら虚偽の記載であるわけではない。公的性格の強い除籍謄本とは異なり，行政側に公開する必要がほとんどない族譜と墓碑には公的な記録と異なる記載実践を認めることができる。父系血統を重視する済州島を含む朝鮮半島の文化圏[18]では，族譜と墓碑といった家族・親族集団内で共有，継承される家系記録は，大きな権威を持つものである。それは単に氏族員の系譜が集約・網羅されている家族誌という理由からだけではない。忌祭祀の日付や先祖の遺体の埋葬墓地の所在など，死後儀礼に必要な諸情報が記載された唯一の文字記録が，近親者（の死や行方不明）についての記憶を儀礼空間の中で再現

図 4-8 B-8 氏宅で行われた調査で、一家の族譜を見せてくれた（2010 年 3 月 31 日撮影）。

することにおいて事実性を付与するからである。そこには、遺族第一世代が除籍謄本には決して残していない事実が銘記されている。

　族譜と墓碑上での死や行方不明の記録には、次のような特徴が読み取れる。まず第一に、表 4-1 でも明確に確認できることなのだが、除籍謄本上の死亡日時と族譜・墓碑上の卒年月日あるいは忌日との相違が著しい。例えば B-1 の場合、除籍謄本上の死亡日が事件とは全く無関係の「1953 年 4 月 18 日午前 6 時」であるのに対し、族譜と墓碑では虐殺現場から生還した同じ村

18）人類学や社会学の既存研究において、済州島は、朝鮮半島の「陸地部」よりも父系出自以外の原理による血縁関係を重視すると報告されてきた。金昌民（1992：112）によれば、済州島の親族は労働力の動員という必要性のため、成員権を制限する集団としての親族（父系親）よりは、クェンダンと呼ばれる父母双系的集団にもとづく人間関係を重視するという点で、「陸地部」の両班村とかなり異なる。一方、金惠淑（1999：449-459）は、儒教的な家父長制の価値観が重視される儀礼／公的次元（韓国文化との同質性）と男女の共同性が具現される日常的次元（韓国文化との異質性）とが相互牽制しつつ平衡を保つことが済州島の家族とクェンダンのもつ特性（二重構造性）であると説明する。ただ、佐藤（1973：143）が指摘するように、儒教的観点から見れば父系出自による家系の継承は「陸地」と変わらない。

図 4-9　村の共同墓地の一角に位置している B-5 の追慕碑（2015 年 11 月 27 日撮影，マスキングは筆者による）。1981 年春，B-8 と女兄弟 3 人が建てた。碑文には次のように刻まれている。「オ父様ハ○○后人トシテ號ハ靑陽デアリ済州ニ入島ナサッタ○○○○○○○○御祖父様ノ二十一世孫デアル。祖○○公祖母光山金氏ノ二男トシテ西暦一九一三年十二月九日ニ誕生，成長ナサル。済州○氏○○公ノ長女○○ヲ迎エ入レ，日本ニ渡日・留学ナサッテ帰国後ニハ，○○面ノ財務係長ト○○国民学校ノ期成會長ヲ歴任シナガラ青年運動ト郷土発展ニ一身ヲ捧ゲル。膝下ニ一男三女ヲ設ケタガ，○○ト○○　○○　○○デアル。（…）志半バニシテ一九四九年八月十一日生ヲ終エマシタノデ，トテモ悲シク思イマス。オ父様ノ意ヲ称エルタメ私ドモ兄ト妹ガ真心ヲ込メテココニ碑ヲ建立シテ永遠ニ追慕シマス」（○は筆者による）。

人たちの証言にもとづく「1948 年陰 12 月 19 日」と記載されている。生き残った嫁（B-6）は，この日付にもとづいて毎年陰暦 12 月 18 日の夕方から舅の忌祭祀を営んできた。近親者の死が確認された直後の混乱の最中に寄せられた最も信頼に足る伝聞情報が，遺族第一世代の内部で共有され，今日にいたるまで死者を弔い想起するための意味をもつ日付として継承されているのである。

　さらに，行方不明者の場合は，死亡者とは異なる死の意味づけへの試みがうかがえる。多くの場合，当事者の誕生日（E-2）や最後に家を出ていった日（D-2）といったように，行方不明の直接的な原因とは関連性が低くても

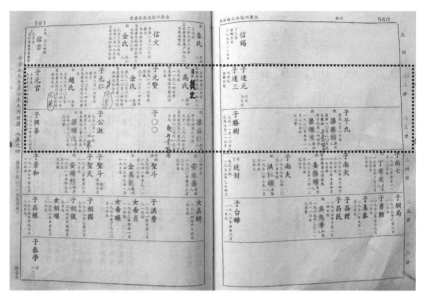

図4-10 点線枠内にある「二二世」と「二三世」の親族成員が済州4・3事件に巻き込まれた。それゆえ、他の世と比べて行方不明者が多い。行方不明者の名前の横に、「가（カリ）墓」や「유골없음（遺骸ナシ）」とF-7が手書きで書き加えたのが確認できる（2012年9月27日撮影、点線およびマスキングは筆者による）。

遺族第一世代にとって近親者を想起し得る日付が採用されているのである。その他「村のシンバンが教示してくれた日」（C-4）や「近所の警察官が仄めかしてくれた日」（A-1）、「収監されていた警察署から飛行場（虐殺場所）に連行されたと聞いた日」（B-5）などを卒年月日として受け入れたり、忌祭祀を行う日として決めたりする場合もある。行方不明者にとっての卒年月日や忌日のもつ意味は、彷徨う魂を家に呼び入れて食事をふるまう巫俗的な意味の癒しに加えて、彼／彼女たちを先祖代々の系譜に編入することにおいても不可欠なプロセスになる。死亡者であれ、行方不明者であれ、そのいずれもが除籍謄本には任意の「死亡日」を記すと同時に、一方では族譜と墓碑に実際の（受け入れられる）日付情報を明確に記載してきたのである。

　第二に、死者や行方不明者を含むほぼすべての家族歴が制度（権力）側にそっくりそのまま曝される除籍謄本とは異なり、親族集団のような私的な性格を帯びた領域では、遺族第一世代による意図的な「偽装術」は必要とされ

図 4-11　F 家の行方不明者たちのホンミョ（虚墓）群（2009 年 9 月 23 日撮影）。

なかったと考えられる。因みに，このような記載実践は，死や行方不明に対するより積極的な意味付与にも見られる。D 家の族譜には「事變死」と記され，F 家の墓碑には「被殺」や「悲惨ニ卒」，「悲痛ニ死去サレン屍體確認ナラズ」と刻まれていることが確認できる。

　それと同様に，済州で虐殺された弟と従弟の忌祭祀を長年にわたって大阪市で行ってきた H（男，1916 年生）は，族譜と墓碑にそれぞれ「4・3 事件時 11 月 25 日卒」（H-1）や「11 月 18 日惨死」（H-2），「4・3 事件惨死ニヨリ早夭」（H-2）と書き入れた。その中でも，「惨死」という表現について彼は，「（人が）死ぬ時ではないのに心ならずも死んだ」という意味で記載したと説明する[19]。族譜と墓碑には，実際の（あるいは推定される）卒年月日に留まらず，事件との関連や遺体の有無，さらに暴力的な時空間を近親者とともに体験した遺族第一世代が死や行方不明に対する自分なりの解釈と意味付与，つまり心情の記憶が，積極的に付け加えられているのである。

---

19) H とのインタビューは 2012 年 8 月 25 日と同年 12 月 29 日に同氏宅で行われた。

第三に，遺族第一世代の工夫は韓国社会の民主化とそれに伴う4・3事件についての政治的・社会的な認識の変化に敏感に対応しているといえる。族譜の増補や墓・墓碑の建立および改築に合わせて，従来の記録への付加が，積極的に試みられてきたからである。それはある時点の暫定的な「死亡」と任意の「死亡日時」に固定されている除籍謄本上の記録とは異なる実践であろう。とくに，この事件についての「過去清算」への機運が盛り上がった1990年代半ば以降に作られた族譜と墓碑には，近親者の死や行方不明についてより詳細に書かれる傾向がみられる。

　計13人の親族が軍人によって銃殺された後，海に遺棄されたため，遺体の収拾すらできなかったF家の場合，従来は遺体が確保できない行方不明者に対する窮余の策であったホンミョ（虚墓）を導入せざるを得なかった。

> 同行したシンバンによって呼び込まれた魂を遺体の代わりにして墓をつくることができました。遺骸がないため生前の服やゴム靴のような亡くなった人びとの遺物も墓の中に入れることができると聞いたのですが，軍人たちが家に火を放ったために葬るものすら全部焼かれてしまいました[20]。

　F-7（男，1926年生）によると，当初の墓碑には「ただ名前と行方不明となった日付のみを刻み込んだ」という。1988年10月に編纂された族譜（大同世譜）にも行方不明となった推定の日付と墓の所在地のみが記された。ところが1999年と2001年に建て替えられた新しい墓碑には，「4・3事件當時西歸浦〇〇瀑布所デ」や「被殺」，「悲惨ニ卒」というように，以前より具体的かつ詳細に，事実に近い文言が刻銘されている。

　またE-1とE-2の場合も，彼らの行方不明について初めて掲載された1974年版の族譜にはただ忌日だけが書かれていたのに対し，1997年に増補された新版には各々「㊟4・3事件ニヨル生死不明」と，直接「4・3」という文字が登場するばかりでなく，遺体の有無を示す記録まで付け加えられて

---

20) F-7とのインタビューは2009年9月23日と2012年9月27日に同氏宅で行われた。

いる。「忌」と「生死不明」という一見すると矛盾するこのような記録は，彼らが体得してきた族譜の従来の記載方式に変化があったことを示唆する。ただ卒年月日や忌日，墓地の所在地程度の情報に限定されていた記載の慣習が，近親者の死や行方不明に対する社会的評価の変化を経験することによって，死と死後，行方不明とその以後についてより具体的な追記や書き換えが試みられているのである。

2010年に発掘された遺骸のDNA鑑定により父（E-1）の身元を確認した息子（1943年生）によれば，同年に遺骸を引き取ってまず「長い間望んでいた墓をつくった」が，建碑についても「現在，構想中である」という[21]。今後，増補されるE家の族譜と直系の子孫たちが主導して建てられるであろう墓碑に，近親者が虐殺された時点と場所，死因を含む行方不明以後の軌跡がどのように記載されるのかについては，これからのフィールド調査においても重要なポイントになるであろう。

6 経験知の生成と実践

以上のように，済州4・3事件にまつわる民間人死者および行方不明者の除籍謄本と族譜，墓碑とでは，各々記録の整合性に齟齬が見られる[22]。除籍謄本であれ，族譜と墓碑であれ，そのいずれもが遺族第一世代による死の意味づけのための工夫が反映されたものであるが，「偽装」と断絶が駆使された除籍謄本とは異なり，族譜と墓碑には親族集団内で記憶し継承すべき「事実」が刻まれてきた。さらに，民主化以降の多様化する歴史認識に伴って，死や行方不明の状況記述がより詳細になったり，「4・3」という文言が付け加えられたりするなど近親者の死や行方不明についての新たな評価がなされる傾向も見られる。

---

21) E-3とのインタビューは2010年3月31日に済州市庁で，2011年2月2日と同年9月14日に同氏宅で行われた。
22) 筆者の調査において各々の記録の食い違いは，3種類の資料がすべて確認できていない場合からもうかがい知ることができる。その大半は，除籍謄本上の記録と遺族へのインタビューによる証言記録との間の齟齬である。

これは，あくまでも，複数の記録媒体が属するそれぞれの領域における規範に対応しながら，遺族第一世代が意識的に創造してきた齟齬なのである。父系出自原理を重視する親族集団内の規律と，反共イデオロギー（「アカ」嫌悪）が根強い社会体制との間には緊張関係があり，それは状況によっては先鋭化し，その狭間を生きる人びとを苦境に追い込みかねない。こうした緊張関係の中で，それらを調整し創意工夫を凝らしながら，その生死の経験を刻む人びとのぎりぎりの戦略，それが遺族第一世代の独創的な死の意味づけの齟齬，あるいは複数性をもたらしたものであった。紆余曲折はありながらも，局面によって死の意味づけを異にすることを通して，現状の衝突を回避し巧みな知恵を発揮しながら，危機に直面した親族集団の修復と再生の可能性を絶えず模索してきたのである。これは，近親者の死や行方不明を国家の「正当性」のために再利用しようとする上からの強大な力とせめぎあいながら，生活上の有用性のために，身内の死あるいは行方不明を再定位しようとする遺族第一世代の実践であると言えよう。
　こうした虐殺以後を生き抜いてきた遺族第一世代の振る舞いは，国家からの理不尽な暴力に対する民衆の経験知の可能性を想像させる。それは，もしかするとすでに虐殺現場の銃口の前で，あるいは殺害された身内のそばで，もしくは，倒れた人びとを放置したまま路上を転々とする中で体得した知であるかもしれない。圧倒的かつ一方的な上からの力の前で，遺族第一世代が駆使してきた不服従，あるいは受容や黙認，断絶の実践を通して，済州4・3事件の傷を抱えた家族・親族集団は，はじめて虐殺以後の反共社会の中で生き抜くことが可能となったのである。

第2部 沖縄戦と台湾2・28事件

第2部では，序章で示した問題提起を踏まえつつ，第1部での議論から得られた知見を整理し，より多角的な考察を試みるために，沖縄戦と台湾2・28事件の事例を参照軸として用いたい。

　言うまでもなく，各々の紛争における民間人の「大量死」のもつ性格や歴史的意義を同一線上で比較・検討することはできないであろう。しかし，そのいずれもが，激動期における中央権力による人民統治のシステムの下で暴力的に引き起こされたものであることは否定できない[1]。地域住民による自治的な意思表明や脱植民地化の動きは制約され，監視の対象とされ，最終的に島嶼地域は紛争に巻き込まれておびただしい数の人命が失われ，共同体の分裂につながった。その過程で，地方あるいは辺境（島嶼）に対する中央（陸地，本土，大陸）の差別的な視線にもとづく「討伐」「鎮圧」「玉砕」という「同一化と排除」の論理が顕在化し[2]，植民地支配による搾取空間は，戦場へ，あるいは大量殺戮の場へと変容していったのである。

　帝国日本の統治下にあった東アジア諸地域において，1945年は「終戦」「敗戦」あるいは「解放」「光復」「独立」（植民地支配の終焉）と認識されている。しかし，済州島や沖縄，台湾といった帝国日本の周縁島嶼部の視座に立てば，植民地体制から冷戦体制への移行は，駐屯占領軍が入れ替わったに過ぎず，占領は連続的なことであって，新たな支配構造への強制的編入を意味するものに他ならなかった。占領下の暴力的・抑圧的な統治システムは持続し，地域を捉える「植民地主義的視線」もまた一貫して維持される中で，当事者たちもやはり占領経験の連続線上での紛争，いわゆる生活空間の破壊や家族・親族成員の喪失などを経験したのである。

　一方，この三つの地域は，厳しい軍事的緊張が持続しているにもかかわらず，

---

1) 徐玄九（2014：82）によれば，各地域における民間人の「大量死」は，「国民国家外部の〈敵〉による犠牲ではなく，国民国家の〈英雄〉たちによって行われた〈虐殺〉であり，それは，その地域に属する国家の性格を決定づけた」。
2) 屋嘉比（2009）は，金成禮（2001）の議論を参照しながら，済州4・3事件と沖縄戦に通底する住民虐殺の論理を，それぞれ「反共主義」による「アカ狩り」と日本軍による沖縄住民の「非国民＝スパイ」視として明らかにした。

破壊された共同体の修復，共生と和合の実現に向けた様々な試みがすすめられていることが，世界の紛争後社会の注目を集めてきた。しかし現実の問題としては，「戦後処理」や「過去清算」という名目で，国民国家が自らの「正統性」や暴力の「正当性」に回収しようとする強制力・秩序としての記憶の操作，それに対抗する私的記憶の形成・変容との狭間で，体験者であってもかつての自己の経験と記憶が曖昧になり，客観的に整理できていない状況が続いている。それゆえ，紛争と「大量死」の集合的記憶をめぐる「新しい紛争誘発の可能性」を孕んでおり，その「競合する記憶」のダイナミックな生成と変容の解明は，その後につづく「負の過去」克服と清算の実現に向けた方途という面も含めて，現代の紛争後社会を生きる私たちが向き合うべき重要かつ喫緊の課題であるといえよう。

20世紀中葉の体制転換と過度期におけるこの三つの島嶼地域で発生した紛争と大規模な人命の喪失，そしてそうした「負の過去」を乗り越るための取り組みについては，徐勝と金玟煥による国際比較の視点からの実証的分析が蓄積されている。まず，徐勝（2011）は，民間人を対象とした「国家テロリズム」といった「負の過去」を克服するための各国における被害者救済法の比較研究を通して，東アジアにおける平和と人権の実現の方途を模索する。また，金玟煥（2013）は，こうした過去克服策として，各国民国家の「周辺または境界」にあたる地域に建てられている平和公園を，「脱冷戦を志向する勢力と冷戦的思考を固執しようとする勢力間の戦場」という観点から分析する。

これに対し，本書では，先行研究の視点を引き継ぎつつも，それらが見落としてしまっている以下の内容に留意しながら，各国・地域における過去克服策をさらに緻密に考察することを試みる。まず第一に，序章で触れたように，過去克服策としての「死者の犠牲者化」がもたらす「紛争における死者」と「紛争後の政治的な移行期に創り出される〈犠牲者〉」との間の相違と，それが露呈する歴史認識上の諸問題に焦点を当てる。各々の紛争後における政治的な「移行期」において，公式化される「犠牲者」は，かつての紛争にまつわる死者を代弁し，過去への回路を媒介する主要な役割を担わされることになる。さらに，体験世代の減少や高齢化が加速していく中で，紛争がもたらしたおびただしい死者と向き合お

うとするとき,「正しい犠牲者とはいったい誰なのか」という問題をめぐる論争は,各国・地域においても起こりうるものであろう。それゆえ,本書では,公的領域における「正しい犠牲者」をめぐって新たに線引きを定めるシステムがいかに作動し,どのようなプロセスをへて「犠牲者」が創り出されてきたのかという,「犠牲者」創出のメカニズムについての実証的解明を行う。そうすることで,「犠牲者化」が孕んでいる国民国家イデオロギーと,それに起因する新たな歴史認識上の葛藤の諸相を明らかにする。

第二に,上記の先行研究は,あくまでも公的レベルの議論に限定され,近親者の死を意味づける「行為主体としての遺族第一世代」という観点やその実践の意義についての検討が十分ではなかった。第1部(とくに,第3章と第4章)で触れたように,遺族第一世代は,「移行期」に際して公的領域に参入し,そこに近親の死者の居場所を確保しようと取り組む一方で,すでにローカルな場においても死後処理や弔いの場面で死の意味づけを行ってきた。単なるマクロな政策レベルだけではなく,遺族第一世代によるミクロな実践レベルから紛争後社会,とりわけ従来の「移行期正義」論に立脚する「断絶」論的社会モデルの欠陥と,それが見落としてきた紛争以後を生き抜いてきた体験世代の能動的な主体性や自己決定を再考する試みが必要であると考える。

そこで第2部では,上記先行研究が見落としてきたこれらの論点に着目しながら,紛争後社会における過去克服の取り組みを,法・政策の論理と生活世界の視点の双方から考察することを試みる。具体的な実証研究として,済州4・3事件の事例と比較検討し,その異同を通してより幅広い視点からの議論を可能にするために,沖縄戦で戦死した「一般住民」の立場から「戦後処理」と「犠牲者化」(第5章)について考察する。さらに,第6章では,台湾2・28事件に巻き込まれ行方不明になった南西諸島出身者の家系記録を取り上げ検討することを通して,第1部の議論を深化させたい。

第5章 沖縄戦の「戦後処理」と「戦死者の戦没者化」

沖縄戦で家族4人を亡くしたU-4は,「沖縄10.10大空襲・砲弾等被害者会」の一員として,戦争被害者を救済する10万人署名にも積極的に取り組んでいる。署名用紙には,「軍人・軍属・準軍属を手厚く補償していながら戦争の一般住民被害者を全く補償せずに放置することは,憲法の定める法の下の平等に反し,不条理であり,最大の人道問題です」と書かれていた(2013年6月23日「沖縄県平和祈念資料館」で撮影)。第5節参照。

1 戦場体験を記述することの困難さ

　国家暴力による民間人死者が過去克服の取り組みにより「犠牲者」として公認されるということは、単に当該遺族が所定の様式に従って近親者の体験を記述し提出することによって終わるものではない。とくに、第1部第3章で考察したように、生き残った遺族第一世代には、特定の規定や望ましい「犠牲者」像を念頭におきながら、近親者の体験を再構成して記述する行為まで求められる場合が多く、彼／彼女たちが「犠牲者」認定を得るためには、独特の工夫をこらさざるを得なかったことは珍しくないのである。

　本章では、第3章における済州4・3事件の議論から得られた知見をより深めるために、沖縄戦の「戦後処理」の事例を取り上げる。まず、「一般住民」身分の戦死者を対象とした「戦傷病者戦没者遺族等援護法」（以下、援護法）の拡大適用を手がかりに、非戦闘員身分の民間人戦死者を「戦没者」のカテゴリーに編入し公式化するプロセスと、それがもたらす歴史認識上の問題について論じる。そのうえで、こうした「戦死者の戦没者化」をめぐって当該遺族が近親者の戦死をいかに再解釈し、いかに意味づけようとしてきたかについて考察する。

　具体的には、次の二点に絞られる。まず、沖縄戦における戦死者、その中でもとくに同県出身の「一般住民」身分の戦死者についての「戦後処理」を検討対象とすることで、戦死者を「戦没者」として国家の枠組みに回収し、位置づけ・意味づける公定化および公式化のプロセスを検証することである[1]。次に、こうした国家主導の「戦没者化」に参入する遺族第一世代の立場から、申請主義構造の中で翻弄され近親者の死の意味づけや体験記述における主体性を喪失したり、あるいは国家による死の意味化をローカルな場の論理によって捉え返そうとしたりする事象に焦点を当てることを通して、「戦後処理」の法・制度をめぐって行われる死の意味づけについての議論を深める。

---

1) 沖縄戦における戦傷病者のように、生存する被害者もいるが、本書では論外にしておく。

詳細は後述するが,「戦後処理」政策による「戦没者化」が国民国家イデオロギーの維持,強化につながるという批判は,すでに多くの先行研究が指摘してきたところである。本章では,まずナショナリズム批判論に立脚した既存研究の視点を引き継ぎながら,「戦後処理」の法と制度にもとづく「戦没者化」が特定の規定にしたがって沖縄戦の戦死者を分類し均質化・序列化してきたこと,さらに遺族第一世代のローカルな場における死の意味づけを,「戦後処理」の法・制度が揺るがしてきたことについて明らかにする。そうすることで,ナショナリズム批判論に閉じ込められてきた「戦没者化」の議論をより多面的にかつ実証的に検証できるのではないかと考える。

本章の主眼もまた他の章と同様に,戦場で身内を亡くした遺族第一世代の体験談や「申立書」の記述の真偽を見極めることそのものよりは,「戦没者化」に参入する彼／彼女たちの行為に焦点を当てる。そうすることで,戦死した近親者と自身の戦場体験が文字化されていくプロセスと,その過程で発揮される工夫や知恵に注目したい。

本章において分析されるデータは,主に 2009 年 6 月から 2016 年 11 月まで沖縄県で収集した援護法関連の公文書や「戦闘参加者についての申立書」などの文献資料,そして遺族第一世代に対するインタビュー記録にもとづいている。なかでも,「琉球政府社会局援護課」や「沖縄県生活福祉部援護課」などで作成された行政文書は,「沖縄県公文書館」で収集された資料から抜粋したものである。なお,戦死者および遺族の氏名や生年月日,本籍地および現住所などの個人情報は,すでに公文書館側によって「一部公開」や「非公開」とし,マスキングされていた。

2 「一般住民」に対する援護法の拡大適用

1952 年,日本政府は「国と雇用関係又は雇用類似の関係」にあった戦闘員の死者並びにその遺族を救済するために援護法を制定した[2]。当時米国の施政権下におかれていた沖縄は,その翌年から援護法改正に伴ってその事務を琉球政府に委任することとしたが,その中でもまず軍人・軍属(戦闘員)

表 5-1　沖縄戦の「戦後処理」における戦死者の選別と再構成[3]

		1952 年〜	1953 年〜1957 年	1958 年〜現在
本土出身の軍人／軍属等			「戦没者」	
沖縄県出身の軍人／軍属等		非該当	「戦没者」	
沖縄県出身の「一般住民」	「要綱」内	非該当		「戦没者（戦闘参加者）」
	「要綱」外	非該当		

のような直接的な対象者に同法が適用された。そして，表 5-1 に示すように，1958 年からは本来「戦後処理」の法・制度では対象外であった非戦闘員身分の「一般住民」にもその適用範囲が拡大された。

　その背景には，沖縄が「今次大戦において唯一の本土決戦場」（琉球政府社会局 1958：2）として，「県民すべてが〈国土を守り抜こう〉と，戦列に加わった」（沖縄県遺族連合会 1982：92）というロジックが，「戦後処理」において援護法の拡大適用に反映されたことが強く影響している。また 1952 年に結成された琉球遺家族会[4]が，日本政府に戦場の多種多様な傷痕をアピールしつつ，「広範囲の処遇を要望」（沖縄県遺族連合会 2002：70）したこともその一因であろう。一方，こうした「一般住民」への対象範囲の拡大については，「〈圧力団体〉の動きによってなされたであろうことは想像に難しくな

---

2) 援護法第 1 条には「軍人軍属等の公務上の負傷若しくは疾病又は死亡に関し，国家補償の精神に基き，軍人軍属であつた者又はこれらの者の遺族を援護することを目的とする」と規定されている。ただし，援護法の対象は，1953 年に復活した恩給法に移行できない場合に限定される（厚生省社会・援護局援護課 2000：31-33）。

3) ただし，この表を解釈するにあたり，類型化することができない多種多様な戦場の死者たちを考慮しなければならない。たとえば，住民の間で殺しあった場合などがそのようなケースに該当する。もちろん，援護法が対象外とする朝鮮・台湾出身者などもここには含まれない。嶋（1991：196）は，援護法と，そこに内在する申請主義の限界を次のように指摘する。「こうした一般住民の戦死傷者の処理は，あくまで援護法のワク内に限られている。まず，〈戦地〉と規定された時期に，20 種のケースのいずれかに該当し，しかも援護を受けるべき申立人（遺族）と現認証明者が存在しなければならない。これらの要件を充しえない一般住民の戦死傷者の場合は初めから問題にされず，調査の対象にさえならない。たとえば，一家全滅家族の場合，あるいは部隊が存在しない地域での餓死や病死，または遺族が申請する意志がない場合，さらに同法の適用を受ける資格のない朝鮮出身軍部等の場合は一切の記録から除外されたままである。従ってその実数は確認できない」。

4) 1954 年に「財団法人沖縄遺族連合会」と改名して今日にいたっている。

い」(田中・田中・波田 1995：103) という批判的な見解もある。

　これら沖縄側からの強い要求もあって,「国家補償による救済の対象の中では例外的に」(宍戸 2008：123-124),「一般住民」までもが援護法の対象に含まれることになったのである。その後,沖縄からの要求に応えるかたちで,1981 年 8 月からは「幼児で戦闘能力はない」として援護法の適用から除外されていた「6 歳未満」の戦没者,戦場病者に対し,同法の適用が認められた(『琉球新報』1981 年 8 月 18 日付)。保護者が「戦没者」と認められ援護法の対象となる場合,年少者であっても「戦没者」として認められることとなったのである(厚生省社会・援護局援護課 2000：109-110)。

　しかしながら本来,自国出身の軍人・軍属などの戦闘員のみを適用対象とした「戦後処理」の法・制度は,そのまま米国の施政権下にあった沖縄,しかも「一般住民」にまで適用することができず,そのためこのような例外的な適用のための規定を新たに定める必要があった。「国との使用関係」もしくは「国との特別な関係」にあったことをキーワードに,かなりきめ細かい「戦後処理」の網がかけられていったのである(田中・田中・波田 1995：106)。そこで援護法が公認する「戦没者」の項目の一つである「準軍属」の範疇に「戦闘参加者」が加えられることとなった。援護法第 2 条第 3 項(1952 年制定,2014 年最終改正)には,「旧国家総動員法の規定に基く被徴用者若しくは総動員業務の協力者」や「国民義勇隊の隊員」「満洲開拓青年義勇隊の隊員」「事変地又は戦地に準ずる地域における勤務に従事中のもとの陸軍又は海軍部内の有給の嘱託員,雇員,傭人,工員又は鉱員」などとともに,

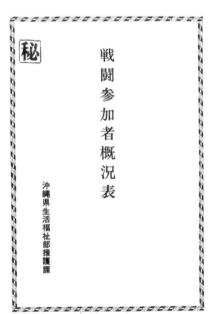

図 5-1 「戦闘参加者概況表」(沖縄県生活福祉部援護課,1980 年 7 月再版)の表紙

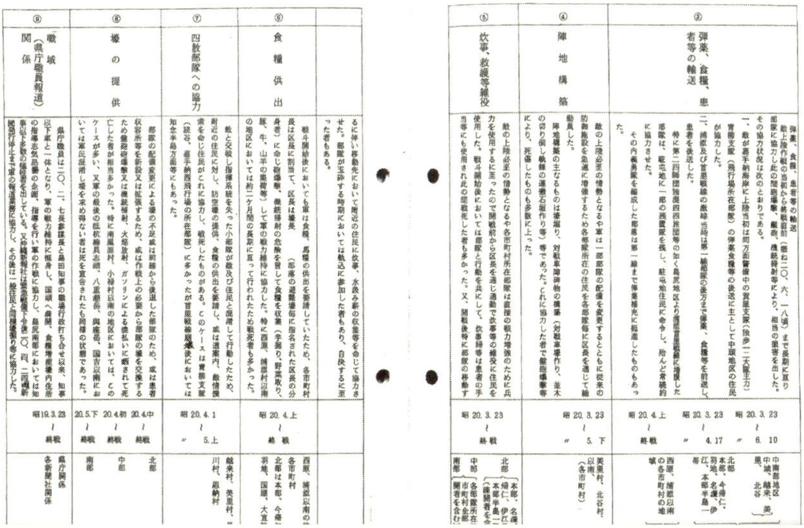

③	弾薬、食糧、患者等の輸送	弾薬、食糧、患者等の輸送 敵上陸作戦の当初から終戦直前（概ね二〇、六、一八頃）まで長期に亘り部隊に協力し此の間砲爆撃、艦砲、機銃掃射等により、相当の損害を出した。その協力状況は次のとおりである。 一、敵が嘉手納海岸に上陸当初は同方面警備中の賀屋支隊（独歩一二大隊主力）晋備支隊（飛行場所在部隊）の弾薬食糧等の後送に主として中頭地区の住民が協力した。 二、浦添及び首里戦線の激戦当時は第一線部隊の後方まで弾薬、食糧等を前送し、患者を後送した。 特に第二四師団独混四四旅団等の如く島尻地区より[illegible]に増援した部隊は、駐屯地に一部の残置隊を残し、駐屯地住民に命令し、殆んど常続的に協力させた。 その内義勇隊を編成した部落は第一線まで弾薬補充に挺進したものもあった。	昭20.3.23 ～ 〃 6.10 昭20.3.23 ～ 〃 4.17 昭20.4.上 ～ 終戦	中南部地区 中城、越来、美里、北谷 北部 本部、今帰仁、羽地、名護、伊江、本部半島一帯 西原、浦添以南の各市町村の地域
④	陣地構築	敵の上陸必至の情勢となるや軍は一部部隊の配備を変更するとともに従来の防御施設を急速に増強するため各部隊所在の住民を各部隊毎に区長を通じて動員した。 陣地構築の主なるものは壕掘り、対戦車障碍物の構築（対戦車壕作り、並木の切り倒し軌条の運搬石垣作り等）等であった。これに協力した者で艦砲爆撃等により、死傷したものも多数に上った。	昭20.3.23 ～ 〃 5.下	美里村、北谷村、以南、（各市町村）
⑤	炊事、救護等雑役	敵の上陸必至の情勢となるや各市町村所在部隊は直接の戦力増強のために兵力を使用するに至ったので開戦前から区長を通じ通勤で炊事等の雑役に住民を使用した。戦斗開始後においては部隊と行動を共にして、炊事婦等は患者の手当等にも使用され此の間戦死した者も多かった。又、開戦後特に部隊の移動するに伴い移動先において附近の住民に炊事、水汲み薪の収集等を命じて協力させた。部隊が玉砕する時期においては斬込に参加した者もあり、自決するに至った者もある。	昭20.3.23 ～ 終戦	北部（本部、名護…帰仁、伊江…本部半島一…（戦闘者を含…） 中部（各部隊所在…市町村全部…） 南部（…闘者を含む…）
⑥	食糧供出	戦斗開始後においても軍は食糧、馬糧の供出を要請していたため、各市町村長は区長に割当て、区長は隣長（部落の避難壕毎に指名された区長の分身者）に命じ砲爆撃、機銃掃射の危険を冒して食糧を収集（芋掘り、野菜取り、豚、牛、山羊の集荷等）して軍の戦力維持に協力した。特に西原、浦添村以南の地区においては約二ケ月間の長期に亘って行われたため戦死者も多かった。	昭20.4.上 ～ 終戦	西原、浦添以南の…各市町村 北部は本部、今帰…羽地、国頭、大宜…
⑦	四散部隊への協力	敵と交戦し指揮系統を失った小部隊が敵及び住民と混淆して行動したため、附近の住民に対し、防空壕の提供、食糧の供出を要請し、或は道案内、敵情偵察を命じ住民がこれに協力し、戦死したものがある。このケースは賀備支隊（読谷、嘉手納西飛行場の所在部隊）に多かったが首里戦線崩壊後においては知念半島方面等にもあった。	昭20.4.1 ～ 〃 5.上	越来村、美里村、…川村、恩納村
⑧	壕の提供	部隊の配備変更による壕の不足或は前線から後退した部隊のため、或は患者収容所等を新設又は拡張するため、或は作戦上の必要から部隊の壕を交換するため艦砲砲爆撃又は機銃掃射、火焔放射、ガソリンによる焼払いに曝されて死亡した者が相当多かった。特に南風原村、小禄村以南の地区においては、このケースが多い、又軍の最後の抵抗線具志頭、八重瀬岳、與座岳、国吉以南においては軍民混淆し壕を求め得ない者は死を宣告されたも同様の状態であった。	20.4.中 ～ 終戦 20.4.初 ～ 終戦 20.5.下 ～ 終戦	北部 中部 南部
⑨	職域（県庁職員報道）関係	県庁職員は二〇、二、七長参謀長と島田知事の職場行政打ち合せ以来、知事以下軍と一体となり、軍の戦力維持に挺身し、国頭へ疎開、食糧増産壕内生活の指導志気昂揚の企画、指導を行い軍の作戦に協力し、島尻南部においては知事以下多数の犠牲者を出している。又沖縄新報社は[illegible]二〇、四、二四沖縄新聞発行停止まで軍の報道業務に協力し、その後は一般住民と同様[illegible]等に協力した。	昭19.3.23 ～ 終戦	県庁関係 各新聞社関係

図 5-2　「戦闘参加者概況表」の本文

「もとの陸軍又は海軍の要請に基く戦闘参加者」を「準軍属」として規定している。ここでいう「戦闘参加者」とは,「陸軍または海軍の現地部隊長の要請に基づいて直接戦闘に参加した一般邦人」で,「日本軍の戦闘を有利に導くため，軍の要請により戦闘を幇助する軍事行動に参加した者」をさす（厚生省社会・援護局援護課 2000：46–48)。

こうした「戦闘参加者」の概念をより具体化するために，厚生省は 1957 年 7 月に「沖縄戦の戦闘参加者の処理要綱」を設けた。そして，この「処理要綱」に「一般住民」の戦闘参加および協力の認定の可否に関して可能とする根拠を，図 5–1 と 5–2 の「戦闘参加者概況表」にあるような 20 種に類型化した。こうした諸規定にもとづいて一人ひとりの戦死者を選別できるプロセスが進められるようになったのである。沖縄県公文書館に所蔵されている「沖縄県生活福祉部援護課」の行政文書にこの「戦闘参加者概況表」を確認することができるが,「壕の提供」や「集団自決」をはじめ各項目別に，具体的な概況と期間，地域（協力市町村）が詳細に規定されている。

また,『援護のあゆみ』（琉球政府社会局 1958：17）には,「一般住民」戦死者の遺族による「申立書」の提出から最終的な弔慰金の支給までのプロセス

が次のように紹介されている（下線は筆者による）。

> 1）遺族から戦斗（原文まま，以下同様：筆者注）参加申立書を市町村役所に提出する。
> 2）市町村はこの申立書を審査して，戸籍照合の上，<u>義勇隊，直接戦斗，弾薬・食糧・患者等の輸送，陣地構築，炊事・救護等の雑役，食糧供出，四散部隊への協力，壕の提供，職域関係，区長長としての協力，海上脱出者の刳舟輸送，特殊技術者，馬糧蒐集，飛行場破壊，集団自決，道案内，遊撃戦協力，スパイ嫌疑による斬殺，漁撈勤務，勤労奉仕作業等</u>20種のケースに分類してこれに戦斗参加概況書を添付し，連名簿を4部作成して援護課に送付する。
> 3）援護課ではこれを審査して事実認証の上，厚生省未帰還調査部と佐世保地方復員部に進達する。
> 4）厚生省未帰還調査部，又は佐復ではこれを審査の上，連名簿に該当，非該当の印をおして，援護課に返信する。
> 5）援護課では諸帳簿を整理して，連名簿を市町村に送付する。
> 6）市町村からはこれによって，該当遺族に通知して弔慰金の請求手続きをなさしめる。

上記，「20種のケース」の中でも，「認めさせるのが非常に難しかった」（『沖縄タイムス』2005年2月27日付）と評価される「スパイ嫌疑による斬殺」は，日米両軍からスパイとして嫌疑をかけられ斬殺された「一般住民」を意味する。とくに，日本軍によって行われた斬殺の場合は，「米軍に拉致された住民が一旦釈放（帰宅）を許され部落に帰って来た者を日本軍が其の人名を調べ斬殺したもの」というように規定されている。このことは一見嫌疑を受け斬殺された住民を救済するための項目に見えるが，他方では，斬殺された「一般住民」を「戦闘参加者」とするにあたって，住民たちにかけられた嫌疑の真偽，さらには嫌疑をかけた日本軍の判断を不問にする結果をもたらした。日本軍に追い込まれた住民たちの死を援護法の枠組みの中にどのように位置づけ救済をはかるのかという沖縄側の困難な課題が，日本政府からの「善意・配慮」と折衷されることによって，「公的な沖縄戦認識」（石原2007：41-42）として定着させられたのである。

結局，上記「戦闘参加者概況表」のいずれか一つに当てはまれば，「一般

住民」であっても援護法が規定する「戦闘参加者」と認められることになった。このような「戦後処理」の法・制度によって，1995年3月までに5万2272名が「戦闘参加者」として公認され（沖縄県生活福祉部援護課 1996：15-16），「戦闘参加者」の遺族として認定を受けた人びとには，日本政府から遺族給与金および弔慰金などの救済金が支給されることになった。

3 「運命共同体的な関係」への転換

　前節で検討したように，沖縄県出身の「一般住民」戦死者についての「戦後処理」において問われる「積極的な日本軍への協力／戦闘への参加」の可否は，申立てられる一人ひとりの戦死者を選別し「戦没者」として統合する判断基準となって，「戦闘参加者」という新たな類型の死者群の創出を左右する。それゆえ，沖縄戦の「戦後処理」における「戦没者化」は，援護法が定める諸規定に抵触しない「一般住民」を含むすべての戦死者を戦闘員として均質化し，彼／彼女たちに「戦没者」のもつ法的・制度的権威を付与する方向に展開されることになった。

　「死者の犠牲者化」は，紛争空間における加害や被害，傍観，黙認，密告などといった死者の間の複雑な事情を画一化・平準化することによって，彼らの間の多種多様な関係性を不可視化する。沖縄戦においても，戦場に駆り出された「一般住民」の死が，「戦後処理」の枠組みの中で「戦闘に積極的に参加した者の死」「日本軍に積極的に協力した者の死」というような自発的かつ積極的な意味へと変質されることによって，軍と「一般住民」，あるいは「一般住民」同士の殺し／殺された，あるいは殺しあった関係性が無化されることになる。このことは，先行研究においてもよく指摘されてきた「民間人の戦闘員化」による「運命共同体的な関係」への転換という，単に民間人死者のアイデンティティの変容や，日本軍と「一般住民」の間の関係性の再編だけではなく，さらに戦場における「一般住民」の間の多種多様な関係の再編成がもたらされてしまったことを意味する。こうした転換，あるいは再編は死者間の関係性のみならず，給付金の受給をめぐる遺族間の葛藤

を助長したり，非受給者の不満や相対的剥奪感の醸成の原因となったりするなど，生き残った遺族第一世代にとって戦後の生活を左右する重要な一因にもなる。

加えて，こうした「戦没者化」がもたらす死者間の関係性の再編は，とくに戦場の経験をもっていない非体験世代にとって沖縄戦の歴史認識をめぐる混乱を招く可能性を残す。このことは，記念施設で現実化される場合が多いが，具体例として「沖縄県平和祈念資料館」と「ひめゆり平和祈念資料館」をあげることができるだろう。1975 年に開館した「沖縄県立資料館」を前身とし，沖縄における戦前から戦争の余波が続く現代にいたるまでの歴史を総括する沖縄県平和祈念資料館と，2014 年 8 月，開館 25 年で来館者数が 2000 万人を突破したひめゆり平和祈念資料館（ひめゆり平和祈念資料館 2014：2）は，沖縄戦の実状を後世に語りつぐ代表的な記念施設として位置づけられる。

各々の資料館では，「沖縄戦戦没者数」を集計した統計資料が観覧者に提供されている。いずれも，「沖縄県生活福祉部援護課」で集計された統計を整理して紹介されており，両資料は項目も共通していて，内容もほぼ同じように見える。しかし，両資料を照合してみると，相違する箇所があることが分かる。まず，沖縄県平和祈念資料館の「沖縄戦戦没者総数の推計」では「沖縄県出身者」を「一般県民」と「沖縄県出身軍人・軍属」のみに分類している【図 5-3】。一方，ひめゆり平和祈念資料館の「沖縄戦戦没者数」では，「軍人軍属」以外に「戦闘参加者【住民】」と「一般住民【推定】」としてより詳細に分類されていることが分かる【図 5-4】。

図 5-3 の統計において「沖縄県出身者」の戦没者数は，「一般県民 94,000 人」と「沖縄県出身軍人・軍属 28,228 人」とされている。一方，図 5-4 の統計では，「軍人・軍属 28,228 人」の数値が固定されているなかで，図 5-3 の「一般県民 94,000 人」が戦闘員にあたる「戦闘参加者【住民】57,044 名」と「一般住民【推定】36,956 名」に分けられている。「沖縄県出身軍人・軍属」が固定されている中で，「戦闘参加者」を「一般県民」，すなわち非戦闘員（民間人）としてカウントしている沖縄県平和祈念資料館の展示と，それを「一般県民」から分割して詳細化したひめゆり平和祈念資料館の

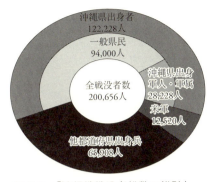

図5-3 「沖縄戦戦没者総数の推計」
（沖縄県平和祈念資料館 2001：90）

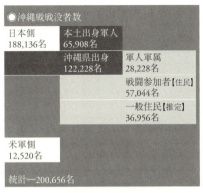

図5-4 「沖縄戦戦没者数」（ひめゆり平和祈念資料館資料委員会 2004：141）

展示が共存しているのである。これらによって，各々の統計が物語る戦死者（戦場）と「戦没者」（記念施設）との相違をいかに理解すべきかという，歴史認識の問題がうまれる。例えば，沖縄戦を語る際によく言われる，「軍人よりも一般住民の戦死者がはるかに上まわっている[5]」という分析は，一見妥当に見えるが，上記のように「戦闘参加者」という新たな死者群を考慮に入れてそれを読み直すならば，「戦闘員の戦没者をはるかに下回る非戦闘員の戦没者」と資料を読み解く可能性も否定できないのではないだろうか。

4 強いられる戦場体験の書き換え

こうした「戦没者化」もまたフォーマット化された申請の枠組みの中で行われる。そのため援護法の観点から見れば，「沖縄戦の戦闘参加者の処理要綱」に符合しない，いわば「問題視」される申請や望ましくない戦場体験の記述がしばしば発生することとなる。また「法律に基づかないため」，その「軍事行動」において「一般住民」の積極的な戦闘参加および軍への協力と

---

[5] 安仁屋（1997：66）などによれば，沖縄戦のなによりの特徴は，「軍人を上回する住民の死者」を出したところにある。

 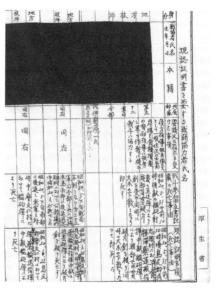

図 5-5 「戦斗参加者に関する書類綴」（沖縄県公文書館所蔵，資料コード：R00083672B）

図 5-6 「現認証明書を要する戦闘協力者氏名」（1959 年 10 月 13 日付）

して認定するか否かをめぐって新たな解釈上の問題が発生するケースも少なくない。

　昭和 30 年代のいわゆる「戦闘参加者の申請ブーム」において，実際，日本政府に進達された「申立書」が琉球政府をへて申立者に返送され，諸規定に符合するように，すなわち「積極的な戦闘協力」であることが証明できるように記述内容の修正が要求される事例があった。このことは，「昭和三十四年十月十三日」に「厚生省引揚援護局未帰還調査部第四調査室長」から「琉球政府社会局援護課長」に下達された「戦斗協力により死亡したものの現認証明について」という行政文書により確認可能である。ここには，「別紙記載の戦闘協力者に対し，（…）戦闘協力内容が消極的に失すると審査課より返却されたので（…）積極的戦闘協力によるものであれば現認証明書を添付されたいとのことですが（…）」と記載されている。

　そのあとには，「現認証明書を要する戦闘参加者氏名」【図 5-6】というタイトルで，全部で 7 件の「問題視」されたケースが添付されている。そこに

第5章　沖縄戦の「戦後処理」と「戦死者の戦没者化」　179

は、「昭和20.5下旬戦局不利となり第三二軍司令部と共に沖縄本島南部に後退　具志頭村において公務遂行中昭和20.6.25死亡した」と書かれた「戦闘参加申立書記載の死亡事由」を、「昭和20.6.25島尻郡具志頭村において軍命弾薬輸送指揮中敵の迫撃砲弾により破片創を被り死亡す」という「現認証明書項（死亡理由）」に、積極的な戦闘協力の内容に書き直させる指導が行われた事例も確認できる（傍線は筆者による）。「申立書」に書かれた戦場体験が、「積極的な軍への協力と戦闘参加」には該当しない、という事由で棄却されたことで、申立者には近親者と自身の体験とはかけ離れたような記述の書き換えが強いられたことが確認できるのである。

5　戦死の意味づけをめぐる工夫

5.1　戦死者から「戦没者」へ

　こうした「一般住民」についての援護法の拡大適用に対しては、ある種の肯定的な評価がある一方で、「民間人の戦闘員化」や「住民の戦場体験の歪曲」「沖縄戦の靖国化」（嶋1991，安仁屋1997，河野2004，石原2016など）という批判的な議論も提起されてきた。結局のところ、「一般住民」に対する援護法の拡大適用が非戦闘員を「戦闘員化」し、「軍人同様」に取り扱うことによって、軍と住民との間に存在していた、殺し／殺されたという関係性が「運命共同体的」に転倒されてしまったということである。その結果、民間人を死に追いやった軍による残虐行為が隠蔽され、天皇と軍の戦争責任もまた免責されてしまう結果がもたらされたのである。こうした批判は、国家による「認定」のあいまいさと欺瞞の本質を鋭く指摘している。
　しかし本章の目的は、こうした批判を評価しつつ、それにもかかわらず申立てを通して「戦没者化」に参入してきた遺族第一世代の思いを基点とし、それを再検討することにある。確かに、加害と被害といった二分法的思考や人命殺傷の責任主体としての国家への焦点化を問うということよりはむしろ、申立てを通して「戦没者」領域に編入され、「戦後処理」の「受益者」

グループになるということは，一見「歴史的にも政治的にも正しい」行為ではないかもしれない。しかしながら，この営みは，日常の生の再構成と生活世界を構築する行為であり，一方的に強制されたものではない。

このような申立者のローカルな場における近親者の死の意味づけという問題設定は，「一般住民」についての援護法の拡大適用に対して批判的な立場に立つ既存研究における認識の枠組みの中では，あまり扱われてこなかった。援護法と同法の様々な規定が迫る体験の書き換えのような事態は，あくまで国家からの強圧的な指示に強いられた結果として，既存研究の観点によっては結局，そこに従順に反応する申立者の「やむをえない偽りの記述」として捉えられるだろう。そこから，国家が，下から「申立てられる体験」を政治的に利用しようとする工作や，ローカルな場における近親者の死の意味づけへの試みを縛ろうとする企てについては批判できるかもしれない。しかし，申立者（遺族第一世代）の判断という観点から，申請主義の制約を受容しつつも主体として行動することの意味を問うことについては看過されてしまう可能性が高い。

上述した通り，「戦没者化」は，いずれも申請主義にもとづいているため，戦闘参加者についての申立てを望む遺族第一世代の多くは，「戦後処理」の法と制度にもとづいた諸規定を意識しながら，そこに符合するように自身と死者の体験を立証しなければならない場合が少なくなかった。それゆえに，「一般住民」戦死者の遺族第一世代が申請する場合は，「沖縄戦の戦闘参加者の処理要綱」に沿うような「積極的な」立証が求められる。このことが，例えば，遺族に「体験が改変された」と述べさせるような申立てを誘発したのである。一方，法と制度の枠組みの中で作動するある種の「境界の秩序を相対化」（杉田 2005：23）しつつ，別のレベルで創造的な死生観を構築しようとする人びとの戦略的な取り組みも存在する。これは，公的領域の内外双方において展開される死の意味化のプロセスに組み込まれていく一方で，体験の立証と戦死の意味づけにおいて各々異なる工夫の模索として現れる。

5.2 翻弄される戦死の意味づけ

戦場で6人の家族のうち4人を亡くした後，9歳で戦争孤児となって，「戦時と同じように厳しかった戦後を生きてきた」U-4（男，1936年生）[6]が，戦死者の遺族も給与金や弔慰金の受給対象になることを知ったのはごく最近のことである。地元出身の戦死者の名前を刻銘した慰霊塔が移転される過程で，戦死した母（U-2）と妹（U-5），弟（U-6）の名前が慰霊塔から漏れていることが分かった[7]【口絵11を参照】。また，それをきっかけに軍人として戦死した父（U-1）の遺族年金などを「生まれてから一度も見たことがない叔父（U-3）」が数十年間，隠れて受給してきたことがその時になって初めて分かったのである。

その後，U-4は，昭和30年代の「戦闘参加者の申請ブーム」期から50年あまりが過ぎた2006年11月にはじめて「一般住民」として戦死した家族3人（U-2, 5, 6）に対する「戦闘参加者についての申立書」と「弔慰金請求書」を厚生労働省に提出することができた。当時の提出書類に添付されていた「現認証明書」には，U-4と彼の家族が避難していた壕内で体験したことが次の【記述1】のように書かれている。

【記述1】（…）私達の壕にも，日本兵達が入ってきました。私達家族が居ることを日本兵達は嫌い，「四人も子どもが居て，敵に見つかったらどうする」と言われた母は，壕を出て行かなければなりませんでした。

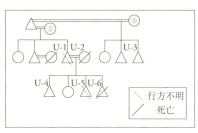

図5-7　沖縄戦にまつわるU家の家系図（1945年7月）

---

6) 捕虜収容所と孤児院をへて米軍基地のバーなどで下働きなどしながら働いてきたU-4は，家族3人の「戦闘参加者について」の「申立書」に次のように書いている。「学問もなく，生まれた所から遠く中頭（郡）まで来て，生い立ちを知る者もなく，ただ生きてきました。両親に，育てられた者を，今もうらやましく思います」。

7) 家族の名前は，U-4が役所に陳情した結果，追加刻銘された。それは，以前に刻印されたものに比べて鮮明な白文字となっていることで識別できる。

しかし，上記の申立ては棄却されてしまった。それから1年あまり後，U-4は次の【記述2】のように書き換えた不服申立書を提出した。

【記述2】（…）その様なとき，日本軍の部隊長から，この場所を司令所として使いたいと要請があり壕の中の人びとと私達の家族も一緒に協力をおしまない思いでした。戦争中の困難な時期において，お国の為に戦っている兵隊さんに沖縄特産のサツマイモ，ジャガイモ等の食糧調達の協力をしたり，糞尿の片付け等も協力しました。部隊指揮官は非常に喜ばれて，沖縄防衛に邁進[8]されたと確信しております。（…）壕の中の人たちと，しばらくは，一緒にいましたが，子ども達が多く，今なら逃げる事が出来るだろうとからと言われ壕を出ました。

しかし，諸規定に適合する「戦闘参加者」の戦場経験として見なされうる記述であったにもかかわらず，再び棄却処分となった。その後2009年10月に【記述2】にもとづいて再度異議申立書を提出したが，それも受け入れられなかった。いずれも却下事由は，「援護法に規定する準軍属（戦闘参加者）とは認められない」というものであった。これに対して，U-4は次のように語る。

それ（記述1と2：筆者注）全部一緒じゃないですか。いずれも私が全部書いたものですよ。（…）それ（記述2：筆者注）は最初のものが却下された後に周りの知り合いから「兵隊さんに協力した内容を書き入れなければならない」という助言を聞き，そこに従って書いたんですが，また棄却されてしまったんです。これおかしいんじゃないですか。（…）でも，一緒にガマの中に避難されていた日本兵がものすごく怖かったということはちょっと変な話になるかと思って最初から書かなかったんです[9]。

8）原文には「満身」と書かれているが，本書では本人に確認した上で「邁進」と訂正する。
9）U-4とのインタビューは2011年6月25日と8月12日，11月20日，2012年5月14日と7月23日，12月23日，2013年6月23日と25日，2014年7月25日に同氏宅などで行われた。

図5-8　U家の墓掃除。墓の中には，遺体の確保ができたU-2とU-6のお骨しかない。(2011年8月12日撮影)

　「救済の法」の存在を知ってから2回にわたる異議申立てにいたるまでの一連の過程において特筆すべき点は，U-4の【記述2】には，「戦闘参加者」として公認されるための「一般住民」の実感にもとづいた「戦没者」像が描き出されていることである。幼年のU-4が避難壕を転々とした体験にもとづく【記述1】においての「私達の家族」の経験が，「戦闘参加者概況表」が類型化した20種の項目の中で，「食糧供出」や「壕の提供」などに当てはまるように書き換えられていることが分かる。このように3年という短い期間に，「申立書」の記述が大幅に改変された理由は何であろうか。上記のU-4の記述に限って見れば，確かに【記述2】は虚偽であると類推された可能性がある。おそらく，諸規定に適合するように思われる【記述2】の「申立書」が棄却されたのもそのような理由からであろう。

　最初に「申立書」を作成・提出した際に，U-4の中には援護法と諸規定から見た「望ましい戦死」のイメージは存在しなかったと思われる。当初彼は，日本兵についての否定的な記述をすると「ちょっと変な話」になるかもしれないと漠然と推測していただけで，弔慰金の受給者になるためにどのような記述が求められるのか，どのような戦場体験が適切とされるのかについてほとんど知らなかった。ただ，「一般住民」の戦死者も援護法の適用対象になる可能性があるという程度のことを知っていただけで，例えば，どのような体験をどのように記述すれば審査にパスできるかについては「周りの知り合い」からのアドバイスを聞くまでは全く知らなかったのである。

　その後，不服申立以降からU-4は，法と制度の枠組みの中で受け入れられる戦場体験のかたちと「申立書」の記述方式について少しずつ「学習」し，徐々に自身の中で，ある種の像を構築していったのである。「戦後処

理」の文脈と同様に，そもそも「なぜ家族たちが戦闘に巻き込まれ犠牲になったのか」についての問いかけや，当時壕の中で実際に起きた具体的な出来事についての説明などはもはや重要ではなくなってしまったのである。

　いったい何が U-4 にこうした体験記述の書き換えをさせたのだろうか。国民国家の枠組みの中で構築された「望ましい死」の意味が，体験を記述し，さらに立証までしなければならない申立者に対して，このような二者択一を迫ったのではないだろうか。ある種の法と制度がつくり出した境界の内外を行き来する過程で，戦死した身内の死者と戦場から逃れた自身の体験を書き換えなければならない状態に遺族第一世代を追い込んできたのではないか，と考えられる。制度側が提示するフォーマットに合わせなければならない不可抗力性と，これがある種の定型化された立証のかたちへと人びとを導いていくのではないだろうか。当初【記述 2】をただ虚偽の記述と判断し，分析しようとした筆者の認識もこの点を見落していたと考える。

　ナショナリズムに立脚する「過去克服」策の本質や，申請主義に従う死の公定化および公式化が持続する限り，U-4 の体験記述は，これからも継続して翻弄され続けるであろう。

5.3 国民国家イデオロギーと対峙する場の構築

　「戦後処理」の法と制度が公認しうる「戦没者」像へと体験の記述を改変せざる得ない行為があった一方で，すでに「正しい戦没者」の枠組みに閉じ込められていた近親者の戦死を，ローカルな場の実感にもとづいた意味へと引き戻そうとする試みもある。それは，自分たちの戦場体験に覆いかぶさったイデオロギーから脱却しようとする実践に他ならないであろう。

　沖縄戦で 15 人の家族・親族を亡くした A-4（男，1939 年生）の場合，防衛召集により戦闘に動員され戦死した父親（A-1）以外に，母親（A-2）と姉（A-3）は昭和 30 年代に「戦闘参加者」として認定を受けたが，戦場で亡くなった当時 2 歳の弟（A-5）のみは，「日本政府に対する反抗心があって」，「みたまのおかげで飯を食いたくない」と申請を拒否した【図 5-9】。

　　姉 2 人と妹，そして私，4 人で暮らしていた時代でした。区長さんから

申立書をつくってくれると言われて私の家にきたことがあります。区長さんは父親の友人でした。それで私の家の事情もよく知って、親を失った孤児たちを救いたい気持ちがあったと思います。その気持ちはよくわかります。その時、姉さんと相談して区長さんが父と

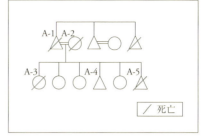

図5-9　沖縄戦にまつわるA家の家系図（1945年7月）

母、長女の申立書を作成してくれたようです。その後、結婚して兄弟とは別々に暮らしていたんですが、ある日役場から私に連絡が来ました。子どもの申立もできるようになったので、2歳で戦死した弟の申立書も提出しなさいと。私は断りました。かたくなに拒絶しました。その時、父親が受けた勲章や表彰状も全て捨てました[10]。

しかしながら、2005年になって戦死した家族全員が靖国神社に合祀されていることが分かり、2008年からは日本政府と靖国神社による追悼のあり方に問題意識を感じた県内4人の遺族らとともに、神社と国に合祀取りやめを求める「沖縄靖国神社合祀取消訴訟」を提起こした【口絵12を参照】。カトリック信者でもあるA-4にとって靖国合祀取消訴訟とは、戦死した家族を一律に戦闘員化し、神社に「軍神」「英霊」として祀ってしまう日本政府の「戦後処理」策に対する抗議であり、「国家の枠組みから家族たちを解放させようとする」試みでもあるといえる。このような実践の一環として、自己流に亡くなった家族を追慕したいという姿は、彼の家にある仏壇からもうかがわれる。普通の沖縄の仏壇とは異なりA-4の家にある仏壇には、戦死した家族たちの名前が刻まれた位牌の周りに十字架と聖母マリア像、イエス像が据えられていた。A-4は次のように語る。

　　家族の名前が靖国の名簿に載せられていることを思うと、ものすごく違

---

10) A-4とのインタビューは2011年10月22日と2012年12月21日、2013年2月23日に同氏宅で、2015年7月31日に大阪市で行われた。

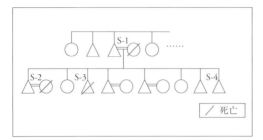

図 5-10　沖縄戦にまつわる S 家の家系図（1945 年 7 月）

和感がを覚えます。靖国に反対します。ここ仏壇こそ私が一番望む家族の居場所です。

彼にとって最も理想的な死者の居場所であり，家族と会うことのできる回路は，確かに「戦後処理」の文脈とはかけ離れた彼のみの日常性の中で構築されているのである。

A-4 とともに靖国合祀取消訴訟に原告団として参加した S-4（男，1933 年生）の場合，母親（S-1）と兄嫁（S-2），兄（S-3）など家族 3 人が戦死した【図 5-10】。S-4 が訴訟に参加することになった決定的な理由は，ただの住民であった母まで神社に合祀されたからである。2008 年神社側に合祀の有無について問い合わせた結果，「社務所」から「御祭神調査の件（回答）」という題目の返信を受けとることができた。そこには母が「陸軍軍属（無給）」の階級で，「第三十二軍司令部」に「所属」したという内容とともに，「昭和二十年六月九日」に「戦死」し，「昭和三十三年十月十七日」に「合祀」されたという内容が書かれていた。S-4 は次のように語る。

> 兄は日頃から戦争を忌み嫌う青年で，パラオで召集され現地で戦病死しました。不本意な戦争へ駆り出されての死だったんです。母親の死は，軍によって避難壕を追い出された後，艦砲の破片の直撃による死でありました。いずれも戦争被害者であるその二人が，祭神として祀られ「顕彰」と「賞讃」の対象にされ，戦争賛美の合唱に利用されていることは許しがたいことです。戦争被害者が神社に合祀されることは，遺族の追悼の自由を侵害するものです[11]。

---

11) S-4 とのインタビューは 2011 年 10 月 22 日に那覇市で，2012 年 12 月 22 日にうるま市で行われた。

図 5-11　裁判所に入場する靖国合祀取消訴訟の原告たち。2010年10月に下された一審判決では国と靖国神社に対する遺族の請求が認められなかった。さらに、翌年9月に下された控訴審判決も同様に棄却された。その後、原告らは判決を不服として上告したが、最高裁も2012年6月、遺族の訴えを棄却した。(2011年6月14日撮影)

A-4とS-4による異議申立ては、戦場で殺害された近親者の死が、「戦後処理」の法制度の枠組みの中で事後的に美化されイデオロギーの道具とされることに違和感を覚えたことからはじまった法廷闘争であったが、2012年6月に原告敗訴により終結した[12]。しかし、沖縄の「一般住民」に援護法が拡大適用されて以来、申請主義に立脚した「戦没者化」に焦点があてられた過去克服策が、逆のベクトルとして国家による独占的・教条的な死の意味づけをローカルな場における論理で捉え返そうとする彼らの実践は、極めて示唆に富んだものである[13]。

6　「戦没者化」をめぐるせめぎあい

本章では、本来「国と雇用関係又は雇用類似の関係」にあった戦闘員身分の戦死者のみを対象とした援護法が、沖縄県出身の「一般住民」の戦死者に

---

12) 第一審と控訴審について、高良（2012：70）は次のように指摘する。「靖国神社（被告、被控訴人）への戦争被害の合祀の歴史的意味や沖縄戦被害、具体的に遺族ら（原告、控訴人）や本件戦没者らの被害体験などを考えれば、遺族らの嫌悪、不快の感情は、〈単なる感情として保護すべき利益ではない〉と退ける、第一審、第二審の裁判所の判断は形式的であった」。
13) ローカルな場における死の意味づけについて、小田（2008：38-40）は次のように言及する。「今、おそらくもっとも必要なことは、横滑し始めた〈公状況〉に対して、もう一度〈私状況〉を確立することであろう。(…) それは必然的に〈難死〉と衝突し、また交錯しなければならないのだろうが、私はいわばひろがりのなかの〈難死〉の数を増大させ、速度をまし、方向をさまざまに変化させることによって、衝突、交錯の機会を日常的な不断なものにしたいのである。そのとき、〈散華〉の美しい衣は汚れ、かつての純粋な青年の顔だちはあぶらぎった中年男のそれに変っているかも知れない」。

拡大適用され，「戦没者化」としてきた制度的背景とそのプロセスを明らかにした。そのうえで，戦場から生還した遺族第一世代が，近親者の戦死を法・制度の枠組みに回収し意味づけようとした過程を具体的に検証した。また，国家が独占してきた戦死の意味をローカルな場の論理で捉え返そうとする営みについても視野に入れた。そうすることで，「一般住民」についての援護法の拡大適用に対して，ナショナリズム批判論の立場を堅持してきた既存研究の射程には入ってこなかった遺族第一世代（申立者）のローカルな場における死の意味づけへの取り組みとともに，「戦没者化」を牽引する法・制度がそれを揺るがしていくことについても考察できた。遺族第一世代は「戦没者化」に参入しながらも，体験の再定位においては公的領域における規範とは必ずしも相容れない，各々異なる振る舞いを駆使してきたのである。

　過去克服策としての「戦後処理」と「過去清算」を一律に比較することはできないものの，本章で分析した沖縄戦の「戦後処理」についての事例と，第1章と第3章で述べた済州4・3事件の「過去清算」，そして遺族第一世代による「犠牲者化」プロセスへの参入との間には通底するものが見られる。それは，以下の二点に集約できる。まず第一に，「過去清算」であれ，「戦後処理」であれ，「負の歴史」を克服するための取り組みとして，国民国家の枠組みの中で試みられる「犠牲者化」は，一人ひとりの死者を選別して「犠牲者」と非「犠牲者」とに二分する。他方では死者の間の複雑な史実を抹消することで，望ましい死者であり，法・制度の受益者でもある新たな「犠牲者」グループに統合する画一化・均質化をもたらす傾向にあることが指摘できる。「国民和合に寄与することを目的とする」（済州4・3特別法第1条）ことや「国家補償の精神」（援護法第1条）の実現を強く標榜しつつ，いずれも国民国家イデオロギーを内包する「犠牲者」創出の国家プロジェクトが繰り広げられているのである。

　第二に，遺族第一世代が近親の戦死者を公的な「戦没者」の範疇に編入させる際に法・制度側から求められる「申立書」の記述は，明確に目的指向的行為であるという点からも両者の共通性が看取できる。殺害された近親者が国家からの公認を得るための工夫として，「申立書」に体験記述を書き換え

ることは，遺族第一世代にとって体験の事実性よりは，差し迫った当面の課題を解決するための行為として認識される。第3章の考察と同様に，沖縄戦においては，「戦後処理」の法・制度に積極的に参入しつつ身内の戦死者を国家が提示する「戦没者」の枠組みに当てはめるように工夫を凝らす一方で，近親者と自身の戦場体験を立証することにおいて公的領域の中で望まれる論理とは相容れない，もしくはそれを相対化する試みとして現れるのである。

第6章 台湾2・28事件を書き残す営み

台湾に向かったMが帰らぬまま33年が過ぎたある日,遺族らはMの遺骨の代わりに,台湾が見える与那国島の東海岸の海辺で拾った石を厨子甕に入れ,表面に「昭和五六年十一月／洗骨三十三年／〇〇〇」と書き込んだ(2012年12月25日Mの弟嫁提供,マスキングは筆者による)。図6-7〜9参照。

1 行方不明以後の家系記録

　本章では，「負の過去」を乗り越えるための公的な取り組みとしての「犠牲者化」とは別の次元で，遺族第一世代のローカルな場における近親者の死の意味づけをめぐる議論をさらに拡大，深化していきたい。第4章で検討したところから明らかなように，家族・親族集団における家系記録では，公的機関による行政文書や「申立書」のような公的資料からはうかがい知ることの難しい遺族第一世代による死の意味づけと，それをめぐる工夫と実践を読み取ることができた。そして，そのような記録の行間を読み解くことは，国家が排他的に占有してきた死の意味を相対化する可能性を示唆する。一方，行政記録でありながら，家系記録の側面からも読み解かれる除籍謄本では，「犠牲者申告書」（第3章）や「戦闘参加者についての申立書」（第5章）と同様に，「犠牲者化」への参入といった遺族第一世代の目的指向性を読み取ることができた。このように，済州4・3事件や沖縄戦の事例から得られた知見と比較しつつさらに多角的な理解を深めるため，本章では，台湾2・28事件にかかわる行方不明者の家系記録を検討対象として，遺族第一世代のローカルな場における死の意味づけについて考察する[1]。

　本章の目的は次の二点に絞られる。まず，台湾2・28事件の「過去清算」における主たる成果として1990年代半ば以降から登場し始めた公的な死者のグループとしての「受難者」の創出メカニズムを概観する。とくにここでは，従来本省人のみに限定されてきた「受難者」を，彼／彼女たちと同様に事件に巻き込まれ虐殺事件の対象となったが，長らく「対象外」とされてきた外国籍者の事例に焦点を当てる。その中でも，今日，「受難者」認定の可否をめぐって論争になっている南西諸島出身の行方不明者（日本国籍者）の事例を取り上げ，彼らが台湾2・28事件の「受難者」になるということのも

---

1) 済州4・3事件と台湾2・28事件は，国家暴力による民間人虐殺の実態を糊塗しようとする軍事独裁政権により，長期間にわたって「共産主義者による暴動」と決めつけられてきたが，1980年代後半における民主主義体制への移行とともにようやくその全体像が明らかにされつつあることが類似している。

つ意味について考察する。

　第二に，南西諸島出身の行方不明者の家系記録を検討することを通して，遺族が，近親者が経験した暴力とその記憶をどのように表現し意味づけてきたかについて明らかにする。その意味づけの過程で模索されてきた遺族の工夫を吟味することを通して，家族・親族集団の生活世界において「負の過去」がいかに乗り越えられ，またどのように継承されてきたかについて考察する。家族・親族集団レベルにおいて創造し，運用されてきた記載実践から，日常生活の戦略と絡み合って行われてきた行方不明の意味づけのダイナミズムを解明し，「公式的な歴史」に描かれることのない暴力の被害者たちの記憶を保持し継承する民衆の経験知の可能性を展望する。

　そのため，身内の行方不明が確認された直後の混乱の最中に寄せられた最も信頼に足る伝聞情報が，遺族内部で共有され，今日にいたるまで，（死亡届による）除籍謄本や位牌，厨子甕（ジーシガーミ）[2]に記載されてきたことに注目し，各々の記録資料について相互に比較分析することを通して，上記二点を明らかにしたい。それに加えて，3種類の家系記録と他の公的資料，例えば，台湾当局への「2・28事件受難者賠償金申請書」や家庭裁判所からの「失踪宣告審判書」などとの比較も試みる。その際も，前章までと同様，資料の真偽を見極めることそのものではなく，各々の資料の性格にもとづいた記録の間にみられる相違点と一致点に注目する。

　なお，本章において分析されるデータは，主に2011年8月から2016年11月まで日本（浦添市と那覇市，豊見城市，糸満市，与那国町，東京都）と台湾（台北市（タイペイ），基隆市（キリュン），花蓮市（カレン）など）で行ったフィールド調査で収集した文献資料と，当該遺族や台湾2・28基金会の関係者へのインタビュー記録にもとづいている。

---

2) 洗骨後の遺骨を納める骨壺を意味する。現在はほとんどが火葬後の骨灰を入れてある。

2 台湾2・28事件と「過去清算」

　台湾2・28事件は，帝国日本の植民地統治から国民党政府の台湾接収に移行する過程で引き起こされた外省人勢力に対する本省人の全面的な抵抗運動と，それに対する国民党政府による暴力的な鎮圧，虐殺事件として知られる。国民党統治下における台湾では，インフレや治安の不安定な状況が続き，さらに支配層（外省人）の被支配側（本省人）に対する蔑視や差別，官僚の腐敗，失業の蔓延といったあらゆる社会問題が，日本による統治時代よりも深刻なものとなっていた。事件の発端は，1947年2月27日，闇タバコの取り締まりをめぐって起った衝突であったが，根本的な背景は，「外来政権（中国本土から来た国民党政権）による圧政や政治家の不正・腐敗，官僚による独占経済の掌握など複合的だった」(林明徳2007：98)。

　こうした国民党政権の不正と腐敗，圧政に対し，台湾民衆の大規模な抗議行動が全島に拡がった。それに危機感を感じた国民党は，大陸からの援軍を極秘に要請し，その結果1947年3月8日に軍隊を乗せた軍艦が台湾北東部の基隆港に到着した。上陸した軍隊は，強硬な鎮圧と残酷な殺戮を繰り返し，台北に進軍した後，全島にわたる大弾圧を開始した。主として日本統治時代に高等教育を受けたエリート層が国民党軍により逮捕・投獄されたが，一般住民に対しても無差別的な発砲を行っていたとの証言は多数ある。3月9日に発令された「戒厳令」は同年5月に一応解除されたが，大陸における国民党の敗退をうけ，2年後の1949年よりその後38年もの間続く「戒厳令」があらためて発布された。そのため，台湾では2・28事件以降，白色テロの状況が長く続いた。2・28事件における過酷な弾圧によって，台湾内の公共の場で事件について触れることは不可能になり，本省人のこのような視線に込められた憤懣は深く内向したと言える（若林2008：51）。

　国民党の一党独裁体制と暴政は長く続いたが，それに対して自治の実現を目指した台湾民衆の抵抗も激しかった。その結果，1987年には「戒厳令」が解除され，民主化に向けた動きがさらに進展した。長い間タブー視されてきた2・28事件に対する見直しや社会的な取り組みもこの「戒厳令」の解除

をきっかけに活発になり，それまで公式の歴史から排除されてきた事件の真相を究明し，また多くの被害者の名誉を回復しようとする動き（平反）が強まった。民主化への移行過程で，2・28事件に関するタブーは一応解消されたのである（何義麟2014：225）。

　この事件の解決に対し台湾政府による正式かつ本格的な取り組みが始まったのは，1995年2月，「2・28事件紀念碑」の落成式で李登輝総統が遺族に対して正式に謝罪したことが契機となった。その後，同年4月には「2・28事件処理および補償条例」（2007年3月に「賠償」に改定，以下「2・28賠償条例」）が制定されたが，この条例に基づき，事件の真相究明と「受難者」への補／賠償を図る法・制度的体制が整えられた。そして，同年12月に「過去清算」のビジョンを具体化するための政府組織として，「財団法人2・28事件紀念基金会」（以下，2・28基金会）が設けられた。こうした法・制度の整備によってはじめて公的領域における「過去清算」の基盤が整ったのである。2・28基金会は，主に，「2・28中枢紀念儀式」の執行と「受難者」の審議・決定および賠償金の支給，その他教育・文化事業などを通して，台湾2・28事件の「過去清算」において，最も中核的な役割を果たしている。

　その中でも，2・28賠償条例にもとづいて「受難者」を公定化／公式化し，「受難者」本人あるいはその遺族に賠償金を支給することは，「過去清算」の主要なプログラムと位置づけられる。だが，たとえ当時事件に巻き込まれ殺害されたとしても，あるいは条例にもとづく「申請書」を基金会に提出したとしても，人命被害を受けたすべての人々に「受難者」という公的身分が与えられるわけではない。被害者本人，あるいはその遺族による申請から最後の結果通知にいたるまで，法的な審査プロセスを経なければならないからである。

　2・28基金会から提供を受けた「賠償金申請案審理統計表」によれば，2014年2月28日時点の申請数2771件のうち，2743件が受理されている。そのうち，「受難者」として公認されているのが2278件（死亡者683件，失踪者178件，留置および懲役1417件）に及ぶ。その他，不適格や証拠不足などの理由で審査が不成立となったものが464件である。国家暴力による数多くの被害者の中で，「過去清算」の法・制度は，ごく限定的な範疇の「受難

図6-1 「2・28和平公園」（台北市）に建立された「2・28事件紀念碑」。(2014年2月28日撮影)
図6-2 花蓮市で開催された「2・28事件67周年中枢紀念儀式」。(2014年2月28日撮影)

者」のみを具体化し，事件の公的な代弁者として位置づけているのである。しかし，これまでの調査報告や研究で指摘された被害者の数字とは相当な格差が見られる（陳美伶 2008：115-116）。李明峻（2008：133）によれば，受難者とその親族を慰めて補償する目標はある程度達成されたにもかかわらず，申請された件数と受難者の実数（死亡者，入獄者，失踪者を含めておよそ 5 千ないし 2 万以上）を比べると，かなり広いギャップが存在する。それらを見ると，まだ 2・28 基金会に申請書を提出していない受難者と親族が多くいることが分かる。もちろん，外国人被害者と外国に亡命した台湾人被害者も補償範囲に入られなかった。

一方，「〈過去の克服〉にかかわる公的措置が，結局犠牲者への手当てに厚く，加害者の追及に極めて薄いものとなった」（若林 2008：316），という見解もある。加害行為に関する責任の究明と処罰の側面でその限界が指摘されているのである（池恩周・董思齊 2009：227）。

3　国境をまたいだ南西諸島出身者の移動

3.1　沖縄と台湾をつなぐ生活圏

終戦直後，「留用者」として台湾に在住していた在台日本人および南西諸

図 6-3　台湾政府の官僚（監察委員）としては初めて遺族との面談が実現された。「台北駐日経済文化代表処那覇分処」で 2 時間にわたって遺族 5 人への聞き取り調査も行われた。(2012 年 5 月 13 日撮影)
図 6-4　行方不明者 4 人の遺族や支援者を中心に結成された「台湾 2・28 事件真実を求める沖縄の会」が「台北 2・28 紀念館」で記者会見を行った。(2015 年 2 月 28 日撮影)

島出身者[3]、朝鮮半島出身者[4]、そして「密貿易」などで国境を往来していた沖縄の人びとが、2・28 事件に巻き込まれ犠牲になった史実については、断片的ではあるが、これまで多数報告されており、その中でもとくに沖縄出身者の数が著しく多い（石原 2000：81-86、楊子震 2006；2010、はいの 2007、李明峻 2008；2009、与那国町役場 2013：411-414、小池 2015：108；116 など）。台

---

3) 戦前・戦後の台湾における日本人及び沖縄出身者の位置づけや役割について、漢那・地主園・根川（2006：92-93）は次のように説明する。「戦前台湾において、日本人（日僑、琉僑）が上級・下級役人や各技術職を占めていた。敗戦によりこの階層が抜けると台湾社会が成り立たなくなる。(…) そこで国民党政府は〈医療、教育、研究、専売、電力、糖業、各種産業、農林水産、鉄道、港湾〉の関係者を留用した。(…) 戦後初期の台湾においては多くの技術者・知識人が被留用者として本省人、原住民へ技術や知識を伝え、戦後台湾社会のスタートに果たした役割は大きいといえる。そのなかに、沖縄県出身者も多く居り、戦後初期台湾の漁業に対して大きな貢献をしたことがある。(…) しかし、このことは、日本が台湾を占領してから約 50 年間占領者である日僑、琉僑が本省人や原住民にたいして、知識や技術を伝えていなかったことを示す。(…) 被留用者として重要な役割を担った者は、戦後台湾社会に大きな貢献をしたのと同時に、占領期の植民地政策においても重要な役割を担っていたともいえる」。
4) 朝鮮半島出身者の場合は、植民地期に軍人および軍属、軍慰安婦などとして台湾に在住した人々のうち、1946 年頃に「韓籍兵士」や「一般韓人」を含む 3500 名あまりは朝鮮に帰還したが、約 4～500 名あまりは台湾に残留していた（黃善翌 2005：219）。彼／彼女たちが 2・28 事件に巻き込まれた可能性が高いと考えられる。実際、朝鮮半島南端の巨文島出身の船乗りが、一家を連れて 1942 年に北九州を経由して基隆へ赴いたが、戦後、2・28 事件に巻き込まれ行方不明になった事例も報告されている（天江 2014）。

湾に地理的に隣接した沖縄は，1947年3月以降の国民党軍による無差別な鎮圧から逃れることのできる逃避先としても重要な場所であった[5]。台湾のすぐ東にある八重山が，その避難場所を提供していたのである（松田 2013：263）。

又吉（2007；2009）は，とくに沖縄人が台湾2・28事件で犠牲になった背景として2つの要因をあげている。まず，事件が発生した1947年2月時点で，漁民を中心とした300人近くの沖縄人が引き揚げることなく台湾に留まっていたことである。とりわけ国民党の援軍が台湾に上陸した後，「虐殺の町」になった基隆の社寮島（シャリョウトウ）（現在の和平島）には，戦前から琉球人集落（琉球村）があったが[6]，沖縄人が国民党軍に逮捕されたことについては当時の地域住民の証言からも伺える（張炎憲・胡慧玲・高淑媛 2011：172；175）。次に，食糧や生活必需品などを求めて「密貿易」に従事し，八重山の島々と台湾間を頻繁に往来した人びとが事件に巻き込まれた事例もあったことをあげることができる。沖縄の人びとにとって植民地体制の終焉は，生活に関わる大きな意味合いをもっていたからである。

台湾の状況は当時，沖縄の地方紙である『うるま新報』でも報道されたが，「台灣各地に暴動」（第85号，1947年3月7日付）や「台灣暴動／全島に波及す」（第86号，1947年3月14日付），「台灣暴動／五千虐殺」（第92号，1947年4月25日付）といったように事件を伝えていた。しかし，沖縄に残っていた遺族たちは，新聞より闇船に乗って台湾を往来する友人の船乗りから

---

[5] 『琉球新報』（1997年4月26日付）には，台湾2・28事件から避難した後，石垣島に定着できたある男性のストーリーが次のように紹介されている。「1947年あの天地を揺るがした〈2・28事件〉が勃発。彼は犯人隠匿の罪で手配される。（…）〈外来政権〉への強い不信感と恐怖が，彼に日本への亡命を決意させる」。

[6] 社寮島で琉球人集落が形成された背景について，朱徳蘭（2010：73）は次のように説明する。「経済が窮乏している沖縄県とは対照的に，社寮島，基隆沿岸の漁業資源は豊富で漁業が大いに発展し，地理，気候，文化風俗が沖縄と近いため，沖縄人漁民が就業するのに適当な場所であり，沖縄人を居住地から押し出す力（push）と，就業地の引きつける力（pull）が交互に作用し，沖縄人が続々渡台して短期的な労働もしくは長期的就業，居住へと発展していった」。松田（2016：557）によれば，「戦時中には，主に就職や進学のために台湾に渡ってきた沖縄系移民とその家族や親戚に加えて，宮古と八重山諸島出身者を中心とする疎開民，戦時中の南洋群島からの引揚者と，日本軍人・軍属として台湾にいた沖縄県出身者が，合わせて3万人いたと推定される」。

表 6-1 台湾 2・28 事件にまつわる南西諸島出身の行方不明者

行方不明者					遺族代表	
表記	性別	出生年	出身地	被害類型	続柄	居住地
Y	男	1909 年	鹿児島県与論町	行方不明	長男（Y-1, 1943 年生）	沖縄県浦添市
M	男	1917 年	沖縄県与那国村	行方不明	長女（1937 年生）	沖縄県那覇市
					弟嫁（1939 年生）	沖縄県与那国町
Z	男	1908 年	沖縄県与那国村	行方不明	三女（1941 年生）	沖縄県豊見城市

の伝言を通して，現地の状況と身内の行方をある程度把握していた場合が多かった。このように，沖縄の密貿易商は国際的大事件に巻き込まれ，多くの犠牲者を出したのである（石原 2000：84）。

3.2 台湾 2・28 事件に遭遇する

外国籍の被害者の問題，その中でもとくに日本国籍者のことが本格的に浮上し始めたのは，事件から 60 周年を迎える直前の 2007 年 1 月のことであった。台湾と沖縄の歴史学者を中心に結成された「台湾 2・28 事件沖縄調査委員会」による基礎調査の結果，南西諸島出身の被害者 7 人の身元がはじめて公表された。本章では，同会が明らかにした被害者の中で，表 6-1 のように Y と M，Z の事例を中心に考察する。

3.2.1 Y の事例

鹿児島県最南端の与論島出身の Y は，戦前，基隆の社寮島の琉球人集落に住み，漁業で生計を立てていた。1942 年に現地で沖縄県国頭村出身の女性と結婚し一人息子（Y-1）が生まれたが，その 5 か月後に徴兵されベトナムに送られた。日本の敗戦後，やっと鹿児島に帰還できたが，妻子の待つ基隆にはすぐに帰ることができなかった。代わりに，1946 年 5 月，妻子に「無事帰還」とのハガキを送り，基隆から鹿児島への早期の引揚げを促した[7]。その後，Y の妻と息子は同年 12 月にやっと Y の帰還先だった鹿児島に引き

揚げることができた。

　一方，台湾行きの機会を窺ったYは，翌年2月下旬頃，石垣島経由で基隆へ向かう船に乗り込むことになる。それが「妻子がいる」基隆に行くことのできる絶好のチャンスであったが，文字通り「完全な行き違い」であった。Yを乗せた台湾船籍の船は事件が発生していることも知らずに基隆港に入り，事件に巻き込まれた。

　Yの妻が夫の行方不明の原因について推測できたのは，事件発生から2年数か月後，国頭村の実家に戻ってきて，そこで台湾時代の友人を通じて話を聞いたからであった。うわさを頼りに，当時基隆に向かった船にYと同乗した人物をやっと捜し当てることができたが，Y-1によれば，彼の伝言は次のようなものであった。「基隆漁港に入港したところ突然武装した軍隊が襲ってきた。みんなとっさに山へ駆け登って逃げたが，Y（筆者注）は取り忘れがあるといって戻ったところを，台湾人船長の息子と一緒に捕まり，縛られてトラックに放り込まれ連れ去られた」。

3.2.2　MとZの事例

　遺族によれば，Mが台湾で行方不明になったのは，1947年1月，彼の父親が亡くなった後のことである[8]。当時Mは，与那国島と基隆を結び，引揚者や復興物資を運ぶ輸送船で働いていた。ある日，同郷の先輩であるZと基隆へ行って，社寮島周辺の埠頭で故障した焼玉エンジンのノズルを探すた

7）2011年8月10日と11日に行われたY-1とのインタビューによれば，「母が鹿児島在の父（Y）の従妹から聞いた話によると，父は，1946年2月16日〜5月初旬の間に長崎県佐世保浦頭港に帰還した。その後，浦頭から鹿児島の鴨池町の従妹宅に到着したのが同年5月16日直前であった」。実際，Yが5月16日に鹿児島から基隆にいる義父宛に送ったハガキには次のように書かれている。「其の後御変わりありませんか　五月十一日鹿児／島着いて今〇〇と職の準備をしてゐます．／〇〇はなくなられた由で御気毒に存じます．／家内〇〇の一家皆御元気の事を〇〇／からきいて安心致しました／私も当地で働いて島へは帰らんつもりです，／〇〇と一緒にこちらへこられませんか御待して／ゐます，又　沖縄へ行かれますか御知らせ下さい／五月十六日〇〇へは葉書を出してありますが／ハガキも買えなかったので失礼しました　御許し下さい／こうなってはどこがよいか分りませんがこちらへこ／られますなら一日も早く引揚げて下さい／では又　書きます，これにて　草々」（2011年8月14日Y-1提供，〇は筆者による）。

8）Mの父親の除籍謄本には，「1947年1月16日本籍地で死亡」と記載されている。

めに，船の甲板上で台湾人船主らと話し合っていたところ，国民党軍に捕らわれて行方が分からなくなった。その後，与那国にいたMの弟は，兄の行先を探して基隆に出かけたが，真相は明らかにされないまま，2012年3月に亡くなった。

　Zは戦前，基隆や高雄(タカオ)で妻と子供5人と暮らしたが，戦後妻子が引揚げた後は蘇澳(スオウ)にある南方澳に移り，生活苦に喘ぐ沖縄出身の漁民の救済を求めて「琉球漁民団」の団長として国民党当局へ陳情活動をした人物として知られている。戦後も国境をまたぎながら船乗りで生活したZが，Mとともに「台湾暴動事件」で行方不明になったことを当時与那国で知らない人はほとんどいなかったという[9]。

　Zの姪や「琉球漁民団」の一員であった同郷の後輩（当時25歳）は，次のように当時の状況を生々しく証言する。

> ある日小雨が降り風も吹いて寒かった夜中，Mが我が家に来て同じ棟に住んでいた伯父に向かって「もう時間だ，台湾へ早く行こう」と言って急かせていた。「祖納（与那国島の北側：筆者注）は北風があるので比川（南側：筆者注）から出よう」と2人で行ってしまった。それからは伯父の姿を見たことがなかった。しばらくすると「台湾基隆でMとZがやられたらしい」という話が島中で話題になった[10]。

> （1947年）3月はじめごろだったと思うが，ある日，港に沖合いからポンポン船が入ってきた。顔見知りの台湾人だった。彼は血相を変えて「今基隆から帰ってきたが基隆で与那国のMが「支那兵」に殺されたぞ」というのだ。そして，もう一人もやられたというが，私はよく聞き取れなかったが，おそらくZだったと思う[11]。

---

9) MとZの出身地の町史にも「1947年2月28日，2・28事件で与那国人〇〇〇，他2人巻き込まれ犠牲に」（与那国町役場2013：604）と記されている。〇は筆者による。
10) Zの姪へのインタビューは2015年11月1日にZの三女宅で行われた。本文中の「M」や「Z」は筆者による。

4 負の連鎖を乗り越えて

　父親（Y）の行方不明の認定に向けて，Y-1 が台湾当局（2・28 基金会）に「2・28 事件受難者賠償金申請書」を提出することになったのは 2011 年 3 月であった[12]。彼は，「申請書」とともに，事件との関連性を立証するために，父親が戦前ベトナムから基隆の母親に送ったハガキや戦後帰還先であった鹿児島から基隆の義父に送ったハガキ，家族写真など生前の母親が保管していた遺品，そして 1994 年 8 月に「那覇家庭裁判所」から受けた父親の「失踪宣告審判書」などの補足資料も一緒に提出した。2011 年 3 月に Y-1 が作成した「申請書」の概要は以下のようなものである。

> （1947 年）2 月下旬，台湾行きを窺っていた Y は千載一遇の機会で見つけた船に乗り込んで「妻子がいる」台湾へと向かってしまった。完全な行き違いであった。石垣経由で基隆へ向かう台湾船籍の台湾人船長の船だったという。船は石垣島に立ち寄り 1 泊して基隆へ向かった。基隆の漁港（八尺門(ハッシャクモン)漁港と思われる）に到着。荒れ狂う「虐殺の街」とは露知らず埠頭に着岸し一瞬のうちに軍隊に襲撃された（本文中の「Y」は筆者による）。

　これに対して，2・28 基金会は，2014 年 12 月に Y-1 宛に次の内容を骨子とする「決定通知書」を送付する。

---

11) 彼へのインタビューは 2013 年 12 月 16 日に那覇市で Y-1 と M の孫によって行われたが，筆者は 2014 年 7 月 21 日にインタビュー記録の提供を受けた。本文中の「M」「Z」は筆者による。

12) しかし当時は，2・28 賠償条例上の申請期間が経過したため，Y-1 が 2・28 基金会に提出した「申請書」は正式に受理されなかった。その後，条例が改正され，申請期間も 2013 年 5 月 24 日から 2017 年 5 月 23 日までに新たに調整された。その結果，Y-1 の申請書も 2013 年 8 月，基金会に受理されて本格的な審議に入ることになった。一方，2016 年 11 月現在，M と S の遺族も 2・28 基金会へ「申請書」を提出している。

1. 2・28基金会の決議
この案件の「失踪」という賠償請求を許可し、60単位の賠償金を給付する。（…）「賠償条例」は人権保護のための法律であり、外国人にも適用する。かつ、本条例の第9条においては、「本会は外部から干渉を受けず、独自に職権を行使する」と明記している。それゆえ、「人権保護は国籍を問わない」という理念に基づき、「賠償条例」を本案件に適用する。取締役および監察者会議の討論を通じ、賠償金を給付すると決定する。

2. 内政部の公文
日本の裁判所は同じ類型の案件を審理するとき、自国民に相互保障（平等互恵の原則）を適用した判例の有無により当該の案件を扱う。法務部、外交部、台北駐日経済文化代表処からの資料によると、日本の「国家賠償法」は「相互保証」の原則を認めたが、日本と国交断絶以降の同じ類型の案件の判例がないため、実際に審理する際に日本の裁判所は必ず「相互保証」（平等互恵）の原則を我が国の国民に適用することを認めない。また、今まで我が国民が日本政府に補償金を請求する判例は、台湾籍日本兵および慰安婦の案件しかない。しかし、以上の2つの判例を見ると、日本の裁判所は我が国の国民に日本国民と同等の権利を与えなかったということが認められる。それゆえ、平等互恵の原則により、日本国民はいまだ「賠償条例」を適用する対象ではない。

3. 2・28基金会の最終決定
1）本会は審査グループの決定を認める。ただし、内政部は本会法人の管理機関であり、各個の案件の適用法律に対して明確な解釈を下した。そのため、本会は内政部の意見を尊重する。
2）内政部の公文の意見により、平等互恵の原則に従い、日本国民はいまだ「賠償条例」の適用対象ではない。法令要件の何れかが満たされていなかったことで、この案件を却下する。

　このようにY-1からの請願は受け入れられなかった。上記の「決定通知書」から分かるように、2・28基金会が「申請書」を審議するにあたって、実際Yが人命被害に遭ったかどうかといった事件との関連性、そしてその被害を引き起こした加害主体の実態などについては主な争点とはならなかった。それよりは、日本国籍者に対する2・28賠償条例の適用可否をめぐって、2・28基金会と上級機関である内政部の見解が相違していたことを読み解くことができる。結局、内政部の見解を尊重するかたちで最終的にY-1

の申請案件は却下されてしまった。
　これに対して，Y-1 は 2015 年 1 月，2・28 基金会宛に次の内容を骨子とする「不服申立書」を提出した。

> それは人権擁護の世界的到達点からみても論外であり通用しないと考えます。今や，世界人権宣言やそれにつながる強制失踪防止条約からみても乗り越えなければならないことであります。(…) 日本の台湾に対する戦後補償のことは私たちにとりましても忸怩たるところがあり共感するところがあります。しかし僭越ながら，今こそ人類の平和希求の観点から台湾の良識と良心を世界に示し，高い見地から能動的に法的な問題を解決していただきたいと思います。

　しかし，前回の「決定通知」と同様に，「行政院」は同年 7 月，Y-1 からの「不服申立て」も却下した。「行政院決定書（2015 年 7 月 8 日付）」には，次のように却下の理由が述べられている。

> (…)「相互保証」（平等互恵）の原則にしたがい，日本国民はまだ 2・28 賠償条例の適用対象に含まれない。(…)

　これに対し，Y は同年 9 月，「台北高等行政法院」に提訴した。それに対し，裁判所は 2016 年 2 月，Y-1 に 600 万台湾ドルの賠償金を支払うように 2・28 基金会に命じる判決を下すことになる。2・28 賠償条例に「平等互恵の原則に適用される」という内容がなく，「外国人への賠償金の支給を認めない」という条文も明示されていないという理由からである。それに対して 2・28 基金会が控訴をしないことで，結局，Y は「本省人」以外で初めて「受難者」と認定され，当該遺族には賠償金が支給されることになった。
　このように，南西諸島出身の行方不明者が台湾 2・28 事件の「受難者」になるということにはいかなる意味があるのであろうか。
　まず第一に，台湾 2・28 事件についての「過去清算」の法・制度が孕んでいる「受難者」の成立要件やそれを成り立たせる国民国家イデオロギーを指

摘することができる。2・28賠償条例自体が、その執行面において、本省人身分の被害者のみを救済の対象として想定しており、それにもとづいて「受難者」の公定化および公式化が行われてきたため、本省人と同様に事件に巻き込まれ犠牲になった他のエスニック・グループは「過去清算」の諸プログラムから排除されてきた[13]。それゆえ、2・28基金会による従来の「賠償金申請案審理統計表」においても、本省人身分以外の被害者は「受難者」として集計されていない。また、「〈過去清算＝台湾独立＝反中国〉という奇妙な等式」によって、「具体的な歴史についての省察と〈外省人〉も歴史の被害者という観点」も失われてしまう（藤井 2007：151、許慈倩 2016：73）。それは、「過去清算」の理念や方向性、重点政策において、長い間、国民党政権によって捏造ないし歪曲されてきた真相の究明よりは、国民国家イデオロギーを支えうる純粋な「犠牲者」を明確化することで、国民統合・和合、つまり族群融合（2・28賠償条例第1条）を目指すことに焦点が絞られてきたことと無縁ではない。

　こうした状況は、近年、南西諸島出身のYが「受難者」として公認され、日本国籍者である遺族（Y-1）にも賠償が決定されたことから新たな転換点を迎えている。しかし、今回の賠償決定は、単に「受難者」の審議における手続き上の妥当性や基本的な事実関係に間違いがないことが認められただけで、Yの行方不明と2・28事件との因果関係そのものについての根本的な疑問が完全に解決されたとは言えない。それは、2・28基金会が2014年12月、Y-1宛に送付した「決定通知書」を見ると明らかになる。基金会は、今回の「事実認定」の判断において次の二点を最も重要な要因としてあげている。それは、1）2・28賠償条例が制定され、本格的な「受難者」の審議が行われていた1995年より早い1994年8月にYの行方不明が日本の裁判所（那覇家庭裁判所）において正式認定されたこと、そして、2）それが当時公共メディア（『沖縄タイムス』1995年6月20日付）に報道されたことである。

13）2・28基金会の執行長を務めた廖繼斌によれば、「2・28賠償条例第2条によれば、受難者とは、この事件により生命、身体、自由、財産が公務員または公権力によって侵害された人民を指す。これまで却下された申請案件の多くは、この〈公務員または公権力によって侵害された〉ケースに当てはまらない外省人であった」。彼へのインタビューは2013年7月30日と2014年2月24日に2・28基金会で行われた。

Y–1から提出されたこうした証拠は,「求償のためにつくられたものではないということが認められた〈本案の鍵〉であった」(許慈倩 2016：73)。言い換えれば,Yの賠償認定は,あくまでも日本(沖縄)側で生産された資料が決定的な証拠となったのである。

　今回の「受難者」の審議においては,台湾側の資料,例えば,虐殺の指揮系統や直接的な命令者,そしてそれに関する資料をはじめ,拉致・連行・殺害が発生した日時および場所,遺体の行方などについては,まったく新しい事実が明かされていなかった。Y–1が,目撃者からの証言にもとづいて,「申請書」に「(父親が)基隆の漁港埠頭で軍隊に拉致・連行されたと思われる」と記述したが,実際の「受難者」の審議においては,戦後Yが基隆に居住していた戸籍を「基隆市政府」から入手したこと以外に,2・28基金会を含む台湾当局が明らかした事実は何もなかった。つまり,厳密にいえば,Y–1が父親の「行方不明の状況」を証明するために提出した資料の事実関係が認められただけで,人命被害にかかわる具体的な真相究明という側面においては,目立った進展が得られなかったといえよう。台湾政府が日本国籍者の遺族に賠償金を支払うことを通して,積極的な「過去清算」への意思を国内外に示したが,身内が行方不明になってから長い間,遺族が抱いていたごく基本的な疑問は,依然として未解決のまま残されているのである。

　第二に,上記表6–1のYをはじめとする南西諸島出身の行方不明者の存在は,台湾2・28事件についての「過去清算」が,単なる「負の過去」を乗り越えるための公的な取り組み(台湾国内における過去克服をめぐる議論)だけではなく,1945年をつなぐ未解決の「戦後処理」(日台関係,さらに東アジアレベルの議論)を問う領域につながることを意味する。終戦後,脱植民地化の動きは厳しく制約される中で,外来政権による圧政と武力統治が残した傷跡,そしてそれに対する清算実践だけではなく,日本による植民地支配の遺産と未解決の「戦後処理」の問題に拡張されるのである。

　自国民への賠償についていかなる公式的な立場を表明していない日本政府と異なり,台湾政府はYの事例を積極的に宣伝・活用しているように見える。Y–1に賠償金を支給した数日後,慰安婦紀念館(阿マの家−平和と女性人権館)の予定地(台北市)で開かれた除幕式で,馬英九(バエイキュウ)総統は,台湾当局が

沖縄県の男性への賠償支払いを決めたことに言及しながら，「台湾の慰安婦は当時，日本国民だ。日本人はなぜ自国民に善意を見せないのか」と批判したのである（『毎日新聞』2016年3月9日付）。台湾側の「画期的な判決」[14]があったものの，激動の歴史のなかで置きざりにされてきたある個人が，再び従来の「平等互恵の原則」に立脚した外交の舞台に，あるいは日台間の歴史問題をめぐる先鋭的な論争の構図に回収されていく様子がうかがえる。

　一方，台湾政府が主導する「過去清算」の諸プログラムに積極的に参入しようとするY-1の行為について，多額の賠償金を獲得することで経済的な安定を得るためのものとして評価するのは一見妥当に思える。しかしながら，証拠資料の収集と申請から異議申立て，台湾当局を相手とした行政訴訟にいたるまで十数年にわたった複雑かつ困難なプロセスに取り組む工夫を，単に金銭的利益の追求や社会的地位の改善（例えば，外国人として初の賠償認定）のための行為としてのみ評価することは適切ではないと考える。受益という次元に必ずしも還元することのできない，公的領域における父親の行方不明の意味づけ，すなわちまだ完全に解決されたとはいえない事件と父親の行方不明との間の関連性を究明せんとする営みという側面を看過できないからである。

　詳しくは次節以降で述べるが，こうした近親者の行方不明の意味づけという営みは，すでに数十年にかけて彼／彼女たちのローカルな場において行われてきた。

---

14) 2016年2月17日，勝訴判決の直後に行われた記者会見で，Y-1は，次のように感想を述べた。「本日，父の2・28事件認定賠償を請求する裁判において，私共の訴えを認めるという審判を受け，晴れて勝訴することができました。まさに〈人権と正義〉を高々に謳いあげる画期的な判決であろうと思います。（…）慰安婦と台籍旧日本兵の問題は大きな懸念でありましたが，そこで〈負の連鎖〉を乗り越えたことは素晴らしいことです。」

5 家系記録に書き残された台湾2・28事件

5.1 除籍謄本，位牌，厨子甕

　ここからは，Yを含む3人の行方不明が，それぞれの家系記録の中でどのように記されてきたかについて焦点を当てながら，遺族による近親者の行方不明の意味づけをめぐる諸実践に注目する。フィールド調査で収集できたのは，次の表6-2のように，これまで遺族が近親者の行方不明について記してきた記録である。

表6-2　台湾2・28事件にまつわる南西諸島出身者の行方不明の記録[15]

表記	除籍謄本	位牌	厨子甕
Y	1954年3月31日死亡したものとして見なす／1994年8月30日失踪宣告裁判確定／同年9月9日長男〇〇〇〇申告除籍	昭和22年2月28日卒／〇〇〇〇／享年37歳	1947年（S22）3月寂（台湾）／法名〇〇〇〇／俗名〇〇〇〇
M	昭和24年3月28日午前3時本籍地で死亡／同居親族〇〇〇〇届出 昭和33年7月18日受付除籍	西紀1947年2月28日／享年31才／死亡	昭和56年11月／洗骨33年／〇〇〇
Z	昭和24年3月28日午前4時八重山郡与那国町字与郡国〇〇〇〇番地で死亡／同居の親族〇〇〇〇届出 昭和36年11月13日受付除籍	昭和21年2月15日卒／享年41歳	【未確認】

＊「〇」は筆者による伏せ字。
＊原文上の漢数字はアラビア数字にあらためて表記。

---

15) YとM，Z以外にも，筆者の調査では石垣島出身のもう1人の行方不明者（X，男，1908年生）の存在が把握された。遺族（次男）は，「1946年12月，家族全員が台湾から宮古を経由して石垣に引揚げした。父は針仕事を考え，まもなく台湾にミシンを取りに行ったのですが，結局戻ってくることはなかった。父があの事件（台湾2・28事件：筆者注）にやられたのは疑いもない」と語る。一方，Xの除籍謄本には，「昭和36年7月14失踪宣告の裁判確定／昭和28年7月13日死亡とみなされる／長男〇〇〇〇届出 昭和36年9月4日受付除籍」と記載されていることが確認できる。Xの次男とのインタビューは2014年5月27日に東京都練馬区で行われた。

5.2 「2・28」という記号

5.2.1 「非琉球人」の死後処理

　夫の失踪後，米軍基地にハウスキーパーとして勤めながら一人息子を育ててきた Y の妻（2010 年死亡）は，息子や孫たちに「父は台湾暴動事件に巻き込まれ犬死にしてしまった」とずっと語ってきたという。彼女にとって，沖縄戦で戦死した親族の一人が，援護法上の「準軍属」として適用されたことから感じられた相対的剥奪感は大きかった。Y-1 は次のように語る。

> 子どものころ，お母さんはいつもそんな話をしましたが，あのころ私はお父さんがいないことがそんなにおかしくなかったんです。同じクラスの友達のほとんどが戦争で父を亡くした母子家庭で育てられたからです[16]。

　Y-1 宅の仏壇に設置されている父親の位牌（裏面）には，口伝として伝えられてきた「台湾暴動事件」が，「昭和二十二年二月廿八日卒／享年三十七歳」のように刻まれている【図 6-5】。「卒」の直接的な原因として，台湾 2・28 事件を意味する「昭和 22 年 2 月 28 日」を明示しているのである。それは，除籍謄本上の死亡記録からもうかがえる。Y-1 は，1994 年 8 月 30 日，那覇家庭裁判所で行われた失踪宣告裁判で「1954 年 3 月 31 日死亡したこととして見なす」という判決を受けた。1994 年になってはじめて父親の失踪宣告裁判が可能になった理由について，Y-1 は次のように説明する。

> 日本復帰前，琉球・那覇家庭裁判所へ失踪宣告の申立てをしようとしたところ，沖縄は米軍統治下にあって，本籍が鹿児島県の父は「琉球人ではないため，沖縄が日本に復帰してから可能となると言われ失踪宣告を断念せざるを得なかった。復帰後，手続きがやっと可能となったが，(…) 父の行方に一縷の望みを持つ母は，益々思いが募り失踪宣告を躊

---

16) Y-1 とのインタビューは 2011 年 8 月 11 日と同年 10 月 24 日，2012 年 5 月 15 日，2013 年 6 月 24 日に同氏宅で行われた。

踏しつづけた。しかし，親族に促されてやむなく父の位牌を作り，1980年2月に33年忌を執り行った[17]。そうするうちに母は病に伏し20数年間にわたって入退院を繰り返し，失踪宣告に手をつけることが出来なかった。1993年8月頃，私は年老いた母を説得し代わって失踪宣告を申立てる準備にとりかかった。その後，翌年8月末，失踪宣告の裁判が確定された[18]。

　生死不明の状態が始まってから7年後に死亡したものとみなされる民法第31条（失踪の宣告の効力）に従って，失踪の起算点を「1947年」に，法的に位置づけることが可能となったのである。遺族が記してきた家系記録から確認されるのは，行方不明の時期だけではない。「一九四七年…台湾」と書かれているYの厨子甕の記録からは行方不明となった場所が特定されていることが分かる【図6-6】。実際，国境をまたいだ父親の移動経路を念頭に置いたY-1は，2007年，父親の出身地である与論島と，2・28事件による行方不明と深くかかわりのある石垣島や社寮島の海辺で拾った石をお骨の代わりとして壺に入れた。このように，位牌や厨子甕，さらに除籍謄本に記された記録からは，ローカルな場において遺族が近親者の行方不明についてどのように意味づけてきたかをうかがい知ることができる。近親者の行方不明に気付いた時点から遺族の意識の中で，事件との関連性が強く反映されたのである。

　基隆から鹿児島を経て，沖縄本土に定着した妻子にとって，戦後の激動する台湾の政治情勢はあくまで隣国の内乱に過ぎなかっただろう。それゆえ，蔣介石体制の戒厳令下で，事件について語ることをタブー視し，記憶を抹

---

17)「33年忌が終わらないうちの死霊は生きているものに祟ることがある。また，正常な死方をしなかった者の死霊は特にその危険度が倍加されて，極度に忌みきらわれた。（…）沖縄では33年忌の法事がすむと，完全に神になると信じられている。（…）常民の祖霊に対する考え方の中に，33年忌をすませて神となった祖霊は，強力な子孫の守護神であるという基本的な民間信仰があるからである」（真栄田・三隅・源 1972：228）。
18) Y-1とのインタビュー記録（2012年5月12日と2014年7月22日に同氏宅で，2014年3月1日と2015年3月1日に基隆市で）と，Y-1が2013年8月12日に台湾2・28基金会宛に提出した「失踪宣告裁判の経過」より抜粋。

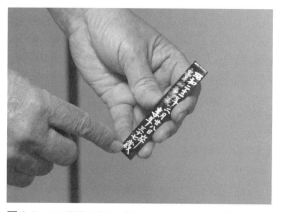

図 6-5　Y の位牌の裏面。(2014 年 7 月 22 日撮影,マスキングは筆者による)。
図 6-6　那覇市に所在する寺院には Y をはじめ彼の妻や Y-1 の義母,Y-1 の息子の厨子甕が安置されている。(2011 年 8 月 10 日撮影,マスキングは筆者による)。

消しようとした国民党政権の暴力的抑圧からも,直接的な影響はほとんど及ばなかったと考えられる。さらに,1980 年代後半における民主主義体制への移行やそれに伴う事件に対する歴史認識の変化とも直接関係なく,ただ身内が行方不明になった当時から,事件との関連性を強く意識し,それについての記憶が世代を超えて継承されてきたのである[19]。その意味で,この事件の余波が台湾国内に限られたものであると断定することはできないであろう。さらに,「闇」から「光」へ,あるいは「沈黙」から「発言」への転換という,民主化以後の台湾社会における「移行期正義」論に立脚した分析の有効性に対しても疑問が残される[20]。

5.2.2 「台湾暴動事件」から「2 月 28 日」へ

　M の遺族たちは,「密貿易」に従事していた同村の船乗りの伝聞と,行方不明直前の M が台湾から連れてきた孤児の精神疾患による様々な症状を通じて,M が巻き込まれ犠牲になった「台湾暴動事件」の恐ろしさを与那国

---

19) 台湾 2・28 事件との関連性が遺族のローカルな場において一貫して共有し継承されてきたのは,前節で論じたように,Y-1 が 2・28 基金会に提出した「2・28 事件受難者賠償金申請書」からもうかがわれる。
20) 例えば,済州 4・3 平和財団と 2・28 基金会が 2016 年 9 月から 1 か月間「二二八國家紀念館」で開催した交流展のタイトルは「闇から光へ」であった。

島で間接的に体験してきた。Mの弟嫁は次のように語る。

> 私はずっと与那国にいたため、「台湾暴動事件」がどんなことか全然分からなかったです。ところでMが行方不明になる前に台湾でその事件で孤児になった女の子一人をこちらに連れて来ました。頭が少しおかしい子だったんですね。外に出ることなくずっと家で生活しました。一応外国人身分になるので、その（在留期間の：筆者注）登録を毎年更新するためには、役場に行かなければならないのに怖くて部屋の中から出てこなかったんですね。それを見て、台湾の事件がどんなにひどかったことかと思いました[21]。

こうした経緯のなか、行方不明となってから33年となるのに合わせ、1980年代頃から家系記録に「台湾暴動事件」によるMの行方不明が文字化され始めた。台湾に向かったMが帰らぬまま33年が過ぎたある日、Mの母親や姉を含む遺族たちは、遺骨の代わりに、台湾が見える与那国島の東海岸の海辺で拾った石を厨子甕に入れたあと、その表面に「昭和五六年十一月／洗骨三十三年」と書き込んだ【図6-9】。当時の儀式に参加したMの長女にも、「祖母が浜辺で板切れの小舟に塩とおにぎりと鶏のひよこを乗せて台湾へ向かって〈行けよ、行けよ〉と言って流した」記憶が残っている[22]。位牌の裏面に「西厂一九四十七年二月二十八日／享年三十一才／死亡」と書き入れたこともその時期であった。そして、その時点から「2月28日」を命日とし、毎年その日に弟嫁宅で供養が行われている【図6-8】。

Mの事例からは、行方不明から現在までの様々な儀式や家系記録の記載などを担う世代が、母や兄弟から子や孫の代に交代することによって、口伝伝承による「台湾暴動事件」が「台湾2・28事件」に書き換えられてきたことをうかがい知れる。Yの場合は、遺族が1994年、那覇家庭裁判所に申立

---

21) Mの弟嫁とのインタビューは2012年12月24日と2013年2月27日、2014年7月21日と同月24日、2015年11月1日、2016年2月23日に同氏宅で行われた。本文中の「M」は筆者による。
22) Mの長女へのインタビューは、2013年6月24日に浦添市で、2015年11月1日に豊見城市で、2016年2月28日に台北市で行われた。

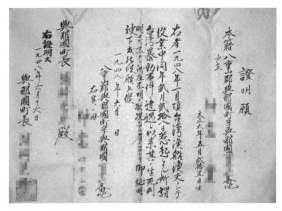

図 6-7 　与那国島に残された遺族たちは，M の行方不明に気付いた時点から「台湾暴動事件」との関連を強く認識していた。それは，M の母親（1966 年死亡）が 1948 年 6 月，与那国町長宛に提出した「證明願」という題名の文書からも確認できる。文書には，「右者一九四八年一月頃台湾漁船漁夫トシテ従業中同年弐月弐拾八日惹起（…）所謂台湾暴動事件ニ遭遇シ，以来其ノ生死判別セズ未ダニ所在不明，状況ニアル者ナルコトヲ御證明（…）」と書かれている。これに対して，与那国町長が同年同月に「右證明ス」と記入したことも確認される（2012 年 12 月 25 日撮影，マスキングは筆者による）。

図 6-8 　M の弟嫁宅にて行われる M の命日の供養。（2013 年 2 月 28 日撮影）。

図 6-9 　墓の内部にある M の厨子甕（中央）。M の弟の葬式が行われた 2012 年 3 月 16 日に撮影された。（同年 12 月 24 日 M の弟嫁提供）。

てた失踪宣告の審判を契機として，M の場合は，1981 年に行われた 33 回忌の洗骨儀式を契機として，「2 月 28 日」という文言が定着し始めるようになったのである。

　一方，M の同郷の先輩として，同じ日，同じ船に乗って出て行方不明になった Z の場合は，遺族の証言と家系記録が一致する Y や M と異なり，彼

の行方不明の事実や台湾 2・28 事件との関連性は，厳密にいえば，家系記録から直接読み取ることができない。Z の三女宅にある仏壇の位牌（裏面）には「昭和二十一年二月十五卒／享年四十一歳」として，また除籍謄本には「昭和弐拾四年参月弐拾八日午前四時八重山郡与那国町字与郡国〇〇〇〇番地で死亡」と記載されているからである。Z もまた Y や M と同様に，遺族が与那国島の海辺で拾った石を遺骨の代わりとして厨子甕に入れたが，2009 年に Z の妻が亡くなってからずっと家族墓が閉じられていたため，表面に書き込まれたはずの記録は確認できない。

　家系記録のみでは把握できない Z の行方不明以後について，当時の状況に最も詳しい Z の長女が高齢のため直接聞くことはできなかった。その代わりに，彼女が 2007 年頃に書いた手記にはその時のことが記されている。

　　父が台湾 2・28 事件に巻き込まれて亡くなったと言ううわさを聞きましたが，母は信じられない，お父さんはきっと生きていると信じ込み決して認めようとはしませんでした。永い年月が経過する中で，早く供養してあげるべきだと言う親戚の意見，助言に押されて，与那国役場に母が証人として死亡届を提出しました。（…）行方不明となった父と，3 歳で高雄でなくなった弟の遺骨がないため，台湾に向い魂を迎える思いで海から小石を拾い与那国の墓地に安置してありましたが，沖縄（本島：筆者注）に移住のため那覇市の納骨堂に預けております[23]。

現在，家族墓は豊見城市に移転され，Z の三女が継承している【図 6-10】。彼女は，父親の行方不明の原因とは合わない除籍謄本上の死亡日時及び場所，そして「死亡」と書かれた理由について次のように付言する。

　　事件から 14 年あまり経って，母が父の死亡届を役所に出しました。今見たらなぜその日に死んだと届を出したのか不思議です。しかも，「家で死亡した」と書かれています。多分，母は日々の生活に追われて放置

23）この資料は 2014 年 7 月 21 日に Z の三女から提供を受けた。

図 6-10　Z家の墓。Z夫婦と息子の厨子甕が納められている。行方不明状態のZと息子の厨子甕には「与那国の浜辺で拾った石」が入っている。(2014年7月24日撮影)。
図 6-11　Zの三女宅で行われたZの妻の七年忌 (2015年11月1日撮影)。

していた夫のことを，とにかく何とかしなければと考えたんじゃないでしょうか。それは父の死亡日時が同郷出身のMより1時間後になっていることからも十分に考えられます。(…) 母はなにより父の供養のために死亡届を出したようです。だって，生きてる人の供養をするわけにはいかないじゃないですか[24]。

　父親の行方不明が除籍謄本では「本籍地で死亡」と記載されていることについて，Mの長女も，2016年11月，台湾2・28基金会宛に提出した「2・28事件受難者賠償金申請書」に次のように述べている。

　たいへん残念なことですが父は「失踪宣告」がされていません。戦争直後は衣食住もままならない大変混乱の時代でした。一日一日生きることだけで精いっぱいで失踪宣告という言葉さえも知らない，島に暮らしていて，裁判とかの考えは及びもつかないことでした。(…) しかし，人が亡くなったら後始末をしなければならない，そうしないと生きている人たちは前へ進めない，だから島の人たちは役所で死亡届を出して後始末をするしか方法がない。仕方がありませんでした。(…) 父の除籍謄本は「昭和24年3月28日午前3時本籍地で死亡」とされ，村役所への

---

24) Zの三女とのインタビューは2014年7月24日と2015年11月1日に同氏宅で，2016年2月28日に基隆市で行われた。本文中の「M」は筆者による。

届出はずっと後の「1958年」となっています。これはほんとうのことではなく，当時の与那国の島人たちの証言からしても明らかに混乱期の中で当たり前のような手続きでありました。

6 継承される行方不明の記憶

　台湾2・28事件に巻き込まれたYやM，Zが行方不明になったのは，厳密に言えば，大陸からの国民党の援軍が基隆に上陸した1947年3月8日以降のことである可能性が高い。にもかかわらず，各々の遺族が，事件を象徴する「2月28日」が近親者の「正しい」死亡日であると見なしてきたのは，なぜか。それは正確な死亡あるいは行方不明の日付であるというよりは，事件との関連についても明確な情報すら持ちえない遺族にとって，「2月28日」が，近親者の行方不明の直接的な原因を解明するための唯一の象徴性を帯びたキーワードであるからである。すなわち「2・28」という数字は，単に「死亡日」として見なされた日付だけではなく，事件と深くかかわりのある行方不明であることを示すための記号であったのである。

　家族・親族集団のローカルな場における家系記録や証言は，身内の行方不明に気付いた時点からその直接的な原因になった台湾2・28事件との関連性を考慮しながら，首尾一貫して継承されてきた。こうした彼／彼女たちの生活の視点は，台湾2・28事件が終了したのち38年間にわたる「戒厳令」と，その後の民主化，そして「過去清算」の法制化という段階的な移行論モデルに立脚した台湾国内における歴史認識の変遷からは理解することができないであろう。それは，第4章で検討したように，紛争以後の政治環境や歴史認識の変化と必ずしも合致しない済州4・3事件における遺族第一世代の実践からもうかがい知ることができた。

　一方，紛争後社会における近親者の死の意味づけをめぐって，国家権力との尖鋭的な緊張関係や衝突を避けるために様々な工夫を凝らさなければならなかった済州4・3事件以後における遺族第一世代の状況とは異なり，隣国の恐怖政治から一定の距離をおいていた沖縄の遺族たちは，一貫して「2・

28」という記号を用いながら，近親者の行方不明とその原因を意識してきた。第4章で分析対象として取り上げた済州4・3事件以後の家系記録（除籍謄本，族譜，墓碑）の間には一致と不一致が読み取られ，それは事件以後の抑圧的な政治体制を生き抜くために模索された遺族第一世代の工夫と知恵を意味した。これに対し，本章で取り上げた台湾2・28事件以後の家系記録（除籍謄本，位牌，厨子甕）と公文書，さらに遺族や目撃者の証言の間には，若干の差は見られるものの，顕著な相違点は確認できない。さらに，ごく私的な媒体である家系記録の中に，「死亡月日」として意味づけられてきた「2月28日」を通じ，世代を超えて近親者の行方不明についての記憶が一貫して継承されてきたことをうかがい知ることができる。

　工夫を凝らしながらその生の経験を刻み，記憶を継承してきた遺族たちの実践は，紛争後社会における「段階的発展」や「歴史の進歩」を前提とする「移行期正義」論の有効性に限界があることを明白に示しているのである。

終章 ── 過去克服への取り組みとローカル・リアリティ

済州4・3事件の傷跡が鮮明に残っている村の共同墓地（2015年11月27日撮影）。行方不明者のほとんどは，墓碑だけ建てられている。

1 再編される死者間の構図

　紛争終了後，救済措置や負の歴史の見直しの流れのもと，「戦後処理」や「過去清算」といった国家の主導する過去克服への法的・制度的取り組みが各国・地域における民間人死者やその遺族たちにも向けられてきた。民主主義体制への移行期における済州４・３特別法の制定と韓国政府による「過去清算」の法制化や，アメリカ施政権下における沖縄の「一般住民」に拡大適用されてきた援護法と日本政府による各種援護金の支給，そして「戒厳令」解除後の台湾における２・28賠償条例にもとづく「過去清算」と近年の外国籍者への賠償にいたるまで，その法的・制度的な効力は現在においても有効である。

　そしてそれぞれの過去克服の法・制度にもとづき，民間人死者の公的な位置づけ・意味づけが試みられてきた。その主たる成果として，済州４・３事件においては「犠牲者」が，沖縄戦では「戦没者」の一種類としての「準軍属（戦闘参加者）」が，台湾２・28事件では「受難者」という公式の集合的死者群が創り出されてきた。さらに紛争から半世紀以上が過ぎた今日，遺族第一世代の減少と高齢化の進展とともに，紛争後社会の産物ともいえるこうした「犠牲者」の社会的意義が，非体験世代へと継承されるという新たな局面を迎えている。

　ところが，各々の紛争に関わったすべての死者が「犠牲者」と公定化・公式化されるわけではない。本書で検討したように，済州４・３事件においては「南労党済州道党の核心幹部や武装隊の首魁級等」に該当するか否かについての可否，沖縄戦においては「積極的な日本軍への協力／戦闘への参加」が立証できるか否かについての可否，台湾２・28事件においては「本省人であるか否か」が，各国・地域の「犠牲者化」における拘束力をもつ核心的な規定として，各々「犠牲者」，「戦闘参加者」，「受難者」といった新たな脈絡の死者群を創り出すメカニズムに寄与してきた。

　それゆえ，済州４・３事件の「過去清算」においては，国家暴力の内実が厳密かつ詳細に検証されることよりは，ただひたすら「反社会的な政治団体

への関与」や「政府の討伐政策に対する積極的な対抗」、「国家アイデンティティの毀損」に着目する、いわば思想的な純潔性による「犠牲者化」が行われるようになった。また沖縄戦の「戦後処理」にみられる「戦没者化」も同様に、生き残った遺族が（再）構成した体験記述が軍国主義的な基準項目に当てはまるかどうかによって、「国との雇用関係または類似の関係」が事後的に構築され、たとえ「一般住民」、さらに「個人の意志は働かず、戦闘能力もない」とされた乳幼児であっても「戦没者」に統合する権力が作動する。一方、第6章で検討したように、台湾2・28事件の「過去清算」は、因果関係が証明できた本省人身分の被害者のみが2・28賠償条例の「受難者」と限定されるため、外省人をはじめ事件に巻き込まれた外国籍者などは対象外とされ、「過去清算」の法・制度からも排除されてきた。しかし近年、日本国籍の遺族からの賠償請求が初めて認められることで、従来の「受難者化」をめぐる問題はさらに新たな転換点を迎えることとなった。

　三地域における紛争の歴史はもとより、政府主導の過去克服策として試みられてきた「過去清算」や「戦後処理」を同一線上で比較するにはある種の限界があることを考慮しなければならない。しかし各国・地域固有の政治的・社会的な特殊性を反映した「犠牲者化」においては、「犠牲者」、「戦闘参加者」、「受難者」といった「正しい犠牲者」グループを創りだしてきた、という共通性が見いだされる。歴史的な事実の究明よりは、その対象を特定化することを通して、国民和合／統合の志向や国家イデオロギーの維持・強化といった政治的な目的の達成を目指すという点で、それぞれ異なる社会に通底する論理を看取することができる。

　本書では、国家暴力による民間人死者が国民国家の枠組みの中に包摂され「犠牲者」として位置づけられていくメカニズムについて考察した。そうすることで、一方では死者たちを「犠牲者」として一元化・均質化し、他方では「犠牲者」と非「犠牲者」に序列化する、紛争後社会の政治的な「移行期」における排他的な線引きの論理を実証的に明らかにした。公的な「犠牲者」として位置づけ・意味づけられる死者たちは、実際の加害や被害、傍観、黙認、密告などといった事件当時の複雑な事情を問わず、法・制度の領域における受益グループとして、事件を表象・代弁するとともに過去との主

要な媒介項としての役割を担うようになった。こうした「犠牲者化」は，紛争空間における死者間の複雑な諸事情を画一化・平準化することによって，彼／彼女らの多種多様な関係性もまた不可視化する。

済州4・3事件においては，「和解と共生」という名目で，「犠牲者からの除外対象」として規定された「南労党済州道党の核心幹部や武装隊の首魁級等」を除くすべての死者を「犠牲者」として均質化することによって，加害者と被害者，あるいは，こうした二極化の構図に収斂されない「中間層」が公的な弔いの場で「英霊」として慰霊・追悼されつつある。そこには「武装隊」に対する「討伐隊」の残虐行為という国家暴力の具体的な事実へ遡及する道が断たれる可能性が内包されている。すなわち，「〈透徹した左翼〉なら殺してもよい」（梁正心 2008：246）という論理が潜在的に助長されているのである。

沖縄戦の場合もまた，戦場に巻き込まれ強制された「一般住民」の死が，「戦後処理」の過程で「積極的に戦闘に参加した者の死」や「日本軍に積極的に協力した者の死」といった自発的かつ能動的な意味へと変質させられることによって，日本軍と「一般住民」，あるいは「一般住民」同士の殺した／殺された／殺しあった関係性が無化されるようになった。このことは，先行研究における「民間人の戦闘員化」による「運命共同体的な関係」への変換という，（民間人死者の）アイデンティティの変容および（日本軍と「一般住民」との間の）関係性の再編だけではなく，さらに「一般住民」の間の多種多様な関係性の再構築がもたらされたことを意味する。

台湾2・28事件においては，当時の虐殺現場を共にした南西諸島出身者の存在が，近年やっと2・28賠償条例にもとづく「受難者化」プログラムに登場していることが確認される。公式の歴史から抹消されてきたエスニック・グループが，申請を通して，「受難者」への公定化・公式化に参入しているのである。台湾2・28事件の「過去清算」においてその対象を限定化する法・制度上の厳しい制限は，済州や沖縄のそれと比べてはっきりとは示されていないものの，激動の歴史のなかで置きざりにされてきた多種多様な人びとの現実は，申請主義という壁の前で，依然としてその時々の政治的・社会的な状況に左右されている。

2 せめぎあう国家のナラティブと民衆の経験知

　本書が注目しているのは，国民国家イデオロギーを支える「犠牲者化」のメカニズムと，「そこに参入してきた」遺族第一世代の実践であり，それを吟味することに重点をおいて考察を進めてきた。とくに，国家の正統性や暴力の正当性に事後的に回収しようとするある種の強制力と秩序に，時に順応し，時に抵抗しながら，殺害された近親者を「犠牲者」として再定位し，公式の居場所を獲得しようとする遺族第一世代の振る舞いについて検討した。申請主義システムにおいて最下位層に位置づけられる彼／彼女たちの実践は，従来の「移行期正義」論が類型化してきた紛争以後の社会変化や「犠牲者」像の再検討を示唆する。

　本書では，済州4・3事件以後を研究対象とし，「過去清算」における「大量死の意味づけ」という枠組みを用いることで，済州4・3事件研究で明らかにされた知見を沖縄戦と台湾2・28事件の事例に適用し，それぞれの国家・社会においてかつての国家暴力による民間人の「大量死」がいかに位置づけられ，意味づけられてきたかを考察した。まず，済州4・3事件以後を生き抜いてきた遺族第一世代は，公的領域に回収される「犠牲者化」プログラムに一方では参入する姿をとりながらも，他方では体験の立証において実証主義といった公的領域における規範とは相容れない振る舞いを駆使してきたことが分かる。このことは，遺族第一世代の私的記憶が，彼／彼女たちを取り巻く政治環境の変化，とくに「負の過去」克服に向けた公的措置によって言説化された社会的集合記憶と接合することによる変容と再編成として読み解くことができる。それは，沖縄戦の「戦後処理」の諸政策に参入しながら，戦死した近親者が国家の提示する「戦没者」の枠組みに当てはまるように「申立書」に死者と自身の体験記述を書き換える工夫，いわば遺族第一世代による目的指向的行為からもうかがい知ることができる。

　一方，申請される死者たちが「犠牲者」，あるいは非「犠牲者」として二分化される公的領域における再編性とは別の次元で，家族・親族集団のミクロな領域において近親者の死や行方不明を意味づける実践もあった。このこ

とには，公的機関への申立書と同じくアーカイブ機能をもつ家族・親族集団の記録資料からアプローチできる。各々の記録から読み取られる遺族第一世代の工夫からは，紛争後の苦難と暗黒の中にあっても，生活上の困難を乗り越える方途を模索してきた彼／彼女たちのローカルな知の生成と実践をうかがい知ることができる。

　以上のように，公的機関への申請において発揮される体験の改変や，家族・親族集団の記録資料の中で試みられてきた記録間の変則的な一致または不一致は，記録や記述の真偽判断を問う実証主義的方向性とは異なり，遺族第一世代の工夫と知恵，そして当面の危機を乗り越える潜在力を示唆する。そのような意味で，彼／彼女たちのローカルな場における振る舞いという観点から「負の過去」を克服するための政策的取り組みを再考することは，従来の「移行期正義」論における「断絶」論的欠陥を乗り越えるための方向を示すものであるといえよう。また，遺族第一世代が，強制的に沈黙させられてきた受動的存在（微力な人間像）ではなく，創意工夫を凝らしながら自身と近親者の生死に関する経験を刻み，記憶を継承してきた能動的な主体であるということは，「移行期正義」論が暗黙の前提として構築してきた被害者像・「犠牲者」像を再検討することの意義を示すものである。

　次の表7-1のように，第3章と第4章の議論における公的機関への「申告書」や家系記録を時系列に検討すると，そうした側面がかなり明確に浮き彫りになるであろう。

　同一人物の記録であるにもかかわらず，記録の整合性に齟齬が確認できる。とくに，除籍謄本と他の資料の間の不一致が著しい。「未申告」という戦略的な選択もまた確認される。虐殺以後の反共社会を生き抜いてきた遺族第一世代は，「移行期正義」の理論的規定とは異なり，ある特定の時点，すなわち政治的な「移行期」にいたって初めて被害を語り始めたのでも，あるいは抵抗言説の主体として登場したのでもない。父系血統を重視する家族・親族文化と，済州4・3事件による民間人の死をタブー視する反共社会の規範や主流の歴史観との間，つまり，「公」と「私」の間の尖鋭的な緊張関係や衝突を避けつつ，緻密な記載実践，記憶の継承を行ってきたのである。遺族第一世代は，近親者の死あるいは行方不明を不穏視する社会の支配的イデ

表 7-1 済州 4・3 事件にまつわる B 家における死や行方不明の記録

表記	除籍謄本	良民虐殺真相糾明申告書	墓／墓碑文	犠牲者申告書	族譜
1（男／81歳／既婚／死亡）	1953 年 4 月 18 日午前 6 時本籍地デ死亡（1953 年 4 月 25 日）	1948 年陰 12 月 19 日，完全武装した軍人たちが（…）無条件に銃殺させました。（1960 年 6 月）	あり／1948 年陰 12 月 19 日生ヲ終エタ（1981 年春）	1948 年 12 月 19 日午前，軍人たちが（…）近隣の農地に連れていかれた後，銃殺させました（2000 年 9 月 14 日）	戊子 12 月 19 日卒／忌 12 月 18 日（2001 年）
2（女／76歳／既婚／死亡）	1953 年 4 月 13 日上午 10 時本籍地デ死亡（1953 年 4 月 20 日）	1948 年陰 12 月 19 日，完全武装した軍人たちが（…）学校西側 150 メートル地点で虐殺しました。（1960 年 6 月）	あり／1948 年陰 12 月 27 日生ヲ終エタ（1981 年春）	1948 年 12 月 27 日（…）通称○○○○○畑に連行された後，銃殺されました。（2000 年 9 月 14 日）	忌 12 月 26 日（2001 年）
5（男／36歳／既婚／行方不明）	1953 年 4 月 14 日上午 1 時本籍地デ死亡（1953 年 4 月 20 日）	〈未申告〉	あり／1949 年 8 月 11 日生ヲ終エタ（1981 年春）	（…）1949 年 8 月 16 日頃に軍・警討伐隊に逮捕されたと聞き，その後行方不明となった。（2000 年 9 月 14 日）	1949 年 8 月 11 日卒（2001 年）
7（女／19歳／未婚／死亡）	1953 年 4 月 12 日午前 4 時本籍地デ死亡（1953 年 4 月 20 日）	〈未申告〉	あり／なし	1948 年 11 月 27 日午前，（…）警察に逮捕され，○○里砂場に連れていかれた後，銃殺されました。（…）（2000 年 9 月 14 日）	〈未記載〉

＊「○」は筆者による伏せ字。
＊「表記」欄の丸括弧には「性別／死亡あるいは行方不明時の年齢／婚姻の有無／被害類型」順に記載。
＊原文上の檀紀は西暦に，漢数字はアラビア数字にあらためて表記。それ以外は，原文をそのまま翻訳。
＊上記の「戊子」は「1948 年」を意味する。
＊各媒体別の丸括弧には各々の記録が作成された日を表記。

オロギーを，時には受容し，時には交渉と折衷を試みながら創造的な意味づけを試みてきた。このような死の意味づけの実践は，反共社会における「不穏な死」への対処として，近親の死者及び行方不明者，そして生き残った遺族全員，さらに子孫たちの未来を虐殺がもたらした暴力的な状況から引き離すための窮余の策であったと考えられる。

そのことは，台湾2・28事件で身内を亡くした遺族たちが，一貫して「2・28」という記号を駆使しながら，世代を超えて今日にいたるまで近親者の死の状態（行方不明）とその原因についての記憶を継承し続けてきた振る舞いからもうかがい知ることができる。

このように，遺族第一世代は，「移行期正義」論の発想が類型化してきたいくつかのストーリーに収斂されない紛争以後を生きてきた。単なる「声なき者」や「語りえぬ者」としてではなく，死者と自身を取り巻く権力とのせめぎあいを通して交渉・折衷し工夫を凝らす存在として，目の前に差し迫った危機を回避しうる体験記述の妙味を発揮しながら，破壊された家族・親族集団の修復の可能性を絶えず模索してきたのである。

段階的な進化論モデルに立脚する「移行期正義」論は首尾一貫した，もしくは変則的な変化を容認しない。そこには当面の難題を乗り越えるための遺族第一世代の孤軍奮闘，あるいは窮余の策という側面も見落とされている。それゆえに，遺族第一世代によって記されてきた申立書や家系記録から読み解かれる不規則な記載内容や，前後関係が矛盾するように解釈される体験記述，もしくは公私問わず一貫性を示す死あるいは行方不明の記録は，「移行期正義」が論じてこなかったローカルな場における紛争以後を吟味するとき，はじめてその行間を読み解くことができるであろう。そして，こうした首尾一貫した，もしくは不規則的な記録の読み解き方こそ「過去清算」や「戦後処理」が構築してきた支配的歴史観を再考するにあたっての重要なアイディアを提供してくれるものであると言えよう。

あとがき

　本書で扱った済州4・3事件と沖縄戦,台湾2・28事件が残した「負の遺産」は,今後どのように意味づけられていくだろうか。それぞれの国・地域における過去克服への取り組みと「犠牲者化」,そして各々の公的な記念施設における「犠牲者」の表象はどのように変化するのか。刻銘碑において名前の追加と削除が繰り返し行われる記念施設の現実は,「犠牲者＝英霊」のバウンダリーが再構築されつつある今日の過渡期的な状況を端的に示している。

　それとともに,殺害された近親者を「犠牲者」という制度圏の中に組み込もうとする遺族第一世代の工夫もまた続いている。「犠牲者化」政策を管掌する政府機構に「申請書」を提出して審査を受けることは,現在も進行中のプロセスであり,それ以外にも行政当局を相手取った異議申立てや訴訟も行われている。その過程で,立証資料と証言,他の公文書との間の不一致という状況が審査する側からいかに判断されるか,相矛盾する諸資料の信頼性に疑問が投げかけられる可能性は十分予想しうるであろう。また,家族・親族集団の記録資料である族譜や墓碑,位牌などについても今後,さらに書き直される可能性が高い。

　したがって,本書において上記資料の検討から得た主要な結論は,あくまでも遺族第一世代の行動様式についての現段階での分析と考察にとどまる。かつての紛争の経験はさることながら,死者とともに生きた経験のない遺族第二,三世代の時代において,死者を代弁して当局との交渉を担ったり,家系記録を書き直したりする状況が現実となったならば,本書における議論とは異なる別の議論も可能となるだろう。それゆえ,本書で取り扱った問題は,決して現段階で決着がつくものではなく,これからじっくり議論するための基礎作業にすぎないであろう。

　本書は,多くの人びととの出会いと支援によって執筆することができた。

なにより，インタビューや参与観察，資料提供に応じて下さった遺族第一世代の存在は忘れられない。済州4・3事件，沖縄戦，そして台湾2・28事件で身内を亡くした，あるいは行方不明になった遺族の皆様のご協力に対しては，いつも「ありがたい」という感謝の気持ちと「申し訳ない」という2つの相反する気持ちが交錯してきた。第三者の閲覧が困難な資料を提供し，さらに公開を許可してくださったり，きわめて私的な追悼儀式を観察できるように配慮してくださったりしたおかげで本書が刊行できた。しかし一方では，すでに過去のものとなった／なりつつある，二度と思い出したくない記憶をほり起こすわたしの「仕事」は，いつも彼／彼女たちに苦痛を与えてしまうものであった。遺族の方からいただいた資料や証言をきちんと分析できず，誤った結論をしめしてしまっていたとすれば，その責任は全面的に筆者にある。

　本書は，そのほとんどが京都大学大学院文学研究科社会学専修博士後期課程在学中に筆者が進めてきた研究がもとになっている。お力添えをいただいた社会学研究室の先生方，松居和子さん，そして先輩・同輩の皆様に深く感謝申し上げる。とくに，指導教官である松田素二先生からは学問に臨む基本的姿勢だけではなく，「4・3スタディーズ」の可能性を引き出せるようご指導いただいた。博士論文の審査では，伊藤公雄先生，水野直樹先生，松田先生に大変お世話になった。口頭試問でいただいたコメントは，博士論文を提出し，本書脱稿にいたるまでの重要な土台になった。この場を借りて厚く御礼申し上げたい。

　また，本書の執筆にあたって，日本文化人類学会，社会学研究会，国際高麗学会日本支部，朝鮮史研究会関西部会，済州島四・三事件を考える会・大阪，韓国文化人類学会，琉球・沖縄学会等で，研究発表や論文投稿の機会を与えていただいた。これらの報告に対していただいたコメントは大変貴重なものであり，本書の執筆において大いに参考にさせていただいた。

　本書の主な研究の現場は済州島である。文京洙先生をはじめ，高正子先生，藤永壯先生，鄭雅英先生，伊地知紀子先生，高村竜平先生，玄善允先生の各先生方には，歴史学や人類学，社会学，政治学などで蓄積してきた済州

研究の成果から数々のご教示をいただいた。とくに，日本留学の初期段階から公私を問わず貴重なご助言とご指導をいただいた伊地知先生と高村先生には心より感謝の意を申し上げたい。

　済州での調査・研究では，修士課程の指導教員であった趙誠倫先生（済州大），詩人の金京訓先生，安美貞先輩（韓国海洋大）に大変お世話になった。沖縄と台湾社会の研究をするにあたっては，冨山一郎先生と「火曜会」の皆様，北村毅先生，又吉盛清先生，謝花直美さん，鳥山淳先生，新垣安子先生，朱立熙先生（知韓文化協會），何義麟先生（臺北教育大），李明峻先生（台湾琉球協會），朱惠足先生（中興大），故張炎憲先生から多大なるご教示をいただいた。先生方との出会いをきっかけに，済州島に閉じ込められていたわたしはより広い視野から研究を進めることができるようになった。共同研究の機会をいただいた中野聡先生，金美景先生，藤吉圭二先生，金成禮先生（西江大）にも数々のご教示をいただいた。

　山本浄邦学兄とは日本留学前から親しくしてきたが，本書出版にあたって拙稿を丁寧に読んでいただき，的確で有意義なご指摘をいただいた。

　京都大学での学修期間を終えたのち，立命館大学での新たな研究環境をととのえてくださった生存学研究センターの先生方にも大変お世話になった。とくに，小川さやか先生には衣笠総合研究機構・専門研究員として受け入れていただき，多大なご支援をいただいている。大学院生時代に研究員として，大阪市立大学人権問題研究センターの「平和と人権」研究プロジェクト（2013.5〜2015.3）に参加する機会をいただいた野口道彦先生をはじめ，島和博先生，古久保さくら先生にもこの場を借りて深く感謝申し上げたい。

　このほか，多くの方々から多大なご協力とご助言をいただいた。

　本書のもとになった調査は，日本学術振興会「科学研究費助成事業」（2010.4〜2012.3，2015.10〜2017.3）とトヨタ財団「研究助成プログラム」（2012.11〜2014.10），りそなアジア・オセアニア財団「研究助成」（2013.3〜2015.3），三島海雲記念財団「学術研究奨励金」（2015.7〜2016.6）などの助成を受けて可能となった。

　なお，本書は，平成28年度京都大学総長裁量経費による出版助成により

出版されることになった。執筆・編集過程においては，京都大学学術出版会の鈴木哲也さんと國方栄二さんから大変有益なコメントとご助言をいただいた。ここにお礼を申し上げたい。

2017 年 3 月
高　誠晩

初出一覧

　本書は，2014年12月に京都大学大学院文学研究科に提出した，博士学位論文『現代紛争後社会における大量死の意味づけをめぐる「正義回復」への試みとローカル・リアリティ―済州4・3事件，沖縄戦，台湾2・28事件の事例から―』と，以下に記した既存論文をもとに大幅に改稿したものである。

1．「大量虐殺の過去清算における〈合意〉に関する研究―〈済州4・3事件真相究明および犠牲者名誉回復委員会〉の〈犠牲者審議・決定〉を事例として―」(『京都社会学年報』17, 2009年12月, pp. 87-111)。
2．「済州・虐殺と追悼―〈死者〉の再構成という観点―」(『国家と追悼―「靖国神社か，国立追悼施設か」を超えて』, 山本浄邦編, 社会評論社, 2010年8月, pp. 249-277)。
3．「4・3 과거청산과 '희생자'―재구성되는 죽음에 대한 재고 (4・3過去清算と〈犠牲者〉―再構成される死に対する再考)」(『耽羅文化』38, 2011年3月, pp. 249-277)。
4．「紛争後社会における大量死の意味づけ―沖縄戦の戦後処理と済州四・三事件の過去清算の事例から―」(『ソシオロジ』179, 2012年7月, pp. 59-74)。
5．「大量死の意味をめぐるローカルな知の生成と実践―済州4・3事件の民間人死者および行方不明者にまつわる父系出自集団の記録をめぐって―」(『文化人類学』79 (4), 2015年3月, pp. 378-396)。
6．"Reconciliation, Transitional Justice and Political Archivization: A Comparative Study of Commemoration in South Korea and Japan of the Jeju April 3 incident" in Mikyoung Kim, ed., Routledge Handbook of Memory and Reconciliation in East Asia, New York: Routledge, 2015, pp. 287-303.
7．「反共社会を生き抜くための体験記述―済州4・3事件にかかわる公的文

書を読み解く」(『人権問題研究』14, 2016 年 3 月, pp. 55-67)。
8. 「〈移行期正義〉とローカル・リアリティ―済州 4・3 事件以後を見つめなおす」(『コリアン・スタディーズ』4, 2016 年 5 月, pp. 44-53)。

引用文献

1. 日本語【五十音順】

安仁屋政昭（1997）「沖縄戦についての援護と国家補償」『戦争責任研究』第 17 号：60-67。

阿部利洋（2007）『紛争後社会と向き合う―南アフリカ真実和解委員会』、京都大学学術出版会。

───（2012）「参加にともなう公的承認―南アフリカ真実和解委員会とカンボジア特別法廷の事例から」『体制移行期の人権回復と正義（平和研究第 38 号）』、早稲田大学出版部：23-40。

石原昌家（2000）『空白の沖縄社会史―戦果と密貿易の時代』、晩聲社。

───（2007）「『援護法』によって捏造された『沖縄戦認識』―『靖国思想』が凝縮した『援護法用語の集団自決』―」『沖縄国際大学社会文化研究』10-1：31-53。

───（2011）「『沖縄戦体験』を捏造した『援護法』の仕組み」『ピース・ナウ沖縄戦：無戦世界のための再定位』、法律文化社：24-39。

───（2016）『援護法で知る沖縄戦認識―捏造された「真実」と靖国神社合祀』、凱風社。

板垣竜太・水野直樹（2012）「創氏改名時代の族譜―父系血縁集団の対応に注目して」『韓国朝鮮文化研究：研究紀要』11：74-32。

伊地知紀子（2004）「生活共同原理の混淆と創造―韓国・済州島の生活実践から」『文化人類学』69（2）：292-312。

伊地知紀子・高正子・藤永壯（2014）「韓国・済州からの渡日史―東回泉マウル調査の事例から」『コリアン・スタディーズ』2：117-131。

伊地知紀子・村上尚子（2008）「解放直後・済州島の人びとの移動と生活史―在日済州島出身者の語りから」『日本帝国をめぐる人口移動の国際社会学』、不二出版：87-145。

伊藤亜人・大村益夫・高崎宗司・武田幸男・吉田光男・梶村秀樹監修（2014）『新版 韓国 朝鮮を知る事典』、平凡社。

遠藤正敬（2013）『戸籍と国籍の近現代史―民族・血統・日本人』、明石書店。

小池康仁（2015）『琉球列島の「密貿易」と境界線―1949-51』、森話社。

沖縄県遺族連合会（1982）『還らぬ人とともに―沖縄県遺族連合会三十周年記念誌』。

───（2002）『沖縄の遺族会五十年史』。

沖縄県生活福祉部援護課（1980）『戦闘参加者概況表 昭和 55 年 7 月再版』。

───（1996）『沖縄の援護のあゆみ―沖縄戦終結 50 周年記念』。

沖縄県平和祈念資料館（2001）『沖縄県平和祈念資料館総合案内：平和の心を世界へ』
小田誠（2008）『「難死」の思想』，岩波書店。
何義麟（2014）『台湾現代史―2・28事件をめぐる歴史の再記憶』，平凡社。
川村邦光（2003）「はじめに―〈戦死者のゆくえ〉に向けて」『戦死者のゆくえ―語りと表象から』，青弓社：9-22。
漢那敬子・地主園亮・根川智美（2006）「台湾における琉球関係史料調査報告―台湾総督府文書・台湾省行政長官公署資料を中心に」『史料編集室紀要』31：77-112。
北村毅（2009）『死者たちの戦後誌―沖縄戦跡をめぐる人びとの記憶』，御茶の水書房。
金成禮（板垣竜太訳）（2001）「国家暴力と性の政治学―済州4・3虐殺を中心に」『トレイシーズ』2：198-222。
―――（藤枝真訳）（2005）「大虐殺の後で―済州島における女性の痛みと生存の連帯」『戦後思想のポリティクス』，青弓社：227-257。
金奉鉉（1978）『済州島血の歴史―「4・3」武装闘争の記録』，国書刊行会。
金奉鉉・金民柱（1963）『濟州島人民들의「4・3」武裝闘争史：資料集』，交友社。
厚生省社会・援護局援護課（2000）『援護法Q&A―仕組みと考え方―』，新日本法規出版。
河野麻美子（2004）「援護法と沖縄―沖縄における戦後補償問題―」『恵泉アカデミア』9：243-218。
佐藤信行（1973）「済州島の家族―〇村の事例から」『韓国農村の家族と祭儀』，東京大学出版会：109-145。
澤井敦（2005）「戦後日本社会と死の自己決定―主体的であることの社会的文脈」『戦後日本の社会と市民意識』，慶應義塾大学出版会：73-94。
宍戸伴久（2008）「戦後処理の残された問題―日本と欧米における一般市民の戦争被害の補償」『レファレンス』平成20年12月号：111-140。
嶋津与志（1991）『沖縄戦を考える』，ひるぎ社。
嶋陸奥彦（2010）『韓国社会の歴史人類学』，風響社。
朱德蘭（2010）「基隆社寮島の沖縄人集落（一八九五―一九四五）」『東アジアの文化と琉球・沖縄―琉球／沖縄・日本・中国・越南』，彩流社：49-77。
杉田敦（2005）『境界線の政治学』，岩波書店。
杉山知子（2011）『移行期の正義とラテンアメリカの教訓：真実と正義の政治学』，北樹出版。
副田義也（2001）「死者とのつながり」『死の社会学』，岩波書店：189-339。
徐勝（2011）『東アジアの国家暴力と人権・平和』，かもがわ出版。
徐仲錫（村上尚子訳）（2010）「〈済州四・三〉の歴史的意義と今日的意味」『済州島四・三事件 記憶と真実 資料集―済州島四・三事件60件を越えて』，新幹社：17-28。

徐玄九（2014）「東アジアの冷戦体制形成期における住民虐殺：沖縄・台湾・済州島を中心に」『専修人間科学論集．社会学篇』4-2：67-88。

高橋哲哉（2005）『国家と犠牲』，日本放送出版協会。

高村龍平（2004）「済州道におけるマウル共同墓地の設置と利用」『村落社会研究』10（2）：19-30。

高良沙哉（2012）「沖縄靖国神社合祀取消訴訟」『沖縄大学人文学部紀要』14：63-71。

竹田旦（1990）『祖霊祭祀と死霊結婚』，人文書院。

田中伸尚・田中宏・波田永実（1995）『遺族と戦後』，岩波書店。

崔弘基（1996）「韓国戸籍制度の発達」『戸籍と身分登録』，早稲田大学出版部：165-180。

冨山一郎（2002）『暴力の予感』，岩波書店。

はいの睨（2007）「密貿易時代の与那国と台湾2・28事件」『月刊やいま』169，南山舎：2-12。

ひめゆり平和祈念資料館資料委員会（2004）『ひめゆり平和祈念資料館ガイドブック（展示・証言）—日本語版』。

─── （2014）『ひめゆり平和祈念資料館　資料館だより』54。

玄容駿（1977）「済州島の喪祭：K村の事例を中心として」『民族学研究』42（3）：249-266。

藤永壮（2005）「韓国の〈過去清算〉とは何か」『情況．第三期：変革のための総合誌』6-9：70-83。

─── （2006）「済州四・三事件の歴史的位相」『岩波講座　アジア・太平洋戦争4—帝国の戦争経験』，岩波書店：293-322。

細谷広美（2013）「人権のグローバル化と先住民：ペルーにおける紛争，真実委員会，平和構築」『文化人類学』77（4）：566-587。

本田洋（1993）「墓を媒介とした祖先の〈追慕〉：韓国南西部一農村におけるサンイルの事例から」『民族學研究』58（2）：142-169。

真栄田義見・三隅治雄・源武雄編（1972）『沖縄文化史辞典』，東京堂出版。

又吉盛清（2007）「視角とアンテナ　台湾2・28事件と沖縄」『植民地文化研究：資料と分析』6：155-157。

松田ヒロ子（2016）「植民地台湾から米軍統治下沖縄への〈帰還〉」『文化人類学』80（4）：549-568。

松田素二（2009）『日常人類学宣言！―生活世界の深層へ／から―』，世界思想社。

─── （2011）「理不尽な集合暴力は誰がどのように裁くことができるか：ケニア選挙後暴動の事例から」『フォーラム現代社会学』10：37-49。

松田良孝（2013）『与那国台湾往来記—「国境」に暮らす人々』，南山舎。

文京洙（2008）『済州島 4・3 事件―「島のくに」の死と再生の物語』，平凡社。
望月康恵（2012）『移行期正義：国際社会における正義の追及』，法律文化社。
屋嘉比収（2009）『沖縄戦，米軍占領史を学びなおす―記憶をいかに継承するか』，世織書房。
楊子震（2006）「帝国解体の中の人的移動――戦後初期台湾における日本人の引揚および留用を中心に」『東アジア地域研究』13：25-47。
―――（2010）「戦後初期台湾における脱植民地化の代行―国民政府の対在台沖縄人・朝鮮人政策を中心に」『国際政治』162：40-55。
与那国町役場（2013）『与那国島町史（第三巻，歴史編）―黒潮の衝撃波：西の国境どぅなんの足跡』。
李仁子（1996）「異文化における移住者アイデンティティ表現の重層性：在日韓国・朝鮮人の墓をめぐって」『民族学研究』61（3）：393-422。
李革波（1973a）「済州島四・三事件の回想―四・三事件犠牲者及びその遺家族に献ぐ（1）」『朝鮮研究』127：3-27。
―――（1973b）「済州島四・三事件の回想―四・三事件犠牲者及びその遺家族に献ぐ（2）」『朝鮮研究』128：35-45。
―――（1973c）「済州島四・三事件の回想―四・三事件犠牲者及びその遺家族に献ぐ（3）」『朝鮮研究』129：31-44。
―――（1973d）「済州島四・三事件の回想―四・三事件犠牲者及びその遺家族に献ぐ（4）」『朝鮮研究』131：52-66。
琉球政府社会局（1958）「援護のあゆみ」。
若林正丈（2008）『台湾の政治―中華民国台湾化の戦後史』，東京大学出版会。

『うるま新報』1947 年 3 月 7 日付（第 85 号），1947 年 3 月 14 日付（第 86 号），1947 年 4 月 25 日付（第 92 号）／『琉球新報』1981 年 8 月 18 日付，1997 年 4 月 26 日付／『沖縄タイムス』1995 年 6 月 20 日付，2005 年 2 月 27 日付／『毎日新聞』2016 年 3 月 9 日付

2．韓国語【가나다라順】
姜誠賢（2014）「과거사와 세월호 참사 진상규명을 둘러싼 쟁점과 평가（過去事とセウォル号惨事の真相究明をめぐる争点と評価）」『歴史批評』109，歴史問題研究所：62-93。
国防部軍史編纂研究所（2004）『6.25 전쟁사 1―戰爭의 背景과 原因（6.25 戦争史 1―戦争の背景と原因）』。
金東一（2016）『제주 4・3 사건의 거짓과 진실―노무현 정부의 제주 4・3 사건진상조사

보고서의 7대 거짓말(済州4・3事件の嘘と真実―盧武鉉政府の済州4・3事件真相調査報告書の7大嘘)』, 比峰出版社.
金東椿(2013)『이것은 기억과의 전쟁이다―한국전쟁과 학살, 그 진실을 찾아서(これは記憶との戦争だ―韓国戦争と虐殺, その真実を求めて)』, 四季節.
金玫煥(2013)「중심과 주변의 중층성―노래와 평화기념공원으로 본 동아시아(中心と周辺の中層性―歌と平和祈念公園でみた東アジア)」『社会と歴史』97: 77-104。
─── (2014)「전장(戰場)이 된 제주4・3평화공원―폭동론의 '아른거림(absent presence)'과 분열된 연대(戦場になった済州4・3平和公園―暴動論の「ゆらめき(absent presence)」と分裂された連帯)」『経済と社会』102: 74-109。
金成禮(1989)「원혼의 통곡―역사적 담론으로서의 제주무속(寃魂の痛哭―歴史的談論としての済州巫俗)」『済州島研究』6: 71-76。
─── (1991)「제주 무속―폭력의 역사적 담론(済州巫俗―暴力の歴史的談論)」『宗教神学研究』4(1): 9-28。
─── (1999)「근대성과 폭력―제주4・3의 담론정치(近代性と暴力―済州4・3の談論政治)」『済州4・3研究』, 歴史批評社: 238-267。
金成禮・庾喆仁・金恩實・金昌民・高昌燻・金錫俊(2001)「제주4・3의 경험과 마을 공동체의 변화(済州4・3の経験とマウル共同体の変化)」『韓国文化人類学』34(1): 89-137。
金淳泰(2003)「〈제주4・3위원회〉의 활동과 평가(〈済州4・3委員会〉の活動と評価)」『民主法学』24: 93-116。
金ウォンジュン(2005)「청산 없는 과거청산?―스페인의 사례(清算なき過去清算?―スペインの事例)」『世界の過去清算』, 図書出版プルン歴史: 254-288。
金點坤(1973)『한국전쟁과 노동당전략(韓国戦争と労働党戦略)』, 博英社.
金鍾旻(1999)「4・3 이후 50년(4・3以後50年)」『済州4・3研究』, 歴史批評社: 338-424。
金昌民(1992)「범주로서의 친족―제주도의 궨당(範疇としての親族―済州島のクェンダン)」『韓国文化人類学』24: 95-115。
金昌厚(2011)「4・3진상규명운동 50년사로 보는 4・3의 진실(4・3真相究明運動50年史でみる4・3の真実)」『4・3と歴史』11, 図書出版カク: 157-204。
金ホンジュン(2011)「해외에 있어서의 4・3 연구동향과 4・3의 세계화 방향(海外における4・3研究動向と4・3の世界化の方向)」『2011済州4・3国際平和シンポジウム「済州4・3研究及び平和交流の拡散」』レジュメ集, 済州4・3平和財団: 11-34。
金惠淑(1999)『제주도 가족과 궨당(済州島の家族とクェンダン)』, 済州大学校出版部.

村上尚子（2007）「4・3 당시 일본 에히메로 건너간 사람들에 관한 영연방 일본점령군 자료（4・3 当時日本・愛媛に渡った人々に関する英連邦日本占領軍資料）」『4・3 と歴史』7, 図書出版カク：303-321.

文武秉（2011）「4・3 트라우마의 눈물치료와 4・3 해원상생굿（4・3 トラウマの涙治療と 4・3 解怨相生クッ）」『4・3 と歴史』11, 図書出版カク：51-61.

文昌松（1995）『한라산은 알고 있다. 묻혀진 4・3 의 진상（漢拏山は知っている。埋もれた 4・3 の真相）』, 大林印刷社.

朴京勲（2013）『박경훈의 제주담론 1（朴京勲の済州談論 1）』, 図書出版カク.

朴潤植（2012）『참혹했던 비극의 역사 1948 년 제주 4・3 사건—1946 년 10 월 1 일 대구폭동 사건（残酷な悲劇の歴史 1948 年済州 4・3 事件—1946 年 10 月 1 日大邱暴動事件）』, フィソン.

朴贊殖（2008）『4・3 과 제주역사（4・3 と済州歴史）』, 図書出版カク.

——— （2011）「4・3 사자에 대한 기억 방식의 변화—제주지역민을 중심으로（4・3 死者についての記憶方式の変化—済州地域民を中心に）」『4・3 と歴史』11, 図書出版カク：89-103.

法制処（2006）「동 위원회가 군인과 경찰을 희생자로 심사・결정할 수 있는지 여부（同委員会が軍人と警察を犠牲者に審査・決定することができるのかの可否）」（案件番号：法制処-06-0120, 2016 年 11 月 30 日取得, http://www.lawmaking.go.kr/nl4li/lsItptEmp/33850?schKeyword=%EC%A0%9C%EC%A3%BC4.3&mode=all&pageIndex=1）.

徐仲錫（2007）「제주 4・3 과거청산의 의의와 4・3 평화재단（済州 4・3 過去清算の意義と 4・3 平和財団）」『4・3 平和財団の設立に関する道民討論会』レジュメ集.

宋在祜・金香子（2009）「Dark Tourism 의 장소로서 민중공원의 개념화에 대한 시론적 연구—국내・외 민중공원 사례를 통한 접근（Dark Tourism の場所として民衆公園の概念化に対する試論的研究—国内・外の民衆公園の事例を通した接近—」『観光研究ジャーナル』23（1）：71-87.

安秉稷（2005）「과거청산, 어떻게 이해할 것인가？（過去清算, いかに理解すべきか？）」『世界の過去事清算』, 図書出版プルン歴史：13-37.

梁正心（2008）『제주 4・3 항쟁—저항과 아픔의 역사（済州 4・3 抗争—抵抗と痛みの歴史）』, 図書出版ソニン.

梁祚勳（2015）『4・3 그 진실을 찾아서（4・3 その真実を求めて）』, 図書出版ソニン.

庾喆仁（2004）「구술된 경험 읽기—제주 4・3 관련 수형인 여성의 생애사（口述された経験の読み—済州 4・3 関連受刑人女性の生涯史）」『韓国文化人類学』37（1）：3-39.

李剛秀（2008）「1960 년 '양민학살사건진상조사위원회' 의 조직과 활동—〈조사보고서〉분석을 중심으로（1960 年〈良民虐殺事件真相調査委員会〉の組織と活動—〈調査

報告書〉分析を中心に)」『韓国近現代史研究』：169-200。
李京柱（2002）「판례평석―〈제주4・3특별법 의결취소〉에 관한 헌재결정에 대한 비판적 고찰（判例評釈―〈済州4・3特別法の議決取消〉に関する憲裁の決定に対する批判的考察)」『民主法学』22：295-309。
李宣敎（2012）『제주4・3사건의 진상（済州4・3事件の真相)』，現代史フォーラム。
李運方（1996）『미군 점령기 제주도 반제투쟁（米軍占領期済州島反帝闘争)』，セギル。
李潤（2002）『진중일기（陳中日記)』，麗文閣。
李在承（2005）「반인권적 악법과 사법기구의 인권침해（反人権的悪法と司法機構の人権侵害)」『法学論叢』17：169-198。
李ゾンズ（1999）「제주 '호미' 마을 여성들의 생애사에 대한 여성학적 고찰―'4・3'경험을 중심으로（済州〈ホミ〉マウルの女性たちの生涯史についての女性学的考察―〈4・3〉経験を中心に)」，梨花女子大学校大学院修士学位請求論文。
――――（2000）「4・3에 관한 생애사로 엮은 제주 '호미' 마을의 역사（4・3に関する生涯史に編んだ済州〈ホミ〉マウルの歴史)」『濟州島研究』17：51-93。
李昌基（1999）『제주도의 인구와 가족（済州島の人口と家族)』，嶺南大学校出版部。
李哲承外14人（2000）「제주4・3특별법에 대한 위헌 헌법 소원 청구를 내면서（済州4・3特別法に対する違憲憲法訴願請求を出しながら)」『民族正論消息』4月。
林明德（2007）「2・28사건의 청산과 교육・홍보（2・28事件の清算と教育・広報)」『4・3と歴史』7，図書出版カク：95-111。
張へウォン（2012）「다크투어리즘의 스토리텔링 요소에 관한 연구―제주4・3평화공원을 중심으로（ダークツーリズムのストーリーテリング要素に関する研究―済州4・3平和公園を中心に)」『観光研究』27（1）：251-273。
在日済州人の生活史を記録する会（2012）『재일제주인의 생활사 1―안주의 땅을 찾아서（在日済州人の生活史1―安住の地を求めて)』，図書出版ソニン。
――――（2015）『재일제주인의 생활사 2―고향의 가족・북의 가족（在日済州人の生活史2―故郷の家族・北の家族)』，図書出版ソニン。
田甲生（2007）「1960년 국회 '양민학살사건조사특별위원회' 자료―경남을 중심으로（1960年国会〈良民虐殺事件調査特別委員会〉資料―慶南を中心に)」『ジェノサイド研究』創刊号：227-253。
鄭根植（2007）「민간인학살사건 진상규명을 위한 활동의 현황과 과제（民間人虐殺事件の真相究明のための活動の現況と課題)」『ジェノサイド研究』創刊号：11-40。
――――（2016）「동아시아 '냉전의 섬' 에서의 평화사상과 연대（東アジア〈冷戦の島〉における平和思想と連帯)」『アジアレビュー』5（2）：211-232。
鄭錫均（1988）「제주도 폭동과 토벌작전（済州道暴動と討伐作戦)」『軍史』16：189-216。

鄭滈基（2013）「여순사건의 제도적 청산과 진실규명의 실효（麗順事件の制度的清算と真実究明の実効）」『社会と歴史』97：47-76。

済州大学校平和研究所編（2013）『제주4・3 연구의 새로운 모색（済州4・3研究の新たな模索）』，済州大学校出版部。

済州道議会4・3特別委員会（2000）『제주도4・3 피해조사보고서—2차수정・보완판（済州道4・3被害調査報告書—2次修正・補完版）』。

済州道地方警察庁（2000）『제주경찰사—개정판（済州警察史—改訂版）』。

済州特別自治道（2009）『사진으로 보는 제주역사1（写真で見る済州歴史1）』。

―――（2014）「제주4・3사건 희생자 및 유족 심의 결정 현황〈2014.8.31〉（済州4・3事件犠牲者および遺族審議決定現況〈2014.8.31〉）」。

済州4・3事件真相究明および犠牲者名誉回復委員会（済州4・3委員会）（2003）『제주4・3사건진상조사보고서（済州4・3事件真相調査報告書）』。

―――（2008）『화해와 상생—제주4・3위위원회 백서（和解と相生—済州4・3委員会白書）』。

済州4・3事件犠牲者汎道民慰霊祭奉行委員会（2004）「제주4・3사건희생자 범도민 위령제（済州4・3事件犠牲者汎道民慰霊祭）」資料集。

済州4・3事件犠牲者慰霊祭奉行委員会（2009）「제61주년 제주4・3사건희생자 위령제（第61周年済州4・3事件犠牲者慰霊祭）」資料集。

―――（2010）「제62주년 제주4・3사건희생자 위령제（第62周年済州4・3事件犠牲者慰霊祭）」資料集。

済州4・3研究所（2001a）『국회양민학살사건 진상조사보고서—제1권, 북제주군편（国会良民虐殺事件真相調査報告書—第1巻，北済州郡編）』。

―――（2001b）『국회양민학살사건 진상조사보고서—제2권, 남제주군편（国会良民虐殺事件真相調査報告書—第2巻，南済州郡編）』。

済州4・3犠牲者合同慰霊祭奉行委員会（1997）「제주4・3희생자 제49주년 합동위령제（済州4・3犠牲者第49周年合同慰霊祭）」資料集。

趙南洙（1990）『진상—이것이 제주 四・三사건의 실화다（眞相—これが済州四・三事件の実話だ）』，ソンギョン図書出版社。

池萬元（2011）『제주4・3 반란 사건—지워지지 않는 오욕의 붉은 역사（済州4・3反乱事件—消えない汚辱の赤い歴史）』，システム。

池恩周・董思齊（2009）「신생 민주주의 과거청산의 정치적 동학—한국과 대만 사례를 중심으로（新生民主主義過去清算の政治的動学—韓国と台湾の事例を中心に）」『國際政治論叢』49（5）：225-250。

表仁柱（2005）「한국전쟁 희생자들의 죽음 처리방식과 의미화과정（韓国戦争犠牲者たちの死の処理方式と意味化過程）」『戦争と記憶』，ハンウルアカデミー：270-300。

行政自治部（2016）「제 68 주년 4・3 희생자 추념식（第 68 周年 4・3 犠牲者追念式）」資料集。

黃善翌（2005）「해방후 대만지역의 한인사회와 귀환（解放後台湾地域の韓人社会と帰還）」『韓国近現代史研究』34：195-220。

憲法裁判所（2001）「제주 4・3 사건 진상규명 및 희생자 명예회복에 관한 특별법 의결행위취소 등—2001. 9. 27. 2000 헌마 238, 302 병합 전원재판부（済州 4・3 事件真相究明および犠牲者名誉回復に関する特別法 議決行為取消等—2001. 9. 27. 2000 憲マ 238. 302 丙合 全員裁判部）」『憲法裁判所判例集』13-2：383-414。

─────（2004）「제주 4・3 사건 관련 성명 등 취소—2004 헌마 577, 2004. 08. 17（済州 4・3 事件関連声明等取消—2004 憲マ 577, 2004. 08. 17）」。

洪スンヨン・陸ヨンス（2015）「제주 4・3 평화공원에 새겨진 '뒤엉킨 권력' 의 흔적（済州 4・3 平和公園に刻まれた〈絡み合った権力〉の痕跡）」『中央史論』42：113-157。

藤井たけし（2007）「동아시아 '과거청산' 의 두가지 과제—타이완의 '과거 청산' 은 무엇을 가렸는가（東アジア〈過去清算〉の二つの課題—台湾の〈過去清算〉は何を隠したのか）」『ジェノサイド研究』創刊号：133-153。

『済州新報』1960 年 6 月 1 日付／『済州日報』1996 年 2 月 26 日付／『東亜日報』2002 年 11 月 21 日付／『済民日報』2004 年 6 月 18 日付，2016 年 10 月 27 日付／『京郷新聞』2013 年 4 月 6 日付

3．英語【アルファベット順】

Boraine, Alex（2001）*A Country Unmasked: Inside South Africa's Truth and Reconciliation*, New York: Oxford University Press（2008, 『国家の仮面が剥がされるとき—南アフリカ「真実和解委員会」の記録』，下村則夫訳，第三書館）．

Cumings, Bruce（1997）*Korea's place in the sun: a modern history*, New York: Norton（2003, 『現代朝鮮の歴史：世界のなかの朝鮮』，横田安司・小林知子訳，明石書店）．

Hayner, Priscilla B.（2001）*Unspeakable Truths: Transitional Justice and the Challenge of Truth Commissions*, New York: Routledge（2006, 『語りえぬ真実—真実委員会の挑戦』，阿部利洋訳，平凡社）．

Kwon, Heonik（2006）*After the Massacre: Commemoration and Consolation in Ha My and My Lai*, Berkeley: University of California Press.

Hinton, Alexander Laban（2010）"Introduction: Toward an anthropology of transitional justice," Alexander Laban Hinton ed., *Transitional justice: global mechanisms and local realities after genocide and mass violence*, New Brunswick, N.J.: Rutgers University Press, 1-22.

Kim, Hunjoon(2009)"Seeking Truth after 50 Years: The National Committee for Investigation of the Truth about the Jeju 4. 3 Events," *The International Journal of Transitional Justice*, 3: 406-423.

Mamdani, M.(1996)"Reconciliation without justice," *Southern African Review of Books*, 46: 3-5.

Morris—Suzuki, Tessa(2010)*Borderline Japan: foreigners and frontier controls in the postwar era*, Cambridge: Cambridge University Press.

Olsen, Tricia D., Payne, Leigh A., and Reiter, Andrew G. eds.(2010)*Transitional justice in balance: comparing processes, weighing efficacy*. Washington, D.C.: U.S. Institute of Peace.

Phakathi, Timothy Sizwe and Hugo van der Merwe(2008)"The impact of the TRC's amnesty process on survivors of human rights violations," Chapman, Audrey R. and Hugo van der Merwe eds., *Truth and Reconciliation in South Africa: Did the TRC Deliver?*, Philadelphia: University of Pennsylvania Press, 116-142.

Rangelov, Iavor and Theros, Marika(2009)"Transitional Justice in Bosnia and Herzegovina: Coherence and Complementarity of EU Institutions and Civil Society," Ambos, Kai, Large, Judith, Wierda, Marieke eds., *Building a Future on Peace and Justice: Studies on Transitional Justice, Peace and Development The Nuremberg Declaration on Peace and Justice*, Heidelberg: Springer-Verlag Berlin Heidelberg, 357-389.

Rigby, Andrew.(2001)*Justice and reconciliation: after the violence*, Boulder, Colo.: Lynne Rienner Publishers.

Stan, Lavinia(2009)*Transitional Justice in Eastern Europe and the former Soviet Union: Reckoning with the communist past*, New York: Routledge.

4. 中国語【画数順】

又吉盛清(2009)「台灣〈228事件和人權正義—大國霸權小國人權〉國際學術研討會」『大國霸權 or 小國人權：二二八事件61週年國際學術研討會學術論文集』，二二八事件祈念基金會：876-886。

天江喜久(2014)「朴順宗：二二八事件中 朝鮮人／韓僑的受難者」『臺灣風物』64(3)：55-66。

李明峻(2008)「論個人的國際賠償請求權—兼論2・28事件的琉球人受害者問題」『臺灣國際法季刊』5卷2期：111-135。

―――(2009)「二二八事件與個人國際賠償請求問題」『大國霸權 or 小國人權：二二八事件61週年國際學術研討會學術論文集』：275-302。

張炎憲・胡慧玲・高淑媛(2011)『基隆雨港二二八』，吳三連臺灣史料基金會。

許慈倩(2016)「二二八灣求償案勝訴—書寫轉型正義中的新頁」『台北律師公會』29：68-73。

陳美伶（2008）「台灣二二八事件的〈補償〉與〈賠償〉？」『臺韓人權論壇論文集—政黨輪替與轉型正義』，二二八事件祈念基金會：103-116。

索　引

2・28事件→台湾2・28事件（台湾暴動事件）
　　2・28事件紀念基金会　196, 203
　　2・28事件受難者賠償金申請書　203
　　2・28事件処理および賠償条例（2・28賠償条例）　196, 204
3・1節発砲事件　37, 62
3・10ゼネスト　38, 62
4.28平和協商　89
4・3事件→済州4・3事件
　　4・3犠牲者遺骸発掘事業　76, 149
DNA鑑定　83, 114, 151
『TIME』　93

アートワーク　88
アカ／アカ嫌悪→反共社会／反共イデオロギー
アカ狩り　164
阿マの家-平和と女性人権館　207
暗黙の了解　14
遺骸奉安館　76, 83
怒りの記憶　112
移行期正義　11-12, 21, 100, 131, 218, 227
李承晩　59, 93
李徳九　124
遺族第一世代　2, 6, 157, 162, 225
一元化　56, 78, 222
一般住民　170
イデオロギー闘争　137
位牌　79, 121, 209, 215
　　位牌奉安所　73
忌祭祀　125, 146
慰霊・追悼　25, 77, 84
沖縄10・10大空襲・砲弾等被害者会　167
沖縄県平和祈念資料館　176
沖縄戦　18, 22, 167
　　沖縄戦の戦没者数　176
沖縄靖国神社合祀取消訴訟　185-186
吾羅里放火事件　90

外省人　206
戒厳令　195
加害者　56
家系記録　26, 135, 142, 193
鹿児島　200

過去清算　2, 5, 18, 23, 35, 46, 116, 188, 193, 206, 221
家族・親族集団　24, 194
家族墓　215
カリ墓　144, 158
記憶闘争　96
帰還人口　37
犠牲者　6, 26, 36, 45, 48, 77, 100
　　犠牲者化　15, 18, 22, 24, 35, 69, 99, 165, 221, 223
　　犠牲者からの除外対象　51, 80, 127
　　犠牲者申告書　3, 26, 41, 69, 103-104, 108, 111, 115-116, 124
　　犠牲者の審議・決定基準　4, 50, 52, 64, 81, 115, 119
基隆　200
北朝鮮　152
記念施設　71, 177
虐殺者　112
共同墓地　148, 157
虚偽の申告　129
均質化　56, 78, 175, 188, 222
金大中　33
クェンダン　156
クッ　135
経験知　24, 135, 224
系譜　158
憲法裁判所　49
抗争論　45
国民国家　164
　　国民国家イデオロギー　12, 16
国民党　195
国民和合　44, 51, 54, 58, 65
刻銘／刻銘碑　74, 96
国家イデオロギー　222

サバルタン　66
惨死　145, 159
自己決定　17, 100, 166
実証主義　130
失踪宣告　211, 216
死の共同性　16
事変死　143, 148, 159
社寮島　199

集姓村　74
受益者　179
儒教的死生観　141
受難者　193, 205
焦土化作戦　38, 153
除籍謄本　136, 143, 152, 209, 216
序列化　56
死霊結婚　150
真実・和解のための過去事整理委員会　57
真実和解委員会　11, 57
申請主義　19-20, 66, 69, 99, 171, 180, 187
真相究明（運動）　40, 43, 62, 70, 106
厨子甕　191, 209, 213
スパイ　164, 174
聖地化　70, 86
世界平和の島　84
戦後処理　17-18, 23, 170, 172, 188, 221
戦場体験　179
戦傷病者戦没者遺族等援護法　169
戦争孤児　181
戦闘協力　178
戦闘参加者　171-174, 178, 182
　　戦闘参加者についての申立書　27, 181
戦没者化　169, 188
創氏改名　136, 147
相対的剥奪感　176, 210
族譜　133, 136, 143, 155

大韓民国史　5, 96
大韓民国のアイデンティティ　51, 54, 58, 65
太極旗　93
体験の記述　111, 227
代殺　147
対政府闘争　129
大量死　15, 164
台湾2・28事件（台湾暴動事件）　18, 22, 193, 195, 212-214, 217
ダブルスタンダード　82, 86-87
段階論　13
　　段階論的進化　131
済州4・3事件　1, 22, 35
　　済州4・3犠牲者慰霊祭　9, 67, 84
　　済州4・3研究所　79, 105
　　済州4・3事件犠牲者および遺族審議決定現況　54, 104
　　済州4・3事件犠牲者審査小委員会　42, 90, 107, 120, 126
　　済州4・3事件真相究明および犠牲者名誉回復委員会（済州4・3委員会）

37, 40, 43
　　済州4・3事件真相究明および犠牲者名誉回復実務委員会　40, 107
　　済州4・3事件真相究明および犠牲者名誉回復に関する特別法　1, 33, 40
　　済州4・3事件真相調査報告書　1, 60, 91
　　済州4・3平和記念館　76, 88, 94
　　済州4・3平和公園　5, 67, 69, 121
済州島　156
　　済州島メーデー（May Day on Cheju-Do）　90
　　済州道4・3被害申告書　97, 103
　　済州道議会　97, 103
　　済州道人民遊撃隊闘争報告書　119, 124, 126
済州飛行場　77, 123, 149
忠魂墓地　138, 140
弔慰金　181, 183
朝鮮戦争　75
追慕碑　157
敵対勢力　117
展示　96
島嶼地域　164
討伐隊　49, 52, 86, 138

ナショナリズム　184, 188
ナショナル・ヒストリー　62
難死　187
南西諸島　197, 207
二律背反的対応　129
盧武鉉　59, 67

朴正熙　102, 139
朴槿恵　85
反共社会／反共イデオロギー　39, 44, 101, 113, 117, 128, 141, 153, 162
ひめゆり平和祈念資料館　176
平等互恵　204-205, 208
父系出自　156
武装隊　49, 86, 119
武装蜂起　38
負の過去　8, 35, 165
米軍政　53
ベトナム戦争　138
法制処　53
暴徒　117, 141, 153
暴動論　44, 87
墓碑　133, 136, 143, 155, 219
ホンミョ（虚墓）　160

密貿易　199
南朝鮮労働党済州道委員会（南労党済州道党）
　　38, 51
民間人虐殺　47
　　　民間人虐殺論　45
無縁故死者　150
名誉回復　62, 70, 78, 106
目的指向的行為　118, 188, 224
モニュメント　71, 94

八重山　199
靖国神社　187
闇から光へ　111, 131, 212 →過去清算

行方不明　93-94, 141
　　　行方不明者の標石　74, 81
養子縁組　150
与那国島　191, 202
与論島　200

琉球漁民団　202
琉球人集落　200
留用者　197
良民虐殺真相糾明申告書　102, 104, 108, 110
歴史認識　217
連座制　154
和解と共生　56, 58

欧文要旨

The Politics of Victims: Jeju April 3 Incident, Battle of Okinawa, and Taiwan February 28 Incident

Sungman KOH

Based on examples of war and massacres in the island regions of East Asia in the mid-twentieth century, this book concerns the overcoming of the past for the purposes of relief measures, the pursuit of truth, and reconciliation leading towards a post-conflict society, and aims at the construction of a conflict study rooted in the deployment of experiential knowledge as created and demonstrated by local communities, as well as a comparative investigation thereof. For this purpose, in keeping with criticisms of transitional justice theories that have been seen as useful in reckoning with "negative history" in post-conflict societies, the author presents the latent potentiality of local knowledge and its deployment by those who have lived through a conflict.

Specifically, the author first describes the mechanism that transforms victims of a group of nationally recognized deceased persons into products of legal and systemic involvement in overcoming negative histories. The ethnic and national ideologies that harbor such a victimization of the dead, as well as the issues that subsequently arise, are then examined. Second, the activities carried out by bereaved families accompanying petitional activities aimed at categorizing their deceased close relatives as victims are studied, and various social factors operating in the background of this process are explained. Third, the wisdom of and means devised by bereaved families regarding the assigning of meaning to the deaths or missing status of their close relatives are clarified.

Based on an awareness of these issues, this book is concerned with, on one hand, the phenomenon of giving meaning to mass deaths, which is an aim of modern post-conflict societies attempting to overcome the past during transitional periods, and, on the other hand, approaches this process through the formation and deployment of experiential knowledge that is created, accumulated, and demonstrated in local communities of familial and close relational groups. Such an examination is employed with the intention of transcending the limits of transitional justice theories, which have as their premises the incremental development of post-conflict societies and the advance of history.

Accordingly, as an example of the wars and massacres that occurred in the island regions of East Asia in the mid-twentieth century, this book focuses on the Jeju April 3 Incident in Korea and the Taiwan February 28 Incident.

The following is an abbreviated introduction to how the identification of and debate regarding the problems outlined above are concretely developed in this book.

A discussion focused on the case of the Jeju April 3 Incident in Korea is taken up in Section One.

In Chapter 1, an introduction to the Jeju April 3 Incident is given to form the background of Section One, followed by a discussion on the reckoning with the past undertaken by the Korean government to overcome the negative legacy left by the incident during a more than 30-year transitional period from an oppressive military dictatorship to a democratic system. In particular, emphasis is placed on the problem of how laws and institutions devised to reckon with the past give rise to new misunderstandings in current historical awareness. Furthermore, in looking at the victims, who have not been the subject of discussion to date in Jeju Incident studies, an inquiry is made focusing on the mechanism that created them as a product of reckoning with the past, as well as the problems of historical awareness exposed by this process.

As a result of this analysis, it was learned that through official policy, specifically the Victim Review and Determination Standards promulgated by the Korean government, both the killers and the killed were regrouped into a single category as victims; at the same time, by excluding those who were incompatible with these standards, the actual relationships among the dead during the incident were obscured. Along with eradicating specificity regarding the killers and the killed, resistance, self-governance, and unification in the form of Formal Objections to the Legitimacy of the Republic of Korea and Towards Self-Governance, which constituted an additional historical significance of the Jeju April 3 Incident, were forgotten as a result of the state's avoidance of responsibility.

Chapter 2 focuses on memorial facilities, highlighting the "Jeju April 3rd Peace Park" as a space for the modernization of infighting in regard to the meaning of the victims. In particular, how the victims, who were created as the major byproduct of reckoning with the past, are represented and revisited in public memorial facilities is examined, with consideration given to inscriptions on monuments, exhibitions in memorial halls, and government-sponsored memorial ceremonies. The phenomenon of conflicting memories, as ascertainable in inscriptions, exhibitions, and memorials, as aspects of the transitional period of reckoning with the past is examined, and the integration and exclusion of the image of the victims developed through memorial facilities is reexamined.

As a result of this analysis, it was learned that monuments and memorial halls perform a mutually complementary function while concurrently contributing to the sanctification of the victims and the veneration of locations. Among the locations, in monuments, the homogenization (integration) and ranking (exclusion) of the dead is particularly inherent in government policies towards victims, and through the monuments as well as the ceremonies conducted there, the victims are transformed into objects of public memorials (fallen heroes). Meanwhile, the exhibitions at memorial halls are constructed on the basis of historical facts that the state can verify and emphasize what can be demonstrated and verified rather than the "reconciliation and coexistence" or "harmony of the people" emphasized by monuments. Therefore, monuments and memorial halls, while sharing the same goal of widely disseminating the results of reckoning with the past through exhibitions and education and jointly exercising their respective functions of pacifying the spirits of and memorializing the dead, are both positioned as structures inherently at odds with each other in terms of ideology and provability.

Based on petitions regarding the loss of life of their close relatives submitted by bereaved families to official bodies in Korea, Chapter 3 examines how these families understood, positioned, and attached significance to the deaths or missing persons status of their relatives from the time of the incident to the future in accordance with the laws and institutions for reckoning with the past. How the interpretations were put into writing by the bereaved families is also included in this analysis. Through a review of the records of the petitions from the circumstances under which close relatives died or became missing persons in the massacre space to the interpretation and evaluation of those circumstances by bereaved families, a focus is placed on a transcendence of the defects of fragmented transitional justice theories.

As a result of this analysis, it was found that while those experiences that were anticipated by the bereaved families to be in conflict with the regulations for exclusion were expunged in the victim statements submitted to the Jeju April 3 Committee, at the same time, by emphasizing the stories of their ordeals, a trend towards the distortion of experience and memory was observed. Regarding the deaths caused by systematic government involvement and intervention, a movement towards a reorientation of the deaths of close relatives according to the "convenience, necessity, and usefulness of ordinary unaffected citizens" can be identified, at times cooperating with and at other times resisting the government's coercion and order with the intent to bring about justifiability during and after the incident.

Chapter 4 examines genealogical records (removals from census records <jejeokdeungbon>, genealogy tables <jokbo>, and grave inscriptions <myobi>) of the families and relatives of the deceased to demonstrate how the numerous civilian deaths caused by the Jeju April 3 Incident were understood and expressed by the surviving families and relatives. Furthermore, through an analysis of the friction and conflict arising between the bereaved families' devising of interpretations of and the government's attempts to create meaning for the deaths, the image of society and the creation and deployment of local knowledge by people regarding incidents and their aftermaths thus far disregarded by transitional justice theories are explained from a different perspective than that in Chapter 3.

As a result of this analysis, inconsistencies, including deletions from census records, genealogy tables, and grave inscriptions, in the genealogical records of civilian deaths during the Jeju April 3 Incident were observed, all of which were the products of the surviving families' attempts to interpret the deaths. In contrast to the deletions from census records engaged in by dissembling and fragmented politics, the genealogy tables and grave inscriptions reflect the changing times because they record historical facts that are to be remembered and passed down within the life-world. Although these strategies are meandering and complicated, they are undertaken for the sake of fostering a positive forward-looking vision of the future of society and the self by providing different interpretations of these deaths, along with the postmortem treatment of close relatives who died or became missing persons.

Based on the problems proposed in the Introduction, Section Two consolidates the findings obtained in Section One and attempts an examination from multiple vectors. As concrete empirical research, and as an attempt to discuss this issue in a wider perspective through a comparative and contrastive discussion of the Jeju April 3 Incident, postwar management and victimization is examined from the perspective of the ordinary civilian war dead in the Battle of Okinawa (Chapter 5), and the genealogical records of missing persons (of Japanese citizenship) from the Southwest Islands who were caught up in the Taiwan February 28 Incident are studied (Chapter 6), deepening the discussion in Section One.

In order to add depth to the discussion concerning petitions submitted to official bodies in Chapter 3, Chapter 5 examines the significance of the inclusion of civilian war deaths within the category of war dead by making use of the expanded application of the "Act on Relief of War Victims and Survivors" within the postwar management of the Battle of Okinawa and the "Petition Regarding War Participants". In addition, at a level different from that of the overwhelming power commanded by the state, how bereaved families attached meaning to the war deaths of their close relatives on the local stage and how the signification by the state of those deaths was in turn grasped within theories of the life-world are studied based on the involvement of the bereaved families in submitting petitions.

As a result of this analysis, although the postwar management of the Battle of Okinawa and the reckoning with the past regarding the Jeju April 3 Incident cannot be compared exhaustively, the underlying factors among the results of the studies in Chapter 3 could be discerned. First, regarding the victimization of the dead attempted within the framework of the nation-state, by dividing the dead into two categories—victims and non-victims—their complex histories were erased, resulting in an observable trend towards new inclusions in the victims' group of those who were the beneficiaries of these laws and institutions. Second, as a device for gaining official recognition from the state for close relatives who had been killed, by rewriting the description of the experiences in the petition rather than the factuality of the experiences, the practices of the bereaved families intending to resolve the issues confronting them were identified.

Through an examination of the Taiwan February 28 Incident, Chapter 6 deepens the discussion from Chapter 4 on the bereaved families' assigning of significance to the deaths through the genealogical records of the families and relatives. For this purpose, the genealogical records of the missing persons (of Japanese citizenship) from the Southwest Islands who were caught up in that incident are examined, and as a result, show the corroborative and multifaceted nature of how the bereaved families expressed the violence experienced by their close relatives and their memories thereof through the assigning of their own social and cultural significance. Specifically, as an actual example of the assigning of such significance to missing persons conducted at the blood—relation level, the records of those who went missing as recorded on memorial tablets, funerary urns, and so on are examined. In addition to the two kinds of genealogical records mentioned above, public records were also compared.

As a result of this analysis, through the February 28 date signified as the date of death within the extremely personal media of the genealogical records, the continuity of memories spanning generations regarding those among the close relatives listed as missing was discernible. For the bereaved families, the number 2-28 is symbolic in relation to the incident because it reveals those who went missing.

In the final chapter, the points developed in each of the preceding chapters are retraced and an overall discussion is provided.

ハングル要旨

'희생자'의 폴리틱스
―제주 4·3/ 오키나와전 / 타이완 2·28 역사청산을 둘러싼 고뇌

고성만

　이 책의 목적은 정치적 과도기에 발생한 국가폭력과 민간인의 대량 죽음이 분쟁후 사회의 각 영역에서 어떻게 대처되어 왔는지 논증함으로써, 역사 청산에 있어 유효한 방법론으로 원용되어 온 이행기 정의론(Transitional Justice Theories) 을 비판적으로 검토하는데 있다. 민간인의 대량죽음이 정치적, 사회적으로 재정립되는 현상을 공적영역의 법·제도적 측면에서 접근하는 한편, 로컬 커뮤니티에 의한 경험지(local knowledge) 의 응용과 실천이라는 측면에서 검토함으로써, '단계적 발전' 혹은 '역사의 진보'를 전제로 하는 이행기 정의론의 단절론적 결함을 극복하고자 한다.
　먼저, 역사 청산을 위한 법·제도적 조치의 산물로서 국가 공인의 '희생자'가 창출되는 메커니즘을 밝히고, 거기에 내재된 국민국가 이데올로기를 비판적으로 검토한다. 이와 함께, 살해된 근친자를 '희생자' 범주에 편입시키기 위한 유족들의 '신고' 행위에 초점을 맞춰, 그 배경에 있는 사회적 요인을 해명한다. 마지막으로, 친족집단 내에서 운용되어온 가계기록의 기재 실천으로부터 죽음의 의미 규정을 둘러싸고 유족이 모색해온 궁리와 지혜를 해명한다. 이는 민간인의 대량죽음을 국가의 정통성과 폭력의 정당성 프레임으로 회수하려는 시도에 때로는 순응하고 때로는 저항하면서 생활의 유용성을 위해 근친자의 죽음을 재정의하고 자집단의 미래를 긍정적으로 전망하려 하는 유족의 행위를 규명하기 위한 시도이기도 하다.
　구체적인 사례 연구로 20세기 중엽 동아시아의 도서지역에서 발생한 제주 4·3 사건과 오키나와전, 타이완 2·28 사건에 초점을 맞춘다. 먼저, 1부에서는 탈식민지화의 좌절과 함께 냉전체제로 편입되어가는 남북조선에 두 국가체제가 성립되는 과정에 발생됐던 제주 4·3 사건과 그 이후를 배경으로 한다. 1장에서는 민주주의 체제로의 이행과정에서 시도됐던 '과거청산'을 개관하고, 주요한 성과로서 '희생자'가 창출되는 과정을 분석한다. 2장에서는 '희생자'를 둘러싼 갈등 혹은 합의가 기념공간에서 어떻게 재현·표상되는지를 '각명'과 '전시'의 영역에서 고찰한다. 3장에서는 '신고'를 통해 '희생자' 창출 과정에 참여하는 유족의 행위에 주목하고, 그들이 공적영역에서 근친자의 죽음을 어떻게 규정하는지에 대해 검토한다. 이어 4장에서는 가계기록의 비교 분석을 통해 사적영역에서 근친자의 죽음이 어떻게 해석되고 계승되어 왔는지에 대해 고찰한다.

2부에서는 오키나와전의 전후처리와 타이완 2·28 사건의 과거청산의 사례를 분석함으로써 논의를 심화한다. 5장에서는 오키나와전의 '일반주민' 전사자에 확대 적용된 '원호법'과 관련 규정을 검토함으로써 민간인 전사자가 '전몰자'로 회수되어 가는 메커니즘에 대해 분석한다. 6장에서는 타이완 2·28 사건으로 행방불명된 난세이제도 출신자의 유족 (일본국적자) 이 타이완 정부 주도의 '과거청산'에 참여하는 과정을 개관하고, 그들의 행방불명이 가계기록에 어떻게 기재되어 왔는지를 검토한다.

마지막 종장에서는 각 장의 논점을 정리하고 종합적으로 논의한다.

[著者紹介]

高　誠晩（コ　ソンマン）

立命館大学衣笠総合研究機構専門研究員。
1979年済州島生まれ。京都大学大学院文学研究科博士後期課程研究指導認定退学，博士（文学）。済州4・3研究所，大阪市立大学人権問題研究センター，立命館大学生存学研究センター等を経て，現職。専攻は歴史社会学，文化人類学，東アジア研究。

（プリミエ・コレクション 78）
〈犠牲者〉のポリティクス
――済州4・3／沖縄／台湾2・28　歴史清算をめぐる苦悩
©Sungman KOH 2017

2017年3月31日　初版第一刷発行

著　者　　高　　誠　晩
発行人　　末　原　達　郎
発行所　　京都大学学術出版会
　　　　　京都市左京区吉田近衛町69番地
　　　　　京都大学吉田南構内（〒606-8315）
　　　　　電　話（075）761-6182
　　　　　FAX（075）761-6190
　　　　　URL http://www.kyoto-up.or.jp
　　　　　振　替　01000-8-64677

ISBN 978-4-8140-0076-0　　印刷・製本　亜細亜印刷株式会社
　　　　　　　　　　　　　　装幀　谷なつ子
Printed in Japan　　　　　　　定価はカバーに表示してあります

本書のコピー，スキャン，デジタル化等の無断複製は著作権法上での例外を除き禁じられています。本書を代行業者等の第三者に依頼してスキャンやデジタル化することは，たとえ個人や家庭内での利用でも著作権法違反です。